仁行天下

——儒家的故事

周长志　徐汝淙　编著

世界知识出版社

图书在版编目（CIP）数据

仁行天下：儒家的故事/周长志，徐汝淙编著．—北京：世界知识出版社，2014.5

ISBN978-7-5012-4653-3

Ⅰ.①仁… Ⅱ.①周… ②徐… Ⅲ.①儒家—通俗读物

Ⅳ.①B222-49

中国版本图书馆CIP数据核字（2014）第082763号

书　　名　仁行天下——儒家的故事
Renxing Tianxia—Rujia de Gushi

编　　者　周长志　徐汝淙

责任编辑　罗养毅
责任出版　刘　喆
责任校对　张　琨

出版发行　世界知识出版社
地址邮编　北京市东城区干面胡同51号（100010）
网　　址　www.wap1934.com
电　　话　010-65265923（发行）　010-85119023（邮购）
经　　销　新华书店
排　　版　北京世知文化创意有限公司
印　　刷　北京京晟纪元印刷有限公司
开本印张　880×1230毫米　1/32　¼印张
字　　数　246千字
版次印次　2014年6月第一版　2014年6月第一次印刷
标准书号　ISBN 978-7-5012-4653-3
定　　价　26.00元

前　言

这是一本评介儒学的普及性读物。

任何民族的文化都有继承和革新两个方面。在继承方面，我们有五千年的优秀传统文化的传承，它积淀着中华民族千百年来的精神追求，是我们中国特色社会主义新文化及其核心价值观产生的根基和发展的源泉。它是我们中华民族最突出和最深厚的软实力。

儒学是中华民族传统价值观中最全面、最集中、最持久、最权威的体现。它的体系涵盖了修炼个人、经营家庭、治理国家、奉献世界的丰富内容。它的核心是“仁爱”，具体含义是“己所不欲，勿施于人”，“己欲立而立人，己欲达而达人”。其核心价值观是仁德向善，讲信修睦，进取自强，求治创新。

千百年来，儒学的基本精神已经融入我们中华民族的血液之内，铸入我们中华民族的性格之中。我们应该珍视这份文化遗产，在新时代的召唤下，对它下一番挖掘和转化的功夫，让它所蕴含的道德力量和创新智慧发扬光大，更好地为实现中华民族伟大复兴的中国梦而服务。本书试图在这方面做一点努力。

我们的民族曾经有过自满自傲的教训，我们对自己的文化已经反省了一百多年，对他国的文化也已经学习了一百多年。这种反省和学习是非常必要的，使我们获益匪浅。

但是，我们要力避在此过程中出现对自己文化妄自菲薄的虚无观念和对他国文化不辨良莠的盲目崇拜。一个民族若是没有对本民族文化的自觉和自信，就是经济再发达，财富再巨大，也是一个跛脚的民族。这样的一个民族是无法自立于世界民族之林的。

希望这本小书会给读者带来阅读愉快。

编著者

2014.3

目　录

第一章

中国古代社会和儒学的诞生

春秋末期鲁昭公六年或七年，即公元前536年或535年的一天，鲁国都城季氏门前车水马龙。人们一个个下了车子，进入季氏府邸。原来，这里在举办宴会，招待社会名流。这中间发生了如此的一幕：一位十三四岁的少年，腰上还系着孝带，要进入季氏府邸参加招待宴会，却被季氏的管家拦住了，说那少年并不在被邀之列。少年只得退去。

季氏是当时鲁国三个权势人物中最有权势的一个。如此，季氏举行招待会，人们都挤着进去，就很是自然了。至于我们看到的那位少年参加这样的一次活动，其动机是什么，我们不得而知。

被挡在门外，或许使那位少年深受刺激，早已萌生的志向抱负被强烈地调动起来，他开始了自己的奋进历程。到年老时，他总结自己的一生说："吾十有五志于学，三十而立，四十而不惑……"

讲到这里，大家一定知道了，那位少年就是孔子。

说“十有五志于学”，那么，具体是一些什么因素促使孔子立下了学的大志呢？他学的东西有何种难度，竟然学了15年，到30岁时才学成了呢？他又钻研了10年，到40岁时才大彻大悟明白事理，得以“不惑”了呢？

孔子所钻研的，是有关人的大学问，是有关社会的大学问。

我们现在知道，孔子所处的时代，是社会由奴隶制向封建制过渡的时代。那是一个动荡不安的乱局，社会充斥着贪欲、欺诈和残忍。当权人物一个个人头落地，广大百姓生活在水深火热之中。

当时的人们对这种社会状态态度各不相同。第一种人根本不管社会情况究竟如何，大家怎么过，他就怎么过，随大流；第二种人对乱象不满意，但觉得没有办法改变，得过且过，或洁身自好；第三种人是，既然看到社会如此糟糕，世界如此无道，就想尽办法加以改变。

孔子属于第三种人。他看到了乱象，产生了一种强烈的社会责任感，不容乱象如此发展下去，下决心加以改变。他不认为人就没有办法做到这一点。于是，他对社会的种种乱象进行了观察：这些现象都是一些什么样的性质？它们是如何产生的？要铲除它，采取什么办法？如此等等，他非要弄出个道理来。最后他弄明白了这些乱象的性质，弄明白了乱象产生的根源，也找到了铲除乱象的办法。他下定决心按照自己的办法行事，不达目的，决不罢休。

孔子年老时所说的“吾十有五志于学，三十而立，四十而不惑”，就是叙述自己在考察、钻研这些问题过程中所取得的具有里程碑意义的进展状况。

至于在那样的情况下，为什么孔子有如此的志向和气魄，并最终取得了巨大的成功，这大概与他的身世有关。

孔子的祖先原是宋国的贵族。到孔子第五代祖先木金父时，宋国宫廷中的矛盾纷争加剧，孔家为避难离宋奔鲁。此后家境渐渐衰落。孔子的父亲叔梁讫在鲁立有战功，得到了采邑——陬，叔梁讫也成了“陬邑大夫”。叔梁讫得到采邑时已经63岁。他先娶施氏，有9个女儿，没有儿子。为了得到儿子，叔梁讫纳妾，有了一个儿子。但那孩子生来残疾。在古代，残疾者继“大夫”之宗庙欠妥。于是，叔梁讫又娶颜氏。当时，颜氏还不到20岁。她就是孔子的母亲。

生下孔子不久，叔梁讫就去世了。颜氏带着孔子离开陬邑，迁到都城曲阜的阙里。父亲的去世，使孔子一家沦落成了平民。

孔子既没有上学的记录，也没有拜师学习的记录。他少年时的学问，是他母亲教的。

到十三四岁的时候，孔子的母亲去世。开头我们看到的一幕中，少年孔子腰里系着孝带，就因他的母亲刚刚去世。

“高贵”的家庭背景和“低贱”的平民身份，在孔子身上同时并存。这就使他既能接触到鲁国的上层人物，了解到上层的有关事物；又与下层百姓有紧密的联系，了解他们的疾苦。

他所体察到的巨大的贵贱反差可能构成了对少年孔子的一种激励。他要了解社会，研究人生。而鲁地，尤其是都城曲阜，有着深厚的文化积淀。孔子所尊崇的虞舜就来源于鲁地。周公的儿子到鲁就国，带着大量文化资料，他在那里治理多年。这就是说，鲁地不乏孔子所需要的历史文献。孔子在考察，在思考，在钻研，经过许多年孜孜不懈的努力，最后成就了自己的大业。

第一节　孔子对社会的考察

一、现实社会的乱象与上古社会的美好

（一）现实社会的乱象

（1）战争频仍

孔子生活在春秋末期。"春秋"的称谓来源于《春秋》。《春秋》是鲁国的一部史书，后成为儒家的经典之一。传下来的《春秋》经过了孔子的修订。《春秋》起于鲁隐公元年（前722）。《春秋》开卷，映入人们眼帘的就是"郑伯克段于鄢"。郑伯即郑庄公，繻葛之战中他的手下人曾把周桓王一箭射伤。那场战争过了15年，便发生了庄公的弟弟在鄢造反，庄公率兵讨伐的事件。这就是"郑伯克段于鄢"的故事。这一年，除这场战争以外，还发生了纪（诸侯国，都城在今山东寿光南）伐夷（诸侯国，在今山东即墨）之战、鲁伐宋之战、郑庄公伐卫之战。以后的事，我们不必一一罗列，仅说明此后的10年中，周天子的天下，就有22场战争，平均每年两场以上。孔子是鲁襄公二十二年（前551）出生的。孔子出生后的10年中，战争就有17场。

（2）宫廷乱象

宫廷是诸侯国最高权力的所在，一国财富都集中在那里。权力和财货的诱惑是巨大的。正因为这样，宫廷会比社会的任何地

方都黑暗，都丑恶，都凶残。父子反目，君臣成仇，司空见惯。敌视、杀戮，充斥其中。亲情、友情，在那里已成稀罕之物。我们择春秋开始后的前10年（前722—前712），孔子出生后的前10年，把这两个10年做一个统计，看一看诸侯国的君主被杀的数字：前一个10年中被杀的君主是4个，后一个10年中被杀的君主是6个。这个几率，符合整个春秋历史的真实。若是逐年将各诸侯国宫中发生的荒淫残忍之事列出来，更是令人触目惊心。

现我们只把孔子所在的鲁国某些典型事例向大家做一个介绍。这也足以使我们感叹不已：那些人竟然如此！

1．为谋私利，乱臣弑君

鲁隐公十一年（前712）冬，公子挥对鲁隐公说："百姓愿意让您当国君，您就不要代理而正式做国君吧。我杀掉子允，您让我当国相。"隐公不同意，说："先君有命在前，由于子允年幼，由我代理国政。现在子允已长大成人，我正准备找个地方养老，把国政交给他。"公子挥担心自己的话传到子允的耳朵里子允加害于他，于是又在子允面前说隐公的坏话："隐公想除掉你自己做正式的国君。让我替你把隐公杀掉吧！"子允中计，答应下来。随后，公子挥杀死隐公，而立子允为鲁君，这就是鲁桓公。

2．齐襄公兄妹通奸，鲁宣公被杀

鲁桓公四年（前694），鲁桓公和夫人到齐国访问。桓公夫人是齐襄公的妹妹，襄公竟然与她私通。他们的丑行被鲁桓公发现，鲁桓公怒责其夫人，桓公夫人把桓公责备她的事告诉了齐襄公，齐襄公怀恨在心，竟然借设宴为名，把桓公灌醉，派一名叫彭生的大力士打断了鲁桓公的肋骨，并把桓公杀死。

3．庆父不死，鲁难不已

鲁庄公喜欢修筑高台，在上面观看四周的风景。他的一个高台正好俯临党氏之家，他看上党家的美女孟女。后来他们见面，庄公答应立孟女为夫人，还割破胳膊订下盟誓。后孟女给庄公生了一个儿子叫斑。斑长大后，爱上梁氏之女。一个名叫荦的养马人从墙外戏弄梁氏女，斑发现后大怒，用鞭子恨恨地抽了荦一顿。庄公听说此事后不但不加规劝，反道："应该杀死他，不能打一顿完事。"儿子听老子的话，决定寻找机会，将荦杀死，只是正赶上庄公有病，就把杀荦的事放下了。庄公有三个弟弟，一个叫庆父，一个叫叔牙，一个叫季友。庄公曾娶齐女哀姜，又纳哀姜之妹叔姜。叔姜给庄公生了一个儿子名开。庄公喜爱孟女，想立斑为太子。鲁庄公三十二年（前662），庄公病重，就哪个继位的问题问叔牙。叔牙说立庆父。庄公不高兴，又单独问季友。季友表示死保公子斑。庄公把叔牙想立庆父的事告诉给季友后，二人决定除掉叔牙。最后他们将叔牙毒死。庄公死后，季友立斑为君。

庆父一直与哀姜私通，他想立哀姜妹之子开为国君。季友立斑为君后，庆父便派被斑鞭打的养马人荦杀死了斑，然后立开为君，这就是鲁湣公。

庆父私通哀姜，淫乱愈演愈烈，二人竟想杀死湣公由庆父自立。湣公二年（前666），庆父果然将湣公杀死。逃亡在外的季友闻知后，与湣公的弟弟申一起请求鲁人杀庆父。庆父害怕，逃至莒。哀姜逃到了邾。季友拥戴公子申回国，立为国君，这就是鲁釐公。

季友向莒人索要庆父，庆父被送回后，自知没有好下场，便自杀身死。哀姜也被召回，随后被杀死，并陈尸示众数日。

这些君臣父子就是这个样子。其他诸侯国的情形也大体如此。

不是说当时一个好的都没有，但好人好事已经是寥若晨星，统治集团中绝大多数人已经没有了亲情，没有了友爱，有的只是荒淫和残忍。他们已经没有了身为君王、身为人臣的责任感，他们的心目中再也没有了百姓的冷暖和死活。

这就是说，立志考察社会人生的孔子，应当看到了春秋末期那些统治者们的人性是那么不善，那么凶残。

（3）百姓遭难

正史记事以帝王为中心，因此，百姓这边的情况很少涉及。但就是点滴的记载，也能够看到诸侯之间征伐兼并的战争给人民带来的巨大痛苦。鲁桓公二年（前710），宋殇公被杀。史官记载说，宋殇公在位十年，凡十一战，“民苦不堪”。

战争直接的受害者是参加战争的人。春秋的历史资料很少记载战争中两军厮杀的场面，大多将战争的实际过程用“败绩”、“溃”、“大胜”等话一笔带过。但也有写得较为具体些的。如楚庄王十七年（前597）楚国和晋国之间进行的邲之战，楚军先发制人，军士们铺天盖地而来，弄得晋军统帅不知所措。晋军争相登舟逃走，许多人手扒着船舷上船，船不能行，先上去的人便用剑砍那些扒着船舷的手，结果“舟中之指可掬”。战争逼成人与人之间形成你死我活之势，场面是何等的惨烈！

鲁宣公十四年（前594），楚国攻宋，围宋国都城5个月。楚军粮尽，宋国粮绝，结果是“析骨以炊，易子而食”。这是战争给百姓造成的深重苦难。

鲁成公元年（前590），鲁国为应付战争，“作丘甲”，军赋增加了四倍。这让百姓如何度日？

鲁襄公二十三年（前550），齐国攻莒，齐王的战将杞梁战死。齐军返回都城时，杞梁的妻子“向城而哭，隅为之崩，城为之阤（塌的意思）”。这自然是夸张之词，但它反映了战争给阵亡者家属造成了何等的痛苦。

诸侯的苛政同样给百姓带来灾难。鲁昭公三年（前539），齐国“民三其力，二入于公（2/3的收获交纳田税）”，且刑罚残酷，致使“国之诸市，屦（鞋子）贱而踊（假腿）贵”，即因受刑断腿配假肢的人多，造成“屦贱而踊贵”的惨相。晋国则“公室滋侈，后赋为台池，庶民罢（疲）敝。民闻公命，如逃寇仇”。税赋苛刻，刑罚残酷，百姓还怎能活下去？所以才发生晋国“民闻公命，如逃寇仇”的现象，那不就是说，百姓已经把那发号施令的君主们视同仇敌了吗？

鲁昭公六年（前536），楚灵王建章华之台，台高10丈，广15丈，结果是“国民罢（疲）焉，财用尽焉，年谷败（误了农时）焉，百官烦焉”，如此折腾了好多年，章华台最终建成。

鲁昭公十三年（529），“楚灵王暴虐，国人咸怨，左右离心”。也就是说，这孔子的故乡鲁国，到昭公之时，已是危机四伏、大祸临头了。

这就是说，孔子应该看到了社会最底层——百姓们的苦难已经十分深重。

孔子所看到的“礼崩乐毁”，就是指上面这些情况。

（二）上古社会的美好

昔日是不是也这样？孔子把目光转向春秋以前。

他发现，历史并不是从来如此的。华夏的历史曾经有过好时光。

我们现在也可以通过《史记》的记载，来看一看历史上的情况。

（1）贤者当政

《史记》开篇记载的是五帝个个是好的统治者。

第一个记的是黄帝,《史记》说他自幼就敦敏、聪明，他“播百谷草木，淳化鸟兽虫蛾，旁罗日月星辰水波土石金玉，劳勤心力耳目，节用水火材物”。

第二个是颛顼帝。《史记》说他也是好样的。

第三个是帝喾。《史记》记载说他“聪以知远，明以察微。顺天之义，知民之急。仁而威，惠而信，修身而天下服”。

第四个是帝尧。《史记》记载说他是帝喾的儿子。他“其仁如天，其知如神。就之如日，望之如云。富而不骄，贵而不舒”。他即位之后，想的是天下的百姓，采取了许多爱护百姓的举措。最后，他没有把天下传给自己的儿子，而是选贤任能，把天下让给了帝舜。

第五个是帝舜。《史记》记载说，帝尧要把天下让给帝舜时，先是对舜进行了一番严格的考察，让他到艰苦的环境中磨炼。最后，认为舜能胜大任，便把天下传给了舜。

帝舜即位后，像帝尧一样关心天下的百姓，采取了许许多多有利于百姓的政令，天下治理得井井有条。《史记》说，当时，“四海之内，咸戴帝舜之功”，“天下明德皆自虞帝始”。最后，舜效法帝尧，把天下禅让给了大禹。

大禹同样是一位贤君。他治水的故事大家都是熟悉的。《史记》说大禹“为人敏给克勤，其德不违，其仁可亲，其言可信”。

（2）百姓得福

贤者当政是百姓的洪福，黄帝“时播百谷草木，淳化鸟兽虫蛾”，百姓从游牧到定居，过上了文明的生活。颛顼帝“养材以任地，戴时以象天”，百姓安居乐业。帝喾“取地之财而节用之，抚教万民而利诲之”，得到百姓的衷心拥护。帝尧的治理，“九族既睦，便章百姓”，“百姓昭明，合和万邦”。帝舜时，社会出现了“父义、母慈、兄友、弟恭、子孝”的良好状态。

二、“家天下”出现后发生的现象

一般认为，是大禹把天下传给了自己的儿子，历史上便开始了“家天下”。其实这是不实的。据《史记》记载，大禹在临终时把帝位传给了与自己一起治水有功的益，益不受，把天下让给了禹的儿子启。

（一）夏

《史记》记载，启是贤德的，得到了人们的拥护。只是，从启开始不再禅让，而是把天下在自家一代代传下去，中国开始了“家天下”。

启传给自己子弟，一直到第十三代天子廑，并没有什么不良记录。而到第十四代孔甲，情况就变了。据《史记》记载，说孔甲“好方鬼神，事淫乱”，于是夏开始“德衰，诸侯畔之”。再传到第十六代夏桀，就变得不像话起来。《史记》记载说：“桀不务德而武伤百姓，百姓弗堪。”

这样，商汤率兵伐夏桀。夏桀在被放逐中死去，“汤乃践天子位，代夏朝天下”。

（二）商

商汤是一位很有德行的君主，他特别看重民众的反应，曾说：“人视水见形，视民知治不（否）。”意思是，在水上照一照，人就能看到自己的影子；看看民众的反应，就可以了解到国家是不是治理好了。

商汤的天下传到第四代太甲时出了问题，《史记》记载说太甲即位三年，“暴虐，不遵汤法，乱德”，于是，曾辅佐商汤的大臣伊尹把太甲流放到桐宫，让他悔过自新。三年中，由伊尹“摄行政当国”。太甲在外悔过自新，伊尹就把太甲迎回来，还政太甲。

后来的商天子有好有坏，传到第30代商纣，商朝气数已尽。纣王荒淫暴虐，宠妲己，惟妲己之言是从。荒淫的纣王把酒灌进池子里，把肉悬挂起来，让男男女女脱光了衣服相互追逐嬉戏，他和妲己以此为乐。他如此荒淫无度，百姓们怨恨他，诸侯有的也背叛了他。于是他就加重刑罚，设置了叫做炮烙的酷刑，让人在涂满油的铜柱上爬行，下面点燃炭火，爬不动了就掉在炭火里。见纣王如此，大臣们纷纷劝谏。纣王依然故我，大臣微子和太师、少师商量着逃离了殷国。纣王的叔叔比干决心不离开，拼死争谏。这惹恼了纣王，他说：我听说圣人心有七窍，咱们扒开来瞧瞧。于是剖开比干的胸膛，挖出心来。王子箕子见此情形很是害怕，就假装疯癫去给人家当了奴隶。纣知道后又把箕子囚禁起来。殷国的太师、少师拿着祭器、乐器，逃到了周。

在这样的情况下，周灭商。

（三）周

周的祖先叫弃，姬姓，帝尧时为大臣，主管农事，有功，封于邰。后代代相传，又几次迁徙。传到姬昌时，已是“天下三分有其二”，人心所向归于周。

《史记》记载说，周文王善良而公正，诸侯都来请他裁决争端。有一个典型的例子：当时，虞国人和芮国人发生争执不能断决，就一块儿到周国来，要请文王给他们决断。进入周国境后，发现种田的人都互让田界，人们都有谦让长者的习惯。虞、芮两国发生争执的人，还没有见到西伯，就觉得惭愧了，于是各自返回。诸侯听说了这件事，都说：“西伯恐怕就是那承受天命的君王了。”

文王去世后由武王姬发继位。武王灭商的故事大家都是知道的。武王灭商不久去世，周公辅佐武王的儿子成王治理天下。武王和周公制定了许多有利于国家兴旺发达的制度，把社会治理得井井有条。

周公汲取商朝灭亡的教训，非常重视百姓的疾苦，以保不失民心。

正因为这样，成王去世后，成王之子钊继位（周康王），形成“成康之际，天下安宁，刑错四十余年不用”的大好局面。

但是，天下传到周幽王时发生了巨大变化。周幽王荒淫无道，为取得他所宠爱的妃子褒姒的一笑，拿江山当儿戏，最后丢了江山，也丢了自家的性命。在西面待不住，周室只好把都城迁往东方的雒邑（今洛阳附近）。而周室从此一蹶不振。其后，周朝的天子不以此为训，反而越加不争气，甚至走向腐败，一代一代，很少有真正像个天子样的君王。

第二节　孔子对古代制度的考察

一、孔子对“礼”的考察

孔子对古代从“天下为公”的社会，一直到“天下为家”的社会，进行了制度方面的全面考察。他的考察，主要是对历史文献的钻研。有关“天下为公”社会制度的文献不是很多。即使到了“天下为家”的社会，前期有关的文献也已经很少了。孔子说：“我欲观夏道，是故之（到了）杞（夏朝后裔封地），而不足征（文献不够，不能全面反映‘夏道’）也。”又说：“我欲观殷道，是故之宋（商朝后裔封地），而不足征也。”但有关周朝制度的文献却很完备，而且孔子发现，周朝有关制度的文献是从夏、殷发展而来的，即使夏、殷的文献很少了，也没有多大关系。所以，孔子对此很是满意，说：“周监于二代，郁郁乎文哉，吾从周。”

孔子从对周朝制度的考察中发现了“礼”。

“礼”是什么？朱熹解释说，“礼”就是“制度品节”。用我们今天的话说，“礼”就是古代社会中的社会规范和道德规范。它是以社会习俗为基础，在某种观念的指导下，由统治者制定的关于人们应该做什么、不应该做什么，以及如何做、如何不做的种种规定。如祭祖，天子什么规格，诸侯什么规格，大夫什么规格，士什么规格，都有一定之规。又如军事，天子的军队是多少，用在哪里，如何用，等等，也都有一定之规。这些规定，既不能超越，又不能不及。

周朝有“周礼”，方方面面规定都很细。所以，孔子称赞周礼“郁郁乎文哉”。

到孔子时社会已“礼崩乐毁”，就是指这些规定完全乱了套，不再讲秩序。如按周礼规定，只有天子才可以享受“八佾”（舞蹈时一排为一“佾”，每排八人，八佾，是六十四人。周礼规定天子八佾，诸侯六佾，卿大夫四佾，士二佾）之礼。可作为正卿只能享“四佾”的季氏，竟然“八佾舞于庭”。所以，孔子知道后甚是气愤，说出“是可忍，孰不可忍”这样严厉的话。又如按周礼规定，只有天子才可以到泰山封禅，而季氏要去封禅，孔子知道后，也非常恼火。

正由于如此，所以孔子对周礼的考察，是非常认真的。

二、在“家天下”的情况下，是“礼”曾使国家得以治理，天下得享太平

孔子从对周礼的考察中得出结论，正是“礼”，使周在相当长一段时间内处于大治的状况之下。

孔子说，“天下为家”的社会形成后，社会出现了“各亲其亲，各子其子，货力为己”的现象，并且引出“谋用是作，而兵由此起”的恶果。在这样的情况之下，禹、汤、文、武、成王、周公制定礼仪制度，“以正君臣，以笃父子，以睦兄弟，以和夫

妇”。即他们用礼仪制度对社会进行了治理，当初，效果是很好的。

第三节 孔子对上古社会传统理念的考察

孔子还对上古社会传承下来的理念进行了考察。

孔子发现，古代社会关于仁德的理念，关于重德的理念，关于民本的理念，关于天命的理念，都是好的。

其中黄帝关于“顺天地之纪”；颛顼帝关于“静渊以有谋，疏通而知事；养材以任地，载时以象天”；帝喾关于“顺天之义，知民之急。仁而威，惠而信，修身而天下服”等认识；帝尧“其仁如天，其知如神。就之如日，望之如云。富而不骄，贵而不舒”的性情；虞舜得到的“天下明德皆自虞帝始”的评价；大禹为人的“敏而克勤，其德不违，其仁可亲，其言可信”的特性；商汤的“人视水见形，视民知治不”，等等，都是很好的理念或品德。

《史记》记载的关于周文王、周武王、周公治理周朝的事迹。

周公汲取商朝灭亡的教训，非常重视百姓的疾苦，以保不失民心。当时，鲁是很落后的地区，需要从最基础治理。由于成王年少，周公辅佐成王不能就国，便让自己的儿子伯禽代封于鲁。伯禽临行，周公戒之曰：“我文王之子，武王之弟，成王之叔父，我于天下亦不贱矣。然我一沐三捉发（不能洗一个囫囵澡，每洗一回，多次抓着湿漉漉的头发，赶快出来接待来访者），一饭三吐哺（不能吃一顿囫囵饭，每次吃饭，都要多次把吃进嘴里的食物吐出来，赶着出来接待来访者），起以待士，犹恐失天下之贤人。子之鲁，慎无以国骄人。”

周公的一个弟弟分封于卫。卫国原是殷的发祥地。周公谆谆告诫弟弟说，“必求殷之贤人君子长者，问其先殷所以兴，所以亡，而务爱民”，并作《康诰》《酒诰》《梓材》，进一步要求弟弟用心治国，嘱咐弟弟“人无于水监，当于民监”；“无胥戕，无胥虐”，“子子孙孙永保民”。即注意考察民情，对百姓不可暴虐，世世代代爱惜、保护民众。

这一系列的做法，反映周公的思想状态：一、畏天。周公认识到，“皇天无亲，惟德是辅”，提出“天视自我民视，天听自我民听”的著名论断，自己对此则身体力行。二、畏民。注重民众的反应，这是周公所采取的一系列政策措施的基本出发点。他也以这种理念教育、告诫自己的子孙，要他们兢兢业业，保国爱民。

所有这些，我们清楚地看到了关于仁爱的理念，关于重德的理念，关于民本的理念，关于天命的理念，在古代已经存在了。

这些便是孔子“祖述尧舜、宪章文武”的根据。孔子的儒学正是在继承这些好的理念的基础上创建的。

第四节 孔子对人的考察——从关于“大同”、“小康”和“大顺”的论述，看孔子创建儒学的思想脉络

但是，每一朝代都出现了这样的现象：开国之君有道，末代之君昏庸。像周代，周文王、周武王、周公等把国家治理得那样好，礼乐制度那样完备，到了后期，却变得“礼崩乐毁”，这是怎么一回事呢？

于是，孔子转入了对人的考察。

为了很好地说明孔子对人考察的情况，我们费些笔墨，讲一讲孔子有关“大同”、“小康”和“大顺”社会状态的论述，从中察看孔子创建儒学的思想脉络。

《礼记》中有一篇《礼运》，所记载的，正是孔子对社会、人生思考的思想路线图。因此，它的价值十分宝贵。

《礼运》所记是这样的。

孔子晚年时，某一天参加鲁国的祭祀活动，从宗庙中出来，感慨万分。陪着他的学生子游问老师为什么嗟叹？孔子回答说由这次祭祀而想到礼的问题，见礼之崩坏，因此感叹。由此引出关于礼的形成、变化的话题。正是这番话，使我们捕捉到了孔子有关社会、人生问题的思考，以及人类及其社会如何才能够向好这样的思想路线图。

谈话中，孔子讲了三种社会状态：第一种是“天下为公”的“大同”状态，第二种是“天下为家”的“小康”状态，第三种

是“天下为一家、中国为一人”的“大顺”状态。

这三种状态的描述分别是：

大道之行也，天下为公。选贤与能，讲信修睦，故人不独亲其亲，不独子其子，使老有所终，壮有所用，幼有所长，矜寡孤独废疾者，皆有所养。男有分，女有归。货，恶其弃于地也，不必藏于己；力，恶其不出于身也，不必为己。是故，谋闭而不兴，盗窃乱贼而不作，故外户而不闭，是谓大同。

今大道既隐，天下为家。各亲其亲，各子其子，货力为己。大人世及以为礼，域郭沟池以为固，礼义以为纪。以正君臣，以笃父子，以睦兄弟，以和夫妇，以设制度，以立田里，以贤勇知，以功为己。故谋用是作，而兵由此起。禹、汤、文、武、成王、周公，由此其选也。此六君子者，未有不谨于礼者也：以着其义，以考其信，着有过，刑仁讲让，示民有常。如有不由此者，在埶者去，众以为殃。是谓小康。

故圣人耐以天下为一家，以中国为一人者，非意之也，必知其情，辟于其义，明于其利，达于其患，然后能为之。

何谓人情？喜、怒、哀、惧、爱、恶、欲，七者弗学而能。

何谓人义？父慈、子孝、兄良、弟弟、夫义、妇听、长惠、幼顺、君仁、臣忠，十者谓之人义。

讲信修睦，谓之人利。

争夺相杀，谓之人患。

故圣人之所以治人七情，修十义，讲信修睦，尚辞让，去争夺，舍礼何以治之？饮食男女，人之大欲存焉；死亡贫苦，人之大恶存焉。故欲恶者，心之大端也。人藏其心，不可测度也。美恶皆在其心，不见其色也，欲一以穷之，舍礼何以哉？

……

礼义者，人之大端也，所以讲信修睦，而固人之肌肤之会、筋骸之束也。所以养生、送死、事鬼神之大端也。所以达天道、顺人情之大窦也——故惟圣人为知礼之不可以已也。故坏国、丧家、亡人，必先去其礼。故礼之于人也，犹酒之有蘖也，君子以厚，小人以薄。故圣王修义之柄，礼之序，以治人情。故人情者，圣人之田也，修礼以耕之，陈义以种之，讲学以耨之，本仁以聚之，播乐以安之。

……

故治国不以礼，犹无耜而耕也。为礼不本于义，犹耕而弗种也。为义不讲之以学，犹种而弗获也。合之以仁而不安之以乐，犹获而弗食也。

四体既正，肤革充盈，人之肥也。父子笃，兄弟睦，夫妇和，家之肥也。大臣法，小臣廉，官职相序，君臣相正，国之肥也。天子以德为车，以乐为御，诸侯以礼相与，大夫以法相序，士以信相考，百姓以睦相守，天下之肥也。是谓大顺。

大顺者，所以养生、送死、事鬼神之常也。故事大积焉而不苑，并行而不缪，细行而不失，深而通，茂而有间，连而不相及也，动而不相害也。

现在我们就分析一下三种社会状态的情况。

第一，关于“天下为公”的“大同”社会：

“货不藏于己”、“力不为己出”，是“天下为公”社会状态的基本特质。“选贤与能，讲信修睦”、“人不独亲其亲，不独子其子，使老有所终……”这是“货不藏于己”、“力不为己出”基本特质的延伸。按我们现代人的说法，这就是没有私有制的原始共产主义社会了。

第二，关于“天下为家”的“小康”社会：

后来世道变了，变成了“天下为家”。这时社会状态的基本特质，是“货力为己”。由于“货力为己”，原来的那种“选贤与能，讲信修睦”等特质已经不复存在，其状态变为“各亲其亲，各子其子”，并且“谋用是作，而兵由此起”。这怎么办呢？在这样的情况之下，禹、汤、文、武、成王、周公制定礼仪制度，“以正君臣，以笃父子，以睦兄弟，以和夫妇”——即用礼仪制度“以着其义，以考其信”……由这些礼仪制度进行治理，尽管大家“各亲其亲，各子其子”，社会还是有秩序的。这种社会被孔子称作“小康”。

第三，关于“天下为一家”、“中国为一人”的“大顺”社会：

孔子考察中看到，“小康”社会的状态是不能够长久维持的。像孔子那会儿，已经“礼崩乐毁”，社会乱得不成样子了。那么，这又怎么办呢？难道就任社会如此乱下去不成？

这样，孔子得出了“仁”的理念。孔子心目中的“大顺”社会状态，就是在“礼”的基础之上，用“仁”对“礼”加以支撑的理想社会状态。

孔子说:“故圣人耐以天下为一家，以中国为一人者，非意之也，必知其情，辟于其义，明于其利，达于其患，然后能为之。”

就是说，圣人要想让天下为一家、中国为一人，就要做四件事，即“知情”、“辟义”、“明利”、“达患”。

“知情”中的“情”指什么？“知情”又指什么？孔子回答说，“情”就是“人情”，即人的喜、怒、哀、惧、爱、恶、欲。它们是人“弗学而能”的。“知情”就是要了解这种“人情”。

“辟义”中的“辟”，是开发、弘扬的意思。“义”指“人义”，即父慈、子孝、兄良、弟弟、夫义、妇听、长惠、幼顺、君仁、臣忠。“辟义”就是把这“十义”开发出来，弘扬开来。

“明利”，“利”指什么？“利”指“人利”。“明利”就是要明达“人利”，讲信修睦。

“达患”，“患”指什么？“患”指“人患”，即争夺相杀。

“知情”、“辟义”、“明利”、“达患”这四方面是一个统一体。光“知”是不够的，关键是“知”后而“修”。所以，孔子说，要“治七情”，“修十义”。

孔子说，饮食男女，人之大欲；死亡贫苦，人之大恶。人之“欲”和人之“恶”，是“心之大端”，而“人藏其心，不可测度”；“美恶皆在其心，不见其色”。看不见，摸不着，如何是好？

这就需要“修身”。孔子指出:“人情者，圣王之田也。修礼以耕之，陈义以种之，讲学以耨之，本仁以聚之，播乐以安之。”

孔子把人心形容成“圣人之田”，要在那上面耕种、管理、收获。这是指改造人的精神世界。

孔子说："四体既正，肤革充盈，人之肥也。"这就是指儒家传统上讲的"修身"。

"父子笃，兄弟睦，夫妇和，家之肥也"。这就是指儒家传统上讲的"齐家"。

"大臣法，小臣廉，官职相序，君臣相正，国之肥也"。这就是指儒家传统上讲的"治国"。

"天子以德为车，以乐为御，诸侯以礼相与，大夫以法相序，士以信相考，百姓以睦相守，天下之肥也"。这就是指儒家传统上讲的"平天下"。

所有这些，都出自对"圣人之田"的耕种，即人的精神世界的改造。而这个改造的过程，就是播种"仁"的过程。孔子说："人而不仁，如礼何？"就道出了"仁"与"礼"的关系实质。孔子把由"仁德"来支撑"礼治"的社会状态成为"大顺"。

这样，我们就清楚地看到了孔子创建儒学的路线图：

第一、"大同"是一种逝去不返的社会状态。它虽成过去，但其美好状态依然可以成为未来理想社会状态之滥觞；

第二、"小康"是礼制社会，坚持下来是值得的；但只有"礼"并不能保全社会的长治久安；

第三、需要构建一种"使天下为一家"、"中国为一人"的"大顺"社会状态。而这样一种社会状态，依然需要礼，但它必须由"仁"做支撑。"大顺"就是一种仁德向善、讲信修睦的社会状态。后来孔子说"克己复礼，天下归仁"，其含义就是如此。

第五节 儒学的诞生

以上关于三种社会状态的话，是孔子晚年讲的。实际上孔子的学说在此之前早已经确立。鲁昭公二十八年（前514），孔子35岁时，齐景公问政，孔子曰：

> 君君，臣臣，父父，子子。

君要尽君责，做君事；臣要尽臣责，做臣事；父要尽父责，做父事；子要尽子责，做子事。

这简单的八个字却宣告，在中国，一种伟大的、对中华民族影响深远的学说——儒学，正式诞生。

第六节 孔子之后的儒学

一、孔子的弟子对儒学形成的贡献

孔子的学生对儒学的形成和完善作出了重大贡献。孔子注重学问的切磋。孔子的许多重要思想都是在与学生的切磋中逐渐形成的。

另外，孔子的许多学生学业有成，在学习、理解孔子的思想、观念的基础之上，有自己的体会。这些体会丰富了儒学的思想宝库，成为儒学的一部分。

二、孟子对儒学的继承和发展

孟子晚于孔子约一个世纪。孟子之时，“秦用商君，富国强兵；楚、魏用吴起，战胜弱敌；齐威王、宣王用孙子、田忌之徒，而诸侯东面朝齐。天下方务于合纵连横，以攻伐为贤”。商君即商鞅，他与吴起都是法家的先驱，分别主持了秦国和楚国、魏国的变法。孙子和田忌都是那时的军事家。他们执掌齐国的军权，使各诸侯国望而生畏。张仪和苏秦则行合纵连横之术，以攻伐为尚。

当时，一些理论家发表不负责任的言论，助长了一些不仁的倾向。世道在向着“社会向好、人心向善”的相反方向走去。在这样的背景之下，孟子在孔子学说的基础之上，对儒学作出了新的阐释，并有新的发展。

这一章中，关于人性的问题，意义重大，且与今日的社会状况密切相关联。文中我们不可能展开来讲，为便于介绍，我们在本章之末做了某些解读发掘，称之为“点评”，现附于下。以下各章有的也有类似做法。

点评（一） 孔子对人性的考察

从春秋晚期的社会现实中，孔子看到了什么呢？那些乱象当然让他首先看到了人性的恶。但他同时也看到了人性的善。这种善，不但在既往的社会中普遍存在，而且在他生活的那个社会也同样存在着，尽管那个社会乱象横生。

他的思想并没有停留于此。他继而考察：有的人把人性的恶推向了极端。这是一些什么样的人呢？他的观察告诉他，这种人集中在一个特定的人群当中。这就是那些掌权者，用我们今天的话来说，就是统治集团。当然，统治集团中也并不都是凶残之人，他们中的一部分人是不赞成甚至是反对另一部分人的胡作非为的，像齐国的晏婴、郑国的子产等都是这样的人。

那么，受害的是什么人呢？当然是百姓。

孔子看到，张扬人性恶的人处于统治地位，呼唤人性善的是广大百姓。他相信，占社会大多数的百姓是有力量的。

孔子又考察了历史，看到抑恶扬善的大治社会曾经有过，因而那样的社会秩序还是可能的，值得期待的。

总之，孔子看到，第一，抑恶扬善的力量在民众这边。民众是社会人口的大多数，是可以唤醒和依靠的。第二，抑恶扬善的大治社会曾经有过，因此，使社会重获大治是可能的，是值得期待的。

鉴于以上两种认识，孔子画出了他创建儒学的“路线图”，最后产生了构建社会新秩序的奋斗目标。那么，如何促成这一目标的实现呢？孔子以及后来的孟子对此做出了明确而系统的回答。他们的答案都表述于以“仁”为核心的儒学体系中。

点评（二） 人的本质属性是其社会性

人的本性，即人的本质问题是哲学、伦理学研究的一个非常重要的问题。人有社会属性和自然属性两个方面，其本质属性是社会性。这是我们今天的认识。在人类历史上，第一个就这一问题给出正确答案的人是孔子。孔子说："仁者，人也。"樊迟问仁，子曰："爱人。""仁"是人与人之间关联、互动的一个原则。这是人之成为人的最重要的根据。也就是说，人之成为人，(1) 他是存在于人与人之间的关系之中的。(2) 他处理人与人之间的关系是应有遵循的，原则就是爱他人。这就讲清楚了人的本质。用我们今天的话来说，孔子已经看到人的本质属性是其社会性。人处于社会之中，处理社会的人际关系应有原则。按儒家的意思，这个原则就是要有"仁"心，要"爱他人"。

那么，这里"爱他人"的"人"指什么人呢？孔子说过："天之所生，地之所养，无人为大。"就是说天地间有生命的万物中，人是居首位的。他所说的"人"，自然是指一切的人，包括统治者和被统治者在内的所有的人。

什么是人类社会中最重要的人际关系呢？就是说，什么是最能反映人的本质属性的关系呢？孟子说过"劳心者治人，劳力者治于人；治于人者食人，治人者食于人"的话。孟子的话包含两层意思：(1) 人和人之间存在政治关系，一类人是统治者，另类人是被统治者。(2) 人和人之间存在着生产关系，一类人是雇佣者，另一类是被雇佣者。这是反映社会实情的话，并不是意在贬斥体力劳动者。

至于人的来源问题，孔子、孟子撇清了人与鬼神的关系，对鬼神，他们的态度是“敬而远之”。在认识论上，他们认为“知之为知之，不知为不知”，鬼神的事他们自认为不知道，故避而不谈。

总之，孔子、孟子的“人性”说，用我们今天的话来表述就是：人是社会动物，处于社会关系中，社会属性是其主要的属性。社会关系多种多样，最要紧的是生产关系、政治关系。因为在社会关系中的地位不同，人的思维方式和行为方式就有了许多差别。例如有的靠他人劳动供给生活，有的则是物质产品如粮食的生产者、供给者。人的来源同神无关，当然人的等级也同神无关，等级不是由神规定的，那是社会关系中地位不同的体现。而且，孔子、孟子都认为，人的社会关系是变动的，人的地位也是变动着的。

至于说在处理同他人的关系中要有遵循、有原则，孔子简要地表述为“爱人”，就是要有仁爱之心，有善行善举。孟子也说过：“人皆有不忍之心。”“无恻隐之心，非人也。”孟子的意思是说人都有存善心为善举的可能，应以“善意”为遵循处理人与人的关系。他这里所说的“非人”，很明显不是说不是人而是动物，而是指无善心善举不配做人的那种人。

关于“人性”的认识，在孔子、孟子同时代甚至往后相当长的一段历史时期内，西方的哲人学者都没有能够达到他们的高度。比孔子稍后的希腊三哲之一的苏格拉底（前470—前399）说过“未经审视的生活是不值得过的”这样的名言，意思是说人是有理性的。与孟子同时代也是希腊三哲之一的柏拉图（前427—前347），也很强调人的理智和理性，提出了“理念论”。不过，他们两位都认为人的理性是由造物主赐给的，不是从社会实践中来的。而且，柏拉图所说的人的“理性”，并不是人类普遍具有的，在他那里，人是被分成等级的：上帝用金子造成的人以理性为主，智慧是他们必备美德，这种人最适合做统治者；用银子造成的人以意志为主，勇敢是他们的必备美德，这种人最适合当军人；用铜铁造成的人以情欲为主，节制是他们必备美德，这种人最适合做劳动者。这说明，他们认为，这三种人不同的人性，是由于上帝造人的意向不同而形成的。他们还认为，“人性”一旦形成，不但是永远不变的，而且是代代相传的，即“虽传至后代多历年亦然”。在他们眼里，人只是“城邦公民”。数量上远多于“城邦公民”的奴隶和外来异族人，他们是连“人”的资格都不具备的。

柏拉图的学生、也是希腊三哲之一的亚里士多德（前384——前322）关于“人性”的表述，比他的老师要高明。他说过“人在本质上是政治动物”这样的话。这似乎很接近认知人的社会属性了。他也强调人的“理性”，说人能够按“理性”生活。可惜他又认为，“一部分人天生就注定治于人，一部分人则注定治人”。他又说：“天生的统治者和被统治者为了得到保存而建立了联合体。因为能够运筹帷幄的人天生就适于做统治者和主人，那些能够用身体去劳作的人是被统治者，而且是天生的奴隶。”他认为奴隶是“有生命的工具”、“能听话的财产”，而且他认为两者“一经区分，应使终身有别”。这样，他又把奴隶排除于“公民”之外，甚至是“人”之外了。于是，他所谓的“人性”、社会性、理性，又失去了普遍意义。

儒学承认人的自然属性，即所谓“饮食男女”的需要等。但他们认为，缘于社会属性的精神需求即仁义道德，是第一位的，是有主导意义的。人同其他动物一样，要生存、繁衍。但这要受到人的社会属性的深刻影响和制约。人生活于某种群体中，即某种社会关系中，他们在与自然相处中形成了强大的合力。这一切使人类追求越来越多的物质享受、获得越来越多的物质财富成为可能。这种追求使人类物质文明程度逐步提高，它因而成为社会发展的重要动力。但是，另一方面，社会财富的大量积累，可以构成对人的巨大诱惑。它可以刺激人源于其自然属性的对物质享受追求的欲望。这种欲望在某些人当中可以达到贪婪以至疯狂的程度。这种人如果在社会上处于政治经济的高位和强势，他的欲望就有可能得逞。大自然的恩惠属于全人类，社会财富也是全人类合力创造出来的。它们被少数人大量攫取，便造成了社会的严重不公。受害最深的广大民众，便会产生对社会道德、社会公平的强烈呼唤和追求。这种诉求若是得以凝聚和理论化，用于指导社会，就会成为鼓舞民众、抑制少数人穷奢极欲意图和行为的理论武器。以“己所不欲，勿施于人”、

“己欲立而立人，己欲达而达人”为基本内容的仁的理念，正是这样的理论武器。

这种理念的作用明显地体现在以下两个方面：

第一，人们的道德追求使人对家庭、族群、国家以至全人类产生关爱和责任，这种关爱和责任构成人们进行物质产品生产创造的巨大动力，它对人们的激励作用丝毫不比物质需求欲望逊色，且人们的理性行为反而会比感性行为更可靠，更持久。

第二，物质财富可以形成对人的诱惑。质优量多的产品总是首先被少数权势者所占有，而绝大多数人所占有的必然不足或严重不足。在贫富巨大差距的刺激下，不足者也会有少数人以非法非德的手段追逐物质财富。社会道德力量对这少数人的物欲膨胀和无道占有，会构成极大的制约力量。道德的这种制约力量，通常通过社会的法律及舆论来实现。但法律和舆论都不可能像道德那样无微不至地影响人们的生活，不会像道德那样可以使人内化于心，外化于行。正因为如此，人们的获利行为，是需要道德力量来指导、来约束的。

道德力量缘于人们的社会属性，社会属性是人的本质属性。

一个人如果没有道德力量的支持，就会只重物质享受，追名逐利，敛财掠色，他的人生就严重扭曲。那样一来，侵犯他人利益、国家利益的思想行为所产生的负能量，就会像一股污泥浊水，使他自己堕落，家庭、社会受损被污，形成一种巨大的破坏力。

一个社会如果没有道德力量的支持，社会就会物欲横流，人们一心追逐物质享受而道德沦丧，那么，社会稳定和谐就会遭到巨大破坏，发展就不可持续，从而走向混乱、倒退。

最全面准确地道出人的本性的是马克思。他说：“人的本性并不是单个人所固有的抽象物，在其现实性上，它是一切社会关系的总和。”也就是说，第一，人的本质不是先天的，是由其社会关系决定的，是社会关系的总和；第二，人性是具体的、历史的，不是抽象的；第三，因而人性是可以变化的。这种结论是科学的真理。

中华民族是一个很早就对人性有较清楚的认知、对道德的作用有较高评价的民族，儒学关于“人性”的理念，是中华民族成长发展的一种可贵的精神滋养。

第二章

儒学的核心和体系

第一节　儒学的核心

前一章讲孔子创建儒学的过程谈到，孔子发现，礼虽然在规范社会行为方面起了巨大的作用，但仅仅有礼是靠不住的。礼的背后必须有一个强大的支撑力。这个支撑力就是“仁”。

一、“仁”是什么

在《论语》中，孔子关于“仁”的说明和要求有一百余处，但最具代表性和界定意义的是以下几条：

子曰：“仁者，人也。”

意思是：“仁”是人之所以为人的根本。

樊迟问仁。子曰："爱人。"问知。子曰："知人。"

意思是，樊迟问什么是仁。孔子说："爱他人。"就是说，仁的具体内容是"爱他人"。又问什么是智。孔子说："能了解他人。"

孔子所说的"爱人"也就是"善"，就是怀善心而行善举。樊迟接着的问话正好引出孔子对"爱人"的进一步解释。要爱人需要善于了解人，善于辨别人性。

子贡问曰："有一言可以终身行之者乎？"子曰："其恕乎！己所不欲，勿施于人。"

子贡问，有没有这样的一句话，它可以成为终身行为的指导呢？孔子说：大概就是"恕"吧！自己所不愿意接受的事物，就不要加给别人。

孔子认为这是人怀仁行善的起码要求。自己认为不利有害的事物，不要加在别人身上。如果就人的最基本需求来说，自己要生存不要死亡，就不要不让别人生存而让别人死亡。

子贡曰："如有博施于民而能济众，何如？可谓仁乎？"子曰："何事于仁，必也圣乎！尧舜其犹病诸！夫仁者，己欲立而立人，己欲达而达人。能近取譬，可谓仁之方也已。"

子贡问，如果有人能够广泛地给民众恩惠并帮助他们解决困难，怎么样？可以说是有仁德了吧？孔子说：这何止是仁德呢，简直就是圣德了！尧舜大概还难以完全做到呢！什么是仁呢？自己要立得住，同时也要使别人立得住，自己要通达，同时也要让别人通达。这就是有仁德了。能够就身边取一些已经明白应做的事，推而广之地去做，可以说就是实现仁德的途径。

孔子心目中有比“仁”更高的道德要求，那就是圣德。但他认为在当时要求人们怀仁行仁已经可以了。“己欲立而立人，己欲达而达人”就比“己所不欲，勿施于人”更进了一步，是更高的境界了。若是就人的最基本需求来说，就是自己要发展、成功，也要让别人能有发展，能有成功。这就是仁爱之道。

《论语》中所说的“人”和“民”常常是混用的，虽然也有少数专用的时候，但并不都是专用，不是“人”指士以上的人，“民”指奴隶。

“仁者，爱人”的“人”就是指所有的人，包括奴隶。《乡党》篇记载，孔子家的马棚失了火，孔子下朝回来，知道马棚失火的事后问道：“伤人乎？”这个“人”应该并不是士以上的人士，而是马夫之类的人。上边所引的“博施于民而能济众”中的“民”、“众”同样指民众，即被统治者，包括奴隶，但不专指奴隶。

孟子说：

仁也者，人也。

意思是，仁爱是人的本性。

这句话表达了孟子对人性的认识。他是主张人性善的。所谓“人皆有所不忍”，人性当中天生有向善的“善端”，也就是向善的萌芽。但他并不认为因此人人都能成为善人。“善端”需要培养、扩充，才能拥有做人的道德，成为善人。否则，不但不能成为善人，还会成为恶人。

孟子说：

老吾老，以及人之老；幼吾幼，以及人之幼，天下可运于掌。

意思是，敬爱自己的父母，推广开来也敬爱别人的父母；爱护自己的儿女，推广开来也爱护别人的儿女，那么治理天下就得心应手了。

孟子认为，对他人拥有一颗仁爱之心，是道德的要义。若是人们都能推己及人地尊老爱幼，天下就有可能出现一种大治的景象。

子曰：“唯仁者能好人，能恶人。”

孔子话的意思是，只有仁者能懂得如何去爱人，如何去恨人。

儒家讲的仁爱，并不是无原则的普爱，对于恶人的恶意恶行是不能爱的，不但不能爱，还要坚决反对。

总括而言，“仁”就是“爱人”，就是怀善心而行善举，“己所不欲，勿施于人”，“己欲立而立人，己欲达而达人”，“老吾老，以及人之老；幼吾幼，以及人之幼”。“仁”是中华民族优秀传统文化中的大爱精神，是中华民族传统价值观中道德的核心。

二、“仁”是儒学的核心

儒学是一个完整的体系。这个体系的构成，是围绕着“仁”这个主线和核心的。

孔子曰：“道二，仁与不仁而已矣。”

孔子说：治国为人之道只有两条，行仁和不行仁罢了。

就是说，以仁爱为核心的道德，是社会人生正常运行的支撑和关键，应是人们不二的选择。

子曰：“赐也，女以予为多学而识之者与？”对曰：“然，非与？”曰：“非也，予一以贯之。”

“赐”是子贡的名字，孔子说：赐啊，你以为我是多学博记的人吗？子贡答道：是呀，难道不是这样的吗？孔子说：不是这样，我是用一个基本理念来贯串于我的所学所识之中的。

孔子所说的“基本理念”，实际就是“仁”的理念。

子曰：“参乎！吾道一以贯之。”曾子曰：“唯。”

子出，门人问曰："何谓也？"曾子曰："夫子之道，忠恕而已矣。"

"参"指曾参，孔子说：参呀，我的学说是贯穿着一个基本理念的。

曾子说：是。孔子出去之后，学生们问曾子：这是什么意思呢？曾子说：夫子的学说，就是忠恕罢了。

"忠恕"是"仁"的另一种表述。孔子将"恕"解释为"己所不欲，勿施于人"，而"忠"就是"己欲立而立人，己欲达而达人"。曾参理解到孔子的学说中始终贯穿着一个中心理念，那就是"仁"。

儒学的根本是重道德的，认为没有道德的社会人生是行不通的，是混乱而失常的。孔子、孟子都认为应该用道德的力量来引导约束社会人生。而道德的核心就是"仁"，就是"爱人"的善意善行。这个"仁"的理念贯穿于儒学的整个体系和孔子、孟子及其弟子的实践活动当中。

第二节 儒学的体系

儒学是一个体系。这个体系可以从不同的角度进行介绍。但传统上以修身、齐家、治国、平天下四个方面加以归纳。我们采用传统的方法，并且把四部分按其宗旨分别标为："修身——人要仁德"、"齐家——家要和睦"、"治国——社会要和谐"、"平天下——天下要和平"。

一、修身——人要仁德

儒学的核心是“仁”。人是“仁”的承载者和实施者。这决定修身是儒学的重中之重。

颜渊问仁。孔子说：

克己复礼为仁。一日克己复礼，天下归仁焉。为仁由己，而由人乎哉？

颜渊又“请问其目”，孔子说：

非礼勿视，非礼勿听，非礼勿言，非礼勿动。

这段与颜渊的问答，包含了孔子关于修身的纲领性内容。“克己”就是去除自己的自私自利之心。“复礼”就是使自己的言行合乎礼。“克己复礼”就可做到“仁”，就可以让天下的人承认你是一位仁德之人。实践“仁德”，全凭自己，还能靠别人吗？这里，孔子谈到实践“仁”的具体方法，在视听言行上都要合乎礼，就容易做到“仁”。孔子已将“仁”充实于“礼”中。所以，这里“仁”和“礼”是同指人的修养目标的。

《大学》说：“自天子以至于庶人，壹是皆以修身为本。其本乱，而末治者否矣。”又说：“身修而后家齐，家齐而后国治，国治而后天下平。”

修身的目标，是成为“仁人”、“君子”，人要仁德，其要旨是“修己以安百姓”。

仁德的具体内容，可以用现代语言归纳为：

（1）要有爱的情怀

（2）要有和的境界

（3）要有学的追求

（4）要有行的意识

（5）要有高尚的情操

（6）要有爱国爱乡的感情

（7）要有济世的责任

（8）要有进取的精神

（9）要有亲亲的意识

（10）要有诚信的思想

（11）要有严谨的作风

（12）要有节俭的品格

（13）要有正确的义利观

（14）要有正确的幸福观

（15）要有杀身成仁的气概

（16）要有海纳百川的智慧

（17）要有顺天守道的意识

对以上17点要求，儒学都有明确的阐述。

另外，儒学总结了个人修身的途径和方法，主张在“内省”上下工夫，要注意学习，要知错必改；也要重视社会实践，并强调环境对人的修养有重大影响。

儒学认为修身的目标能够达到，人皆可以为尧舜，不可以降格以求。

二、齐家——家庭要和睦

儒学认为，家庭是一个小社会，或说是社会的缩影。齐家的目标是家庭和睦，具体目标是：“父慈、子孝、兄良、弟弟（悌）、夫义、妇听。”

孝是家庭和睦的要点。

孔子说：

夫孝，德之本也，教之所由生也……身体发肤，受之父母，不敢毁伤，孝之始也。立身行道，扬名于后世，以显父母，孝之终也。夫孝，始于事亲，中于事君，终于立身。

意思是，孝是德之本，是获得教育的基点。人的身体四肢、毛发皮肤，都是父母赋予的，不敢让它们损毁伤残，这是孝的开始。人在世上遵循仁义道德，有所建树，显名于后世，从而使父母荣耀，这是孝的终极目标。孝最初是从侍奉父母开始，然后效力于国君，最终建功立业，怀德行仁而自立于世。

儒学对怎样才是孝、怎样不是孝都有具体的论述。

儒学认为行孝具有重大社会意义。孔子说：

教民亲爱，莫善于孝。教民礼顺，莫善于悌。移风易俗，莫善于乐。安上治民，莫善于礼。礼者，敬而已矣。故敬其父，则子悦；敬其兄，则弟悦；敬其君，则臣悦；敬一人，而千万人悦。所敬者寡，而悦者众，此之谓要道也。

意思是，教育人民互相亲近友爱，没有比倡导孝道更好的了。教育人民礼貌和顺，没有比服从自己兄长更好的了。移风易俗，没有比用音乐教化更好的了。使君主安心，人民守道，没有比用礼教办事更好的了。所谓的礼，也就是敬爱而已。所以尊敬他人的父亲，其儿子就会喜悦；尊敬他人的兄长，其弟弟就会愉快；尊敬他人的君主，其臣下就高兴。敬爱一个人，却能使千万人高兴愉快。所尊敬的对象虽然只是少数，为之喜悦的人却有千千万万，这就是孝作为“要道”的意义之所在。

三、治国——社会要和谐

有关治国的问题是儒学体系中的另一个重点。这牵涉以下若干重大问题：关于国与民的关系问题，关于君与民的关系问题，关于君和政的关系问题，等等。

“民惟邦本，本固邦宁”，是儒学治国安邦的总纲领。实行德政、仁政是“治国”的核心。主张“有国者彰善瘅恶，以示民厚”。

此外还涉及法与仁德的关系问题，君臣关系的问题等。

儒学主张君要自正，“其身正，不令而行；其身不正，虽令不从”。君要做臣子的表率，对臣要尊重，注意选贤任能、广开言路等。臣对君“勿欺也，而犯之”，即对君要忠，要尽心尽力，要帮君行仁，不可助纣为虐，对君主的过错要进行规劝，敢于抗争，不可阿谀奉承，等等。

另外，儒学主张讲信修睦，用仁德的原则处理国与国之间的关系，反对不义战争。

四、平天下——天下要和平

天下太平是儒学关于社会的总追求。儒学“天下”的含义多指天子的统治区域。除此之外，儒学认为还存在着“邦外之地”，其范围并不固定。

天下太平要以国家和谐、家庭和睦、个人仁德为前提。所以，天下太平必然伴随着社会进步、人民幸福等内容。

天下太平还牵涉社会愿景的问题。谈到社会愿景，就会联想到孔子关于“大同”、“小康”和“大顺”的论述。

以往，人们在考察孔子的社会愿景的问题时，总是限于“大同”和“小康”两者之间。由此，说孔子的社会理想是实现“大同”，而诋毁孔子的人也借此说孔子“开倒车”。其实，在孔子看来，人类社会的状态，除“大同”和“小康”之外，还有一个“大顺”。“大同”是一种逝去了的社会；“小康”是现存的社会；“大顺”则是孔子心目中理想的社会状态。“大同”虽逝，但它体现出来的某些社会原则，可以“移入”未来的理想社会状态之中。“小康”用“礼”来治理，是值得肯定的，但这个“礼”需要有精神力量的支撑。而“仁”则是这样的精神支撑力。这方面的问题我们在第一章中曾经做过介绍。

结合本章内容，下面有两则“点评”。

点评（一） 理直气壮行孝道

孝的观念，在我们传统文化中占有重要地位，早已深入人心，成为人们道德品质的重要组成部分。

但是，当代一些人不但不再讲孝道，对父母不尽赡养义务，反而打骂虐待，掠夺财物，干涉婚姻自由……这导致的恶果当中，老年人的自杀是一个很突出的现象。据中国老龄协会估计，每年55岁以上老年人自杀和自杀未遂数达45万，平均每天1230人。而农村老年人的自杀率尤高，是世界平均水平的4–5倍。陕西省老龄办有一个涉及7个市、13个区县的老年人非正常死亡情况调查。50个案例中他杀13起，占26%。他杀中，儿子杀害父母，孙子杀害爷爷，儿媳杀害公婆的占92%；自杀37起，占74%。在自杀的案例中，自杀的原因是：赡养纠纷、生活穷困，久病不愈、缺少照料，受子女冷落、悲观绝望，再婚受阻、精神受挫，等等。这残酷的现实告诉我们，当今有的人，他们那出自母腹之中、曾被父母百般呵护的稚嫩的双手，粗壮之后却变为扼杀父母生命的魔爪，这是多么可怕的事！

以上材料是2005年见诸报端的。近年情况应有改善。但血淋淋的事实背后的原因不可能短期消除。谈到这种可怕现象产生的原因，我们认为有下列几条：

第一，人们价值观发生了巨大变化。在我国社会的转型期中，商品经济、市场行为已在前所未有的深度和广度上进入我们的社会生活。这会给意识形态领域带来什么负面影响，人们并没有清醒的认识和准备。一些人逐渐用“商品”的价值来衡量一切，用“盈利”的目标来指挥自己的一切行动。他们的价值观发生了巨大的变化，在他们心中，我国传统价值观中的道德、仁爱、孝亲敬老观念已经不复存在。这样一来，父母在他们眼里已不具备商品的价值，不能给他们带来红利，也就失去了存在的意义。不孝子孙们扼杀父母、祖父母生命的悲剧就这么发生了。

第二，社会自律功能的薄弱甚至缺失。在上述同样原因的影响下，人们的道德观念普遍下滑，对于素来不能容忍的不孝行为变得能够容忍。在民间，在社会上对不孝行为再不能形成舆论的高压态势，致使这种行为畅行无阻，终于酿成一出出令人触目惊心的悲剧。社会自律功能是民间的“道德法庭”，它的缺失必然酿成恶果。

第三，人们对孝道观念的认识存在混乱。所谓孝道，是原创儒学所主张的以孝敬父母长辈为宗旨的孝道呢，还是董仲舒所主张的“三纲五常”中的孝道呢？一些人恐怕并不清楚。我们认为前者的主要内容是应该继承的，它实际上还活在许多人的心中，只是处于一种不自觉的状态下。至于“三纲五常”等当然是应予正确评判、加以清理的。认识的混乱状况，影响人们理直气壮地宣扬孝道、践行孝道，这也给不孝子孙们迫害老人打开了一道方便之门。

不行孝道的恶果是显而易见的。它不但威胁我国近两亿老年人的安全幸福，而且有危害我们中华民族未来的生存状态之虞。唐代诗人杜牧有两句诗:“公平世上唯白发，贵人头上不曾饶”。今天的不孝子孙们也会老，财富权势挡不住他们变为失能失智老人的趋势。如果他们的子孙们从他们身上学到了“不孝之道”，将来会以其人之道还治其人之身的。若是一代一代老人被贱视、虐待，甚至被迫害至死，那么，我们的民族还有什么道德可言，还有什么未来幸福可言呢?

当然以上的危害是极而言之，我们的民族是不会允许那样的情况发生的。

我们是一个社会主义国家，有掌控社会运行的很强的能力。我们民族曾有过闭关锁国的教训，改革开放是必需的，发展商品经济，引进市场机制，也是必需的。这我们做到了，已取得了巨大的成就。我们的民族是一个重精神文明、重道德自律的民族，遏制商品经济、市场机制所带来的负面影响，避免社会生活过度商品化、市场化，同样也是必需的，也是能够做到的。我们现已进入全面深入的社会改革期，不可能再专注于贫穷面貌的改变和社会财富的增多;而是要物质财富和精神道德协同互促地全面发展。我们会趁经济快速发展和结构转型之机遇，健全我们的社会保障制度，给予包括贫困老年人在内的弱势群体越来越多的经济支持和精神关怀。要让在不孝子孙眼中没有生存价值和人格尊严的贫困老人，获得国家社会的支持，使那些不孝子孙们对他们的父母长辈不敢小觑。当然，在法律层面上，我们必须对那些迫害老年人的违法犯罪之徒加以严惩。

人的道德不是天生就有的，它是人社会化的一种结果，中国百姓认同儒学的仁爱观念已历时两千多年，人要爱他人，爱民众，要爱国家，爱家庭，这种情愫已深入中国人的灵魂。蕴藏于民众之中的崇德向善欲求，应该被凝聚、提升，使其理论化、民众化，成为社会精神生活的道德规范。中国的社会精英们，中国的每一个公民，都是崇德尚善的主体，我们今天应该理直气壮地提倡孝道，使社会舆论重获孝敬父母光荣、不孝敬父母可耻的力量，使我们近两亿老年人感到安全幸福，使中青年感到有安全幸福的未来，使少年懂得孝敬父母长辈是好品德。人们若要“宠小”，也应该“宠老”，即所谓“扶老携幼”，不可偏一。只有这样，我们的民族才是真正有希望的。

点评（二） 净化婚恋环境，维护家庭幸福

孔子、孟子关于婚恋的言论不多，他们主张夫义妻敬，夫妻互敬互爱，和谐相处。

孔子说：“昔三代明王之政，必敬其妻也有道。”敬妻的理由是：“妻也者，亲之主也，敢不敬与。”他朗读《诗经》读到“妻子合好，如鼓琴瑟”、“宜尔室家，乐尔妻孥”时，对这些语句十分赞叹。以上文字的大意是：丈夫是应该尊敬妻子的。丈夫和妻子如能和睦相处，就像弹奏琴瑟一样，给人以美好的享受。妻子要同丈夫安适地相处，丈夫要同妻子和乐地相处——即夫妻和谐相处。在不把妇女当人看的古代，孔子能如此看待婚姻关系，是极为难得的。

有一则关于春秋时齐国贤相晏子的婚姻故事，值得一读。

齐景公很重视晏子之才，想把自己的女儿嫁给他。一天景公到晏子家去，他酒酣耳热之际，见到了晏子的妻子。晏子的妻子离开后，景公问："这就是先生的妻子吗？"晏子回答说："是的。"景公说："又老又丑啊！"景公接着说："我有一个年轻美貌的女儿，让她嫁给先生，来充实先生的家室吧！"晏子一听此话，便赶快离席站起来，恭敬地说："我的妻子现在虽算是又老又丑，可她也有过年轻美貌的时光。她那时就将终身托付给我，我也郑重地接受了她的托付。大王有意把女儿恩赐给我，是对我的器重，但我怎么能辜负我妻子的托付呢？"晏子说完，拜了又拜，表示辞谢。

晏子是孔子同时代的人，孔子对他的为人也是肯定的。这则故事中晏子强调的是自己对妻子的责任，其实，也透露出他对妻子的爱，妻子托付自己的终身于他，这种至重至诚的信赖是让他感激幸福的，妻子曾经姣好的面容别人不知，他是知道的，妻子将青春盛年献给了他，与他共度多年，这份美好的记忆是抹不掉的，所以他也并不认为妻子"老丑"，或者说今天的"老丑"是他预知的、情愿接受的。

晏子这则故事可以反映出春秋时代的社会精英中已有了婚姻生活中重精神、重道德的明显思想倾向，即使在男尊女卑的极盛时代，也存在着像晏子所坚持的这种婚恋观。

以上说明，我国传统文化中的婚恋观，是讲"道"的，是有道德，有责任的，是反对“乱”的。

我国现在婚恋领域存在着无“道”的严重乱象。

据中央纪委监察部通报的统计，2012年因贪污贿赂行为处分30315人，占同期处分人数的18.9%。据“中国人民大学危机管理中心”于2013年1月发布的《官员形象危机2012报告》说，被查处贪官95%有情妇，60%有“包二奶”行为。有的先有“女人”而后贪腐，有的在“贪腐”中有了“女人”。

按照以上统计可知，在2012年被查处的贪腐官员中有28799人有情妇，其中有18189人有“包二奶”行为。

官场如此，民间也存在卖淫嫖娼、“包二奶”、“找小姐”、“婚外情”、“一夜情”等诸多性乱现象。

2012年12月，我国首家妇女心理热线——北京红枫妇女热线迎来创办20周年纪念日。他们对20年来接到的12.5万个咨询电话进行了整理分析。结果发现20年来关于“婚姻家庭”问题的咨询中，高达6成属于“秦香莲状告陈世美”的内容。妻子们表现出一种成为“弃妇”的失落和凄苦。这家心理热线说，和以往不同的是，这两年“小三”们也经常打电话咨询，且越来越理直气壮。

没有打电话咨询的妻子们还有多少？没有打电话咨询的蒙羞受辱的父母、孩子还有多少？

一方面是性乱者们的欢娱，另一方面是善良妻子、儿女的悲凄。这是多么鲜明的对照，多么鲜明的对立！

性乱者们似乎是很有“理”的。前两年看到报上报道，南方某地的一个小老板对外国记者说：他包养二奶是一种消费需要，他是有能力进行这种消费的。另一个在会馆从事“性服务”的女孩，在回应他父亲愤怒责问时说：男人需要她的色，她需要男人的钱，这是一种很“公平”的交易。

他们没有给自己的行为蒙上“爱”的面纱，直接道出是自己的“需要”，如此的露骨，倒是颇为直白的。

2014年初始，我国政府对被称为“性都”的东莞进行了一次大规模的扫黄整顿。结果之一，据媒体报道，是30万“性服务”大军“逃离”，致使东莞各行各业叫苦不迭，经济陷入“难以为继”的状态。因为东莞的“性行业”每年创收约500亿元。这么一笔大收入“黄了”，其经济难以为继，是必然的。这项报道是否有夸大？是否意在警告有关当局：别“扫”了，再扫你们东莞的经济就垮了，饭碗砸了。即便有夸大，我们也可就此报道的数据来说一说我们的看法。这种现象不能不引起我们的深思：第一，东莞的“性行业”是由于什么原因搞起来，最后发展成如此规模的？第二，这样的“行业”的实质是什么？应该让它继续下去、蔓延开来吗？第三，现在“扫”它，引起某些人的非难，我们何去何从？

对这些问题，我们姑且不予全面评论，只就那500亿讲讲看法。那500亿是些什么钱？我们认为，那是贪官污吏劫掠百姓的血汗钱，是黑心老板赚的百姓的辛苦钱，是千万善良无辜妻子儿女以及父母的眼泪钱，是千万幸福家庭分崩离析的索命钱，是境外富豪商贾到新的“十里洋场”、“东方乐园”买春取乐的“施舍”钱……它是我们中华民族的奇耻大辱，是我们社会主义国家的奇耻大辱。一句话，500亿，乃罪恶之“岁入”！民众有理由强烈要求将这一“行业”彻底抛进历史的垃圾堆，永远不许它重见天日。

人类缘于其“自然属性”的对物质利益、感官肉体享受的追求，本是正常而有益的。但是如果像性乱者们那样，让这种追求的欲望极度膨胀，越过法律、道德底线，肆意损害他人和社会利益，就是不正常的、有害的了。他们的欲望和行动构成了对他人、家庭、社会极大的破坏力。他们的这种追求会日益增强，没有休止，除非是遇到源自于人类社会属性的法律、道德力量的强有力的阻止和惩治。

孟子说，人若没有道德，也就近于禽兽了。这是对无道之人的谴责。其实禽兽的两性关系并没有什么“坏”，并不伴随着缺德，也不伴随着背叛、欺骗。这些“坏”的特性是性乱的“人”才有的。

爱情是男女双方互相吸引、倾慕、渴望彼此成为终身伴侣的一种强烈感情。婚姻是爱情的继续和归宿，是男女双方以永久共同生活为目的、自愿缔结的互相结合的法律关系。真正的爱情婚姻是专一的、排他的和真挚的、持久的，是存在权利与义务双重内容的。

这是我们今天对爱情婚姻的比较公认的观念，它有以下特点：

第一，爱情和婚姻都有终身相伴的意愿和目的，彼此是对方永久的唯一。

第二，因而彼此的关切和保护是自然而然的责任。彼此在履行这份责任时所得到的，是莫大的幸福。

为什么爱情和婚姻会有这样的特点呢？

男女互相吸引、倾慕是什么意思？可能首先是感性的认识，对他（她）外貌气质的喜爱。但继而会获得理性的支持，对他（她）的道德人格、好恶情感、情趣品味的了解和爱慕。也可能从一开始感性的喜爱和理性的喜爱就是相伴而生的。

现今社会出现婚恋领域如此严重的无道乱象，根本原因是人们人生观、婚姻观的改变。形成这种改变的原因之一，是在社会转型期中商品经济所带来的负面影响。我们对这方面的影响没有足够的认识和有力的对策，一些人将一切商品化，连人也成了商品，男人“消费”女人，女人出卖自己的人格、肉体，以供男人消遣，换得金钱享受。这些人不再有社会理想、道德理想的追求，不再介意自己的人格操守，也就不忌惮跨过道德底线和法律底线了。豪宅名车是享受，女人的“性爱”岂不是享受，那是更“新鲜”的享受！贪官95%有情妇绝非偶然，这是他们的人生彻底“物化”的结果，财色本就是无道之人两大追求，财色一定会“被结合”起来的。他们的人生这样“物化”了之后，妻子的恩情、家庭的幸福哪里还顾得上呢？

除此之外，西方价值观的涌入也是重要原因。

粗略地说，西方价值观是重个人、重利益、重享受的。在历史进程中，这引出了重要的积极成果，也引出了一些消极后果，此处我们难以尽述。

在婚恋领域，19世纪末、20世纪初，西方曾兴起“性解放”思潮，认为人的性行为目的就是性快乐，那种快乐是一种“新的消费”，人对此种消费的选择、享受应该绝对自由。这就是说，人为了性快乐，可以为所欲为，不受任何约束。这种思潮的流毒至今还存在，它威胁着人们的婚姻家庭，构成了一种社会病。

需要说明的是，西方也不是一味地重个人、重利益、重享受。我们读一读美国早期历史便可知道，那些社会精英并不全是个人主义者，他们中许多人都是重群体有道德讲奉献的人，否则也就不会有美国了。19世纪90年代的德国哲学家费尔巴哈就曾主张“合理利己主义”，强调追求自己的幸福，也要顾及他人的幸福。对自己要自我调节，对他人也要有爱心，这才是道德。现代西方人也渐渐在认同“利己兼利人”的道德原则。至于婚恋领域，他们也不是倡导“乱”，不是不把婚姻家庭当回事的。我们同样在美国早期历史中看到，人们的婚恋生活也是健康幸福的。今天对于政治人物的婚恋道德，他们仍是很重视的。大家都知道美国前总统克林顿就是因“性乱”遭弹劾的。前不久，美国中央情报局局长彼得雷乌斯也因同样的原因而被迫辞职。人们明白，一个不忠于妻子家庭的人，又怎么能指望他忠于国家呢？

对于西方的价值观，我们不可以全盘接受，更不可全盘否定本民族传统价值观中好的东西。中国重群体、重家庭、重道德、重责任的传统不应被抛弃。在婚恋领域，真挚的爱情、持久的婚姻、和谐幸福的家庭一直是人们美好的追求。焦仲卿和妻子、梁山伯与祝英台的真情，是美好爱情的象征，而陈世美、潘金莲则是追求个人荣华富贵、淫乱享受而残害妻子丈夫的邪恶典型。

今天的性乱者们实为接受西方价值观、婚恋观中之短，而抛弃中国传统价值观、婚恋观中之长。他们由着性子张扬其人性之丑恶，抛弃对真善美的追求，从而迷失了人格。

人若是被物质欲望所支配，一个“得”字就捆绑住了他的人生。性乱者们只看到了自己的“得”，认为自己“得”到了一种分外的性享受、性快乐。或者还有金钱或其他“好处”。他们不愿意看到或根本不介意自己的“失”。他们的机体被另外的机体“消遣”了，他们不认为这是“失”，反认为是“得”。他们的灵魂因此被玷污了，他们不认为是“祸”，反认为是“福”。我们传统上把性乱称为“偷人”或“偷情”。一个“偷”字道出了性乱的本质——窃取他人所有为己有，损人利己，谓之无德。暗中进行这种见不得人的窃取勾当，表面上道貌岸然，背地里男盗女娼，谓之行骗。背叛自己的妻子（丈夫）和家庭，损害他人的妻子（丈夫）和家庭，而乐在其中，谓之恶。不介意被人“玩”，不介意被人“消费”，乐此不疲，谓之贱。一个原本正常的人，变成了一个无德、行骗、丑恶、下贱的人，失去了自己的人格，这不是“失”吗？看不见自己的“失”，是因为被性乱的迷雾蒙住了双眼。我们奉劝性乱者们快快睁开眼睛，走回正路。

说到这里，我们愿意同读者共赏两首诗词。第一首：

谢棨诗 （唐）王福娘

久赋恩情欲托身，已将心事再三陈。
泥莲既没移栽分，今日分离莫恨人。

唐代存在一个妓女群，分为官妓和私妓两种。当时妓女的身份并不同于今天“性服务”之“小姐”，其中大多有一技之长，以卖技而不是卖身为生。以上这首诗的作者王福娘就是这一人群中的一名曲妓，即以弹唱为特长的妓女。诗题中的孙棨是一名读书人。王孙二人相好，曾有诗作唱和。王福娘对婚姻是认真严肃的。她爱孙棨是打算同他结为夫妻，而不是彼此“玩一玩”，满足一时之快。为此，王福娘曾有《问棨诗》，诗曰：“日日悲伤未有图，懒将心事话凡夫。非同覆水应收得，只问仙郎有意无。”对于王福娘的追问，孙棨曾答诗一首，曰：“韶妙如何有远图，未能相为信非夫。泥中莲子虽无染，移入家园未得无。”对王福娘的要求，他做了否定的回答。这样，王福娘写了《谢棨诗》，大意是，你长久以来对我表现有情有义，我原打算把终身大事托付于你，这一心事已经不止一次地向你表白过了。你说“泥中莲子虽无染，移入家园未得无”，既然泥中的莲花没有移栽的可能，那么，咱们今天就只好分手了，这你是怪不得我的。这位曲妓的人格是令人敬佩的。在旧时彻底的男权社会里，一个身份低下的女性，却不甘做一个为他人提供“性服务”的消遣品，也没有要做他人婚姻调剂品的打算。王福娘认为，我对你孙棨看得起，不认为你是一个凡夫俗子，才打算嫁给你的。你既然看不起我，认为我身份低下，配不上你，我没有资格“移栽”到你的家园，你只是想跟我“玩一玩”，那么恕不奉陪，婚姻大事，我并无“玩”意。这位古代女性追求美好爱情婚姻的纯洁情感和不自轻自贱的人格尊严，是多么令人赞叹！应该交代一下，孙棨虽是一个能写两首诗的“文人”，但却并不能代表唐代社会精英的人品道德。唐代的优秀诗人，李白、杜甫、白居易、韩愈、柳宗元等，对待婚姻的态度都是严肃认真的，他们的爱情和婚姻生活中，并不存在性乱的劣迹，尽管唐代社会对男人十分“优厚”。

第二首：

卜算子 （宋）严蕊

不是爱风尘，似被前缘误。花落花开自有时，总赖东君主。 去也终须去，住也如何住！若得山花插满头，莫问奴归处。

严蕊是宋代台州（治所在今浙江天台）的一名官妓，善琴棋书画，也能写诗词，其歌舞之技尤佳，艺冠一时，备受人们好评。朱熹到台州任职时，听传说严蕊与知州唐仲友有染，认为有碍风化，便将严蕊关进牢中，鞭打几死，但严蕊拒不承认自己的这一罪名。后朱熹调任，岳霖任当地刑狱长官，可怜严蕊病弱之状，有放她之意，命她陈述身世。严蕊当庭作了这首词。词的大意是：我并不是自愿堕入风尘的（古称妓女为风尘女子），可能是被前世因缘所误吧。像花落花开是有一定规律的一样，我也总该回到自己该去的地方，这全靠长官您了（东君本指司春之神，此借指岳霖）。我是终须归去的，在此又如何住得了！若能放我从良，离开这一鬼地方，就是到偏远的乡村，做一个头上插满山花的普普通通的农妇，我也是很高兴的。那之后，我的命运就用不着长官们过问了。岳霖见词后判她从良。

严蕊身份卑贱，但心地纯朴。坠入风尘并非她愿，而是为生活所迫。她不会知道社会方面的原因，所以把自己的遭遇归结为命运。但她有挣脱命运的愿望，最后争取到从良的结果。她的身世反映了旧时代妓女为生活所迫，无奈仰脸事人的可悲命运，以及她们对于过普通良家妇女生活的渴望。

这两首诗词反映的两位风尘女子的状况，似同我们今天卖淫的“小姐”迥异。第一，她们堕入风尘并非自愿，是由于生活无计，是被迫的。今之“小姐”大多并非不能打工自立，而是要靠这种肮脏交易，获得高出常人的“享受”，她们大多是自愿的。第二，严蕊等人堕入风尘自以为耻辱。而今日之“小姐”则不以为耻，反以为荣。第三，王福娘、严蕊等有从良的愿望，有过上普通妇女自食其力、享受家庭温暖生活的强烈意愿，而今日之“小姐”无此打算，她们是得做则做，得享则享，并没有过正常日子的追求。古今为何有此不同，不是很值得人们深思吗？

我们这个长期受儒学影响，很重道德的民族，我们这个倡导精神文明的社会主义社会，不应该也不可能对无度追求物质利益和感官肉体享受、肆意欺辱善良妇女儿童、破坏他人幸福家庭、毒化社会风气的男男女女，保持高度容忍的态度。这样的高度容忍，将会令性乱者的队伍不断扩大，且更加肆无忌惮地张扬他们性乱的"需要"，威胁众多家庭的幸福和全社会的健康稳定。那是我们绝不能接受的。我们是社会主义国家，在"性"领域没必要同西方"接轨"。我们中国人不能用西方的性游戏规则来游戏人生。否则，我们的社会无法对亿万善良的妻子作出交代，无法得偿亿万辛勤养育子女盼望他们成人的父母的心愿，无法教育亿万儿童少年懂得什么是真爱、什么是婚姻幸福。我们必须净化我国的婚恋环境，维护家庭幸福和社会安定。

解决之道是有的，我们有优良的道德传统，有社会主义的国家责任，有广大人民群众的热切期待，而且也有许多治理成功的经验。婚恋领域的大治状态是一定会实现的。

第三章

儒学的思想精华和核心价值观

第一节　儒学的思想精华

儒学思想理论博大精深，本书不可能面面俱到地加以介绍。但是，从儒学体系中提炼出其思想理论的精华进行介绍和解读，是必要的。

一、仁爱思想

“仁”是儒学的核心，是儒学的精髓。这方面的内容前面已经做了介绍。

二、重德的思想

孔子、孟子认为任何社会都需要道德。一方面，道德对人起激励作用，对社会起推动作用；另一方面，道德又对人生加以指导和约束，对社会加以指引和规范。如此，人生才有正确方向，社会才可正常运转。

（一）人生需要道德

讲道德是儒学的灵魂，是人生的第一要务。

儒学讲道德，就是讲“爱人”，就是对他人怀善心、行善举。

孟子说：

人之有道也，饱食、暖衣、逸居而无教，则近于禽兽。

孟子认为人如果只有吃穿住这类物质生活，没有精神生活，不受教育，没有道德，那就无异于禽兽了。

（二）社会需要道德

孟子说：

老吾老，以及人之老；幼吾幼，以及人之幼，天下可运于掌。

这就是说，治理社会讲道德，讲仁爱，也就是要实行德政、仁政，才能治理得好。

社会需要讲道德，归根结底是因为民众需要讲道德，呼唤道德。

孔子说：

民之于仁也，甚于水火。

孟子也说：

民之归仁也，犹水之就下、兽之走圹也。

这都是在讲民众对道德的追求，对仁的呼唤。孔子、孟子认识到民众是社会大多数，他们呼唤仁德而不可得，社会就不可能正常运转。

孔子、孟子强调道德，但并不反对法制。孔子说：

道之以政，齐之以刑，民免而无耻；道之以德，齐之以礼，有耻且格。

意思是，如果用政法来引导，用刑罚来整治，民众能免于犯罪，但不会有廉耻之心。如果用道德来引导，用礼仪来规范，民众不但会有廉耻之心，而且行为能够有约束。

孔子认为法治是外力压服，德治是唤起人们内心的道德追求，是心服。他主张德法并用，而要以德教德治为基础。的确如此，从某种意义上来说，法律常是告诉人们不能做什么，道德则不但告诉人们不应该做什么，还告诉人们应该做什么。法是人们行为的最低约束，德是人们行为的高尚指导。法不能无所不包，而德在人类的生活中无处不在。德是法的支撑力量。

（三）讲道德需要教育和个人修养

孔子、孟子知道，道德不是生来就有的，需要通过“教化”

即教育宣传来实现。这体现了儒学的重教观念。

子曰：性相近也，习相远也。

意思是，人们的性情本来相近，因环境影响不同就差别很悬殊了。“人之初”人性没有什么大差别，人的区别完全是后天形成的。所以很强调对人的教育。

子曰：学而不思则罔，思而不学则殆。

意思是，学习而不思考就会迷惘，思考而不学习就会感到疑惑。

孟子曰：耳目之官不思，而蔽于物。物交物则引之而已矣。心之官则思，思则得之，不思则不得也。

孟子这些话的意思是，人的耳目等感觉器官的感知若不用心去思考，就会被外物所蒙蔽。外物蒙蔽了感觉器官，就会导致人放纵自己。心的功能是思考，用心思考才能得到道德，不思考就不能得到。

这里孟子实际上已经道明了人的感性认识是有待于提高到理性认识的。人的道德是理性认识的结果。

（四）讲道德的最高目的和境界

儒学所说的道德，包括广泛的内容。孔子把孝、悌、忠、信、礼、义、廉、耻、智、仁、勇、恭、恭、俭、让都纳入道德的范畴。但其核心是“仁”，就是“己所不欲，勿施于人”，“己欲立而立人，己欲达而达人”的善心善行。他们认为道德的最高目的和境界是什么呢？

子曰：志士仁人，无求生以害仁，有杀身以成仁。

孔子说：志士仁人，不会贪生怕死而损害仁德，只会勇于牺牲自己来成全仁德。

孟子曰：鱼，我所欲也，熊掌亦我所欲也；二者不可得兼，舍鱼而取熊掌者也。生我所欲也，义亦我所欲也；二者不可得兼，舍生而取义者也。生亦我所欲，所欲有甚于生者，故不为苟得也；死亦我所恶，所恶有甚于死者，故患有可不辟也。

孟子说：鱼是我想要的，熊掌也是我想要的，若二者不能同时得到，我愿意舍弃鱼而选择熊掌。生命也是我所要的，但有所要的价值超过了生命，所以我也就不会去苟且偷生。死也是我所恶的，但有所厌恶的超过了死亡，所以有的灾祸我不会回避。

以上两段孔子、孟子的话，讲的是人追求道德的一种最高境界。为了某种价值高于生命的东西，不畏惧牺牲生命，而是慷慨赴死。在我国历史上这样的志士仁人，数不胜数。当代如2008年我国汶川发生大地震，军队和平民百姓一批又一批奔赴灾害一线，共赴国难，冒死救援，不少人牺牲了生命。灾区的民众冒死就近救助他人，或牺牲了自己的亲人眷属，或付出自己的生命。这是人的理性、道德、仁爱的高度体现，是人性美的凯歌，同所谓的“趋利避害”的一般动物的自然属性完全不是一回事。

子路问君子。子曰：“修己以敬。”曰：“如斯而已乎？”曰：“修己以安人。”曰：“如斯而已乎？”曰：“修己以安百姓。”

意思是，子路问如何成为君子。孔子说：修养自身而敬业。子路说：这样就行了吗？孔子说：修养自身来安定他人。子路说：这样就行了吗？孔子说：修养自身来安定百姓。

孔子把人道德追求的最高目的定位在使百姓安定幸福上。修养自身，不只是自我完善，成为完人圣人，它最高的目标是对民众的人道关怀。

从以上孔子、孟子的言论我们可以看到，他们关于人的道德追求，有如下几点认识：

第一，道德追求是人的本质所在，一个人若只知道吃穿住，别的不求，那也就和禽兽差不多了。

第二，民众对于仁德有最强烈的呼唤和需求，这是不可阻挡的。

第三，人的道德并非天生具有，人是需要受教育和学习修养的。

第四，践行道德的根本目的是“安百姓”、“泽加于民”。

第五，践行道德的最高境界是舍已为人，舍生取义。

三、民本思想

民本思想在孔子之前的时代已经存在。《尚书》中的“民惟邦本，本固而邦宁”是这一思想的经典表述。

儒学创始人所主张的德政、仁政理念，正是基于民本思想提出来的。孔子所说“为政以德，譬如北辰，居其所，而众星拱之”的话，就是讲德政，讲德政具有吸引力、凝聚力，是顺民意、得民心的。《礼记·檀弓》记载说：

孔子过泰山侧，有妇人哭于墓者而哀。夫子式而听之，使子路问之曰：“子之哭也，壹似重有忧者。”而曰：“然！昔者吾舅死于虎，吾夫又死焉，今吾子又死焉。”夫子曰：“何为不去也？”曰：“无苛政。”夫子曰：“小子识之，苛政猛于虎也！”

意思是，孔子路过泰山边，有个妇人在坟墓旁哭得很悲痛。孔子扶着车前的扶手听着，派子路问她说：“你这样哭，好像不止一次遭遇到不幸了。”她就说：“是啊！以前我公公死在老虎口中，我丈夫也死在这事上，现在我儿子又被虎咬死了。”孔子说：“为什么不离开这儿呢？”回答说：“这儿没有苛政。”孔子说：“弟子们记着，苛政比猛虎还厉害啊！”

这是从民众所受的危害中反映出他们对德政的需要和呼唤。

孟子说：

桀纣之失天下也，失其民也；失其民者，失其心也。得天下有道：得其民，斯得天下矣；得其民有道：得其心，斯得民矣；得其心有道：所欲与之聚之，所恶勿施，尔也。

大意是，桀和纣丧失天下，是由于失去了百姓的支持。失去百姓的支持，是由于失去了民心。获得天下是有道的：就是要取得民众的支持；获得民众支持，便获得了天下。获得民众的支持也是有道的：要获得民心，获得了民心，就是获得了民众的支持。获得民心也是有道的：他们所希望的，要替他们聚集起来，他们所厌恶的，不要强加给他们，如此而已。

孟子在这里是强调统治者要顺从民心民意，实行仁政，只有这样，国家管理才能正常运行。否则，就会像桀纣一样失去民众最终失去国家。

孟子说：

暴其民，甚则身弑国亡，不甚则身危国削。

一个君主若残暴地虐待百姓，那么重则他本人被杀，国家灭亡；轻则他本人危险，国力也会被削弱。违民意而施暴政，最终是绝无好结果的。

民本思想有以下具体内容：

（一）认为民众是社会进步的推动者

民众不但是社会物质财富的提供者，而且是社会道德、社会进步的推动者。在社会生活中，少数权势者占有的社会财富越来越多，而真正创造这些财富的广大民众，却生活在水深火热之中。社会的这种严重不公，必然引起广大民众的不满。另外，这些权势者往往骄奢淫逸，无度地挥霍着由广大民众创造出来的财富，这就越发引起广大民众的不满。他们是受害者。在此情况之下，他们便产生对社会道德、社会公平的强烈呼唤和追求。

孔子创建儒学，宣扬仁德，在很大程度上就是为回应这种呼唤和诉求。孔子说：

民之于仁也，甚于水火。水火，吾见蹈而死者矣，未见蹈仁而死者也。

意思是，百姓需要仁德，比需要水火更急切。水和火，我见过踏入而死的人，却未见踏入仁德而死的人。

这里孔子是讲百姓急切需要仁德，需要统治者的仁政，需要人与人之间的仁爱，虽说可以将这种需求用水火作比喻，但也不确切，水火还有过度成害的情况呢，而仁德绝不存在这种情况。

孟子则说：

民之归仁也，犹水之就下，兽之走圹也。故为渊驱鱼者，獭也；为丛驱爵者，鹯也；为汤武驱民者，桀与纣也。

意思是，民众归向仁德，就像水往下流、野兽奔往原野一样。可以说，把鱼赶向深渊的是水獭，把鸟雀赶往树丛的是鹰鹯，把民众赶给汤武的是夏桀和商纣。

孟子这里在警告统治者不要贪得无厌、骄奢淫逸，否则，就会像夏桀、商纣那样，成为孤家寡人，把天下送给有德者商汤和周武王。

事情必然是这样。民众的正义诉求若是得以凝聚，就会成为抑制少数人穷奢极欲意图和行为的巨大力量。而如果少数统治者对自己的欲望不加抑制，发展到极端，广大民众会难于容忍，到了“吾与汝皆亡”的程度，他们就会起而推翻暴虐的统治者。孔子看到了民众所处的这种地位，听到了民众对社会道德的强烈呼唤，意识到了民众的巨大力量。他说：

且丘闻之，君者舟也；庶民者水也，水则载舟，水则覆舟。

孔子认为，统治者依赖民众维持统治，就像舟依赖水一样。一旦统治者违民意，行暴政，民众就会起来推翻他，像水覆舟一样。

（二）民贵君轻

孔子引用尧的话说：

咨！尔舜！天之历数在尔躬，允执其中。四海困穷，天禄永终。

意思是，尧说：啧！你这个舜啊！上天的大命落在你的身上了，你要公允地、不偏不倚地去执行天道。四海之内的民众要是陷于困穷之中，上天给你的禄位也就永远地停止了。

这是尧让位于舜时说的话，舜让位于禹时也用这番话告诫了禹。这里，孔子是托尧舜之事说明一个道理：设立君王是管理民事之需，君王们要公允地做这件事，如果不能如此，而是使民众遭受困苦，他的君位就终止了。因为民意不支持他，天意也就不支持他了。民众是君主存废的决定力量。

孟子说：

民为贵，社稷次之，君为轻。

这是孟子非常著名的论断。意思是，民、社稷、君三者的关系中，民是最重要的，社稷在其次，君则处于最末位。

孟子“民贵君轻”的思想，极其鲜明地讲述了民众的重要性，是民本思想的精髓。

（三）尊重人的生命和尊严

孔子、孟子都认为，人的生命是可贵的，应该敬畏生命，对生命加以爱惜和保护。孔子说：

以不教民战，是谓弃之。

意思是，用未经军事训练的人去作战，就等于抛弃了他们。

孟子曾说过“春秋无义战”。诸侯国之间大并小，强凌弱，统治者让百姓去打仗，即使是保卫自己的“国家”，也应让他们经过训练，在精神上、技术上有所准备，才不至白白地送死。

孔子还说：

不教而杀谓之虐。

意思是，不经教育便杀一个人，叫做“虐”。

以上两条，前条内容指战时，后条内容指平时。孔子认为，对民众不教而杀是一种暴虐的政治行为，是应摒除的恶政现象之一。在孔子看来，包括奴隶在内的人的生命是非常可贵的，应该加以爱惜和保护。

以上是讲尊重和爱护人的生命。下面讲尊重人的尊严。

仲弓问仁。子曰：“出门如见大宾，使民如承大祭。己所不欲，勿施于人。”

意思是，仲弓问仁德的实行问题。孔子说：出门办事要像去接待贵宾那样谦恭，役使百姓要像承办大的祭典那样谨慎。自己所不愿接受的，不要强加给别人。

这是讲对人要尊重，使用百姓时，要顾及其体面尊严。失去尊严，是人最不愿接受的。自己不愿接受的事，就不要强加给别人。

用人来殉葬是对人的生命和尊严的极大蔑视。即使做成陶俑用来殉葬，孔子也认为是对人的尊严的蔑视，于是道：

始作俑者，其无后乎。

孔子诅咒那些首先制俑的人简直该断子绝孙！

对人的尊重，还表现在尊重人的愿望和意志方面。孔子说：

三军可夺帅，匹夫不可夺志也。

意思是，一国的军队，可以让它丧失主帅，一个普通人，却不能强迫他放弃自己的志向。

个人的志向是多种多样的。总体来说是一种关于社会、人生的带方向性的追求。强权强力，可以夺取军队的主帅，但做不到夺取一个普通人内心的志向。志向是不会屈从于强权强力的，除非他自己不再坚持而决意改变它。

从以上孔子、孟子的言论我们可以看出，儒家对人的生命和尊严有以下几点认识：

第一，包括奴隶在内的所有人的生命都是宝贵的，是应该受到爱护的。

第二，人是有人格尊严的，这是人内心的一种道德存在和追求，是外力不可抢夺的。

第三，处于弱势地位的百姓的生命和尊严常常受到威胁，甚至被剥夺。

第四，为政者应该看到百姓追求生存权和人格尊严的力量，尊重百姓的生命和人格尊严。

（四）重视民众的精神需求和物质需求

民本思想包括重视民众的精神需求和物质需求这样的内容。孔子和子张有一段对话，就是讲这方面内容的：

子张问孔子怎样就可以从事政事了呢？孔子回答说：要尊

“五美”、摒“四恶”。子张又问“五美”的具体内容。孔子说：

君子惠而不费，劳而不怨，欲而不贪，泰而不骄，威而不猛。

子张又进一步问什么是“惠而不费”？孔子回答说：

因民之所利而利之，斯不亦惠而不费乎？择可劳而劳之，又谁怨？欲仁而得仁，又焉贪？君子无众寡，无大小，无敢慢，斯不亦泰而不骄乎？君子正其衣冠，尊其瞻视，俨然人望而畏之，斯不亦威而不猛乎？

意思是，就着百姓的利益所在而使他们得利，不就是讲恩惠不耗费吗？选择百姓可以承担的事去劳动他们，又有谁怨恨呢？自己追求仁德而得到仁德，又怎么算贪呢？无论人多少，势力大小，都不怠慢，不就是安泰而不骄傲吗？君子衣冠整齐、观瞻上尊贵严肃，使人们肃然起敬，不就是威严而又不凶猛吗？

孔子在这里告诉学生，为政者要按照民众的需求，而使他们得到利益，让百姓从事他们可以承担的劳动，不违农时，不加之于超强重负，他们也就不会生出怨恨之情，生产便能顺利发展了。

孔子还说：

知为吏者，奉法以利民；不知为吏者，枉法以害民。

这是从为官的视角看问题，其中的“利民”、“害民”就是要为官者重视民众的物质利益。

前面我们提到，孔子进入卫国都城，跟冉有关于“庶矣哉”的那段对话中，孔子“富之”、“教之”的回答，便集中代表了孔子重视民众的精神需求和物质需求的思想。

孔子还说：

丘也闻有国有家者，不患寡而患不均，不患贫而患不安。盖均无贫，和无寡，安无倾。

孔子说，我听说过，无论是诸侯还是大夫，不必担心贫穷，只应担心贫富不均；不必担心人口少，只需担心境内不安定。若是财富均衡，就无所谓贫穷；大家和睦，便不会感到人口少；社会安定，社稷就不会有倾覆的危险。他指出了过于悬殊的贫富差距，是国家的大患。

孟子也有相应的论述：

明君制民之产，必须仰足以事父母，俯足以畜妻子；乐岁终身饱，凶年免於死亡；然后驱而之善，故民之从之也轻。

意思是，英明的君主规定百姓的产业，一定要使他们上足以赡养父母，下足以养活妻子儿女；遇上丰年能全年吃饱穿暖，遇上歉年也不至于冻饿而死；这样，你要引导他们走向善的道路，百姓也就很容易听从了。

这里孟子提出了一个很重要的问题：要让百姓有自己的产业，当时应主要指土地。他认为百姓有了一定的产业，再加自己的辛勤经营，便可养活一家老老小小，无论丰年灾年都可以平安度过。这样，引导百姓向善，也就很容易做到了。

孟子还说：

易其田畴，薄其税敛，民可使富也。食之以时，用之以礼，财不可胜用也。民非水火不生活，昏暮叩人之门户求水火，无弗与者，至足矣。圣人治天下，使有菽粟如水火。菽粟如水火，而民焉有不仁者乎？

大意是，整治好耕地，减轻税收，就可以使百姓富足。按时食用，依礼消费，财物是用不尽的。百姓没有水火是活不了的，黄昏夜晚敲门向别人讨碗水或要个火，没有不给的，这是因为水火家家都是很多的。圣贤治理天下，就要使粮食像水火一样多。粮食像水火一样多了，百姓哪有不讲仁德的呢？

孟子这是从另一个角度来看民众对仁德、仁政的需求。百姓有了温饱，不在死亡线上挣扎，才能发挥出他们对他人的仁爱精神。孟子又说：

庖有肥肉，厩有肥马，民有饥色，野有饿莩，此率兽而食人也。兽相食，且人恶之；为民父母，行政，不免于率兽而食人，恶在其为民父母也？

意思是，你的厨房里有肥美的肉食，你的马棚里有壮健的马匹，可是老百姓面带饥色，野外有被饿死的人的尸体，这就等于是率领着野兽来吃人。野兽互相蚕食，人们尚且憎恶，为民父母的执政者，主持政事，却不能免于率领野兽来吃人的勾当，又怎么能做老百姓的父母官呢。

这里孟子揭示统治阶层的豪富同百姓生活的困苦之间的鲜明对立。告诫统治者损民众而肥自己的勾当就是率兽食人。那样的话他是没有资格做国家的执政者的。

综上所述，孔子、孟子关于重视民众物质需求的观念大致有以下几点：

第一，一个社会应该满足百姓的基本物质需求。使民众有自己的产业，是满足这种需求的基本保障。

第二，要实行富民政策。

第三，取之于民应有度，应不违农时，不加之于超强负担，轻征薄敛，才能真正提高生产，才能真正使国家富强。

第四，民众的基本物质需求得到保障，就更容易加强学习、接受教育，成为有道德的仁爱之人。

第五，统治阶层的穷奢极欲、聚货敛财，将会使民心丧尽、国家走向败亡。

点评（一） 民为本，泛爱众

像探究“人性”的特征一样，孔子、孟子探究了社会的特征。他们发现，人除了“饮食男女”的基本需求以外，还有精神需求、道德需求。而精神需求和道德需求对基本需求有着巨大的左右力量。同样，他们发现，社会需要物质生产、物质产品的支撑，但同时也需要精神力量的支撑，需要道德力量的支撑。正是社会道德的缺失，导致了春秋战国时的乱局。进而他们又看到，社会上，是什么人缺失了道德，是什么人呼唤着道德——是统治者缺了道德，是被统治者呼唤道德。“箪食壶浆以迎王师”讲的是燕国民众感谢帮助他们避开苦日子的齐国军队的情景。“时日曷丧，吾与汝皆亡”，讲的是民众诅咒暴虐的夏桀早死的话。

儒学的创始者们认识到，民众不但是社会物质产品的供应者，而且是社会道德、社会进步的推动者。这是孔子创立儒学的重要依据。归根结底，孔子、孟子是主张爱民的，民众是社会财富的创造者，又是社会道德、社会进步的推动者，为什么不爱？子贡问老师：如果有人能广泛地给民众恩惠并帮助他们解决困难，怎么样？可以说是仁德了吧？孔子高兴地说，那何止是仁德，简直是圣德了。孔子对弟子有“泛爱众，而亲仁”的教导。这就是要博爱大众，亲近有仁德的人。“仁”是儒学的核心，也是其道德的核心。孔子把爱众人即民众看成是仁爱中最重要的。孔子、孟子的民本思想本身不但要人们在客观上看到民众的重要，看成是推动社会前进的决定力量，而且要从主观上热爱他们，这样才能真正行德政、仁政，做对他们有益的事，不做对他们有害的事。

点评（二）民为本，行仁政

民本思想是儒学极为重要的思想。这一思想是孔子、孟子考察社会、继承传统、创新思维的结果。孔子经过对社会的考察、研究，了解古代社会曾经有过一种“天下为公”的“大同”状态，其特征是“人不独亲其亲，不独子其子”，货“不必藏于己”、力“不为己”。但后来发生了变化，不再是“天下为公”，而是“天下为家”了，其结果是“各亲其亲，各子其子，货力为己”。在这里，孔子道出了人类社会产生“不公平”的根本原因，是有了私有，成了私有社会。

这样，孔子进而考察，在“天下为家”的条件下，先贤们制定了礼仪制度来对这种不公加以限制，加以匡正，从而使社会进入一种“小康”状态。但是，到了孔子所处的时代，原有的“小康”状态遭到破坏，社会出现了“礼崩乐毁”的局面。于是，孔子又找出了解决办法，这就是大力提倡“仁”。要仁行天下，就是要贯彻“民为邦本”的原则。一国之内“民贵君轻”，君之由来、存废，国之兴亡，都是由民心民意决定的。所以君王应该满足民众物质和精神需求，施行德政、仁政。否则，施行暴政，那么，民众首先有表示不满的权力。有一次，邹国与鲁国之间发生战争，邹国官吏33人被杀，老百姓袖手旁观，邹君很不理解，问孟子。孟子回答说，这是你和你的臣下平时残忍对待老百姓的一个必然结果，这就是民众以眼还眼、以牙还牙。其次，民众还有起来革命、推翻暴君的权力。当齐宣王说武王伐纣是犯了“弑君”之罪时，孟子回答说，不仁不义的商纣无非“一夫”而已，我只知道杀了“一夫”，没有听说过什么“弑君”。孟子的意思是，民众起来推翻暴君是一种合理的举动。

这就是民本思想。这一思想自然地发展成为德政、仁政的追求，对暴政、劣政的否定。“天生民而树之君，以利之也”，“民之所欲，天必从之”，“天之爱民甚矣，岂其使一人肆于民上”，这都是站在民众的立场上来看问题的。君权来自于民，当服务于民。这样，民本思想便合乎逻辑地成为现代中国式民主的历史源头。

如果我们把目光移到孔子、孟子两千多年后的西方，移向正处于启蒙运动时代的欧洲，我们发现，那时西方涌现出一大批优秀学者哲人，其中的卢梭可称为其代表。卢梭当时写了《论人类不平等的根源和基础》一文，其中有这样的思想：人类社会存在过“自然状态”，那是人人平等、人人自由的社会。由于生产技术和文化的发展，出现了私有制。私有制的产生，使人类进入文明社会，同时也使人类失去了天赋的平等自由——出现了财富的不平等，政治的不平等，等等，从而导致专制和暴君的出现。卢梭也给出了匡正这种不公的药方。他在《社会契约论》中宣称“主权在民”，国家统治者的权力是民众通过“契约”方式委托给统治者的，如统治者不能履约，则民众有权力推翻他们的统治。

把几千年前孔子、孟子民本思想同几百年前卢梭“民权”思想跨时空对接起来，我们会发现，两者是何其相似！由此我们不难发现，儒学创始者们对社会的洞察力和解决现实问题的理论创新精神是多么非凡超群。

恩格斯对卢梭关于不平等起源的认识是很赞赏的，称之为“辩证法的杰作”。恩格斯同时指出：“卢梭的社会契约在实践中表现为而且也只能表现为资产阶级民主共和国。18世纪的伟大思想家们和他们一切先驱者一样，没有能够超越出他们自己的时代给予他们的限制。”确是如此。卢梭等看到了社会不公平的根源是私有制，但他们不企图消灭私有制，只是想建立一个消除贫富悬殊、能保护小私有者或新兴私有者的非专制的资产阶级民主共和制。恩格斯对卢梭的评价是中肯的。启蒙运动思想家们实际使命是为资产阶级革命及其政权的创立做好理论准备。卢梭等人很好地担当了这样的历史使命。此外，所谓统治者和被统治者之间就建立国家问题订立“契约”一说，其实也是一种臆想。

这样，我们很自然地会想到，在孔子、孟子两千多年之后的启蒙思想家们尚难有消灭私有制从而也就消灭了阶级的思维，我们实难以再苛责儒学的创建人和其继承者没有这样的思维了。

同时，我们看到，儒学对一个国家社会政治的优劣的评价尺度是“德政、仁政与暴政劣政”，而不是某种社会制度。某种社会制度可以通行于很长的时代，如封建制度、资本主义制度。但在某种社会制度框架内实行的是良政还是劣政，是仁政还是暴政，对于民众利益的影响会是很不相同的。追求仁政、良政是中华民族价值观的重要内容，这种追求延续至今。今天我们看一个国家社会政治状况的优劣，仍然是看它是否实行的是一种仁政良政，而不仅仅看它是否是“民主制”。也就是说，“民主与专制”并非衡量一个国家社会政治优劣的唯一尺度。中华民族的这一价值观念与西方是不同的。当然，如果一个大的时代即将来临，旧制度需要推翻，新制度应该建立，如资产阶级革命时期，人们首先要考虑的是社会制度问题。某种符合时代需要的社会制度一旦建立，随之而来的就是考虑实行“良政与劣政”、“仁政与暴政”的问题。这种思维转换是非常重要的，否则将找不到社会革新的目标和方向，会满足于自己的“民主制”而缺乏前进的新动力；或者视他人为“专制”而认为一无是处，导致实行错误的国际关系战略。孔子、孟子当时也没有创立什么社会制度的思维。他们只不过是在面对现存社会的既成事实中，兴利避害，抑统治者的张狂，扬被统治者的尊严，追求德政、仁政，希望使社会向着他们所期待的美好状况前进而已。

民本思想是儒学献给中华民族的至宝。它数千年来成为民众和社会精英们维护民权、民利、追求德政仁政的有力思想武器，同时也成为掌权者执政中的一种指导和警示。在个人思想修养、道德追求上，它是一个标杆。时至今日，我们依然把“为人民服务”看成人生应有的思想境界，这正说明民本思想的普遍意义和重要价值。

四、爱国爱乡的理念

周朝是中国最初的大一统国家。它打破了原来大大小小的部落式的分散的众多小“国”的局面，实现了“一统”的“天下为一家”的重构。它分封了诸侯“国”，周天子成为“天下共主”。它又“制礼作乐”，明确了社会的运行方式、做人做事的规则。这使中华民族真正蕴含于一个“大一统”的国家之内了。《汉书·王吉传》中说：“《春秋》所以大一统者，六合同风，九州共贯也。”《春秋》为孔子所修，《汉书》所载这几句话是对孔子所主张的“大一统”理念的诠释。在周代，中华民族的文明得到了最具规模的培育。孔子说：“入其国，其教可知也。”这里的“教”，就是“其为人也温柔敦厚而不愚，疏通知远而不诬，广博易良而不奢，洁静精微而不贼，恭简庄敬而不烦，属辞比事而不乱”这样的社会风尚。

周朝实现了中华民族的大一统，培育了中华民族的礼仪文明。孔子对周朝的功绩是十分称道的。他希望维护中华民族的大一统局面，反对诸侯越国家之统一权力，各行其政，制造分裂。所谓“天下有道，则礼乐征伐自天子出，天下无道，则礼乐征伐自诸侯出”。周朝衰微，孔子考察了原因，他创建儒学，希望实行改革，但不希望国家分裂。这是儒学创立者的爱国精神的主要体现。

孔子是鲁国人，他称鲁国是父母之邦，而对父母之邦怀有一种特殊的感情。《孟子》记载说：

孔子之去齐，接淅而行；去鲁，曰："迟迟吾行也，去父母国之道也。"

意思是，孔子离开齐国的时候，不等把米淘完、滤干了就起身。离开鲁国的时候，孔子说："我们慢慢地走——这是离开父母之邦应该做的。"

《史记·孔子世家》记载，孔子"周游列国"到陈国的时候，想起了自己的家乡，说：

归与归与！吾党之小子狂简，进取不忘其初。

"吾党之小子狂简"意为我家乡那些弟子行事疏阔。这是孔子想念家乡虑及其弟子教育的话。

齐国攻打鲁国，孔子听到消息后对他的弟子们说：

夫鲁，坟墓所处，父母之国，国危如此，二三子何为莫出？

意思是，鲁，是祖宗墓坟的所在地，父母之邦，她危险到这种地步，你们为什么不挺身而出呢？他要求学生们不能坐视。学生们也纷纷表示要去救援。这就是孔子的爱乡情结。

五、关于“和”的理念

孔子直接讲述“和”的理念的言论不是很多，但“和”的理念却贯穿于整个儒学体系之中。

在这一部分中，我们介绍两方面的问题，一是这一理念的基本内容，二是关于“和而不同”的价值。

（一）“和”的理念的三方面基本内容

（1）同他人友好相处，和谐共存

孔子的“仁者爱人”，“己所不欲，勿施于人”，“己欲立而立人，己欲达而达人”，“修己以安人，修己以安百姓”等基本思想，无不包含着“和”的理念。他的“讲信修睦”、“尚辞让，去争夺”的思想，则直接是讲“和”的，都是表达人与人之间要友好相处，实现和谐共生这样的美好愿望。

在对“和”的理念进行肯定的同时，对于一些“不和”的因素，儒学是给予贬斥的。例如对于统治者夺民利、违民意的行径，孔子是反对的，并告之以“载舟覆舟”的利害，实际上是说明这样一个道理：统治和被统治存在某种共生的关系，统治者不明了这种关系，便会招致自己的覆亡。

孟子也主张要构成一种君仁臣忠、父慈子孝、夫敬妇随、兄友弟恭、朋友有信的和谐有序的社会关系。他也告诫统治者，若是不能与民和谐相处，百姓对你像对夏桀一样，下了“予及汝皆亡”的决心，那样，两者共生的关系就不复存在了。

（2）同他族他邦平等相处，共享和平

中原传统文化中有所谓“夷”“狄”“蛮”“戎”等称呼，而中原民族自称为“夏”，似乎透露出中原民族对周边民族有某种鄙视心态。但在儒学里，文野之分的原则并不是我族他族的狭隘民族偏见，而是以道德礼仪的拥有程度、文化的先进程度为原则来划分的。夷狄讲道德礼仪便可成为诸夏之国，诸夏不讲道德礼仪便被认为“变而为夷狄”。夏夷之间处于一种变动状态，并无不可逾越的鸿沟。这正反映了春秋战国时代的社会现象。孔子曾说过“圣人耐以天下为一家，中国为一人”的话，意为圣人能够用道德礼仪把中华各族各地治理得像一家，把“中国”治理得像一个人一样。

孔子的学生子夏也说过“四海之内皆兄弟”的话，这是劝慰他的学友司马牛感叹自己没有一个好哥哥时说的，但此话表达出的境界胸怀也可说是对孔子的话的极好诠释。当孔子得知鲁国“季氏将伐颛臾”时说：“夫颛臾，昔者先王以为东蒙主，何以伐为？”颛臾是春秋时的一个小诸侯国，其地在鲁国域内。孔子认为季氏不应该以大欺小、以强凌弱，无端攻伐他国，应尊重他国的合法权利。他还说过：“居处恭，执事敬，与人忠，虽之夷狄，不可弃也。”这是他回答樊迟问“仁”时的话，即日常的生活态度要谦恭，办事情要认真，同人交往要忠诚，就是到了夷狄地区，也不能丢掉这些好品德。这些话都反映了孔子对其他民族或邦国的尊重，主张彼此平等相待，反对诉诸武力。

孔子很看重《尚书》，指定为教学的教材。《尚书·尧典》中说：“克明俊德，以亲九族；九族既睦，平章百姓；百姓昭明，协和万邦。”这是在颂扬古代圣君尧的功德。

“协和万邦”就讲出了处理邦国关系的原则，是要和平，要协调。

总的说，儒家处理族群或邦国关系的理念是要平等相待，和平共处，彼此之间的矛盾要以和平手段解决，反对诉诸武力，反对侵犯掠夺他族他国。

点评　兵气销为日月光

春秋战国是中华民族最终形成的时期，在征伐兼并中，中原部落和其他游牧、半游牧部族最终统一到几个大邦国之中，北方狄族并入晋，西方戎族并入秦，东方夷族并入齐鲁，南方苗及其他小国并入楚。经历300余年的争斗融合，到秦统一之前已形成了统一的华夏民族。秦汉以后，中华大地大致存在三大文化类型，即北方草原游牧文化、中原定居农耕文化和南方山地游耕文化。中华民族在形成的过程中，各民族之间有着广泛的交流。如游牧民族与中原民族自古就有所谓"茶马互市"，游牧民族以其畜产品换取中原民族的粮、茶、布匹和铁器等。在游牧区水草丰盛季节，游牧民族和中原民族平时还能相安无事，但在水草枯竭季节，游牧民族则常常南下劫掠，有时形成铁与血的战争。虽然中原文化较为先进，但拿惯了锄头的农民哪里能敌得过骑骏马拿钢刀勇敢善战的牧民呢。中原地区百姓深受劫杀之苦。朝廷也就不得不组织抗击，在此过程中演绎出许多可歌可泣的保家卫国的"故事"，涌现出许多惊天动地的民族英雄。但是，由于儒家"和"的观念深入人心，中原族群的民众还是期待各民族平等互利，共享和平的。

唐代诗人常建有一首名为《塞下曲》(其一) 的诗，很好地表达了中国古代民众盼望太平、反对征战、希望民族和解的心愿，因此成为唐诗中的名篇：

玉帛召回望帝乡，乌孙归去不称王。
天涯静处无征战，兵气销为日月光。

诗开头叙述了一段史实，乌孙族的使者携玉帛到西汉朝廷朝觐后恋恋不舍地回望“帝乡”，他们不再以中原民族为敌，两族从此和睦友好。诗中的乌孙是古时少数民族之一，曾先后在敦煌和伊犁一带游牧，唐时属西域都护，后来它逐渐融入哈萨克族。诗的后两句描绘的是一种和平宁静的理想境界。两族交界之处一片平静，再没有了血腥的征战厮杀，战争的烟云销尽，化为日月的光辉普照大地。民族之间和睦相处，天下太平，是多么美好！

游牧民族南进侵扰达到高潮，便形成入主中原的局面，如蒙古族元朝的建立，满族清朝的建立就是如此。但无论如何，中华民族的各个主体都为儒学的魅力所折服，而选择了以儒学为基础的价值观念，有着共同的趋善求治、维护中华民族整体利益的要求，这就构成了中华民族巨大的凝聚力和生命力。

孔子的那个时代，从严格意义来说，并没有发生真正的“外交关系”，邦国上边还有一个周朝天子。但孔子的这些理念对中国的外交传统有着深刻的影响。中国历史上总体来说奉行和平外交政策，不以征服掠夺他国为乐事，主张和平解决各国之间的矛盾。中国常处于一种守土安边的防卫状态，奉行睦邻友好的外交国策。中国的常态是不取进攻态势，不好对外扩张。

（3）同大自然友好相处，和谐共生

儒学把世界看成一个和谐有序的存在，看成一个运动变化着的系统。而自然系统和人类社会系统这两个系统是应该友好相处、和谐共生的。

对于自然界，孔子是怀有“仁心”的，《论语》说他“钓而不纲，弋不射宿”。此处的“纲”是古代一种捕鱼工具，在一条大绳子上挂许多的渔钩。“弋”是一种带细丝绳的箭。意思是，孔子钓鱼，只用一个渔钩，不用“纲”，用“弋”射鸟，而不射归巢的鸟。他认为对其他生物的获取是应该适度的，不应影响它们的繁殖发展。孔子在讲述其社会理想“大顺”时，曾经憧憬说：人与天地的关系处理好了，将“天降膏露，地出醴泉，山出器车，河出马图”，“鸟兽之卵胎，皆可俯而窥”。

孟子也说过，适时地使用地力粮食就吃不完。不用细密的渔网捕鱼，鱼鳖就吃不完，在合适的季节才进入山林砍柴，木材就用不完。他也同样主张顺其自然，防止自然资源的破坏甚至枯竭。

总之，儒学的传统文化主张人与自然和谐统一，大自然对人类的无私奉献，以及它按特定规律运行的精神是值得敬畏和仿效的。人类应对大自然怀着感恩之心，不应无度索取，不应该“竭泽而渔”、“焚林而猎”、“暴殄天物”。

孔子、孟子并非反对改造大自然和利用大自然。孔子就曾赞叹大禹“尽力乎沟洫”，大力整治水土，疏导河川，发展农业生产。孟子也讲过要精耕细作的话。

点评　环境遭破坏和人心失衡

今天我国已成世界第二大经济体，这值得我们自豪。但同时我们付出环境遭到破坏的代价，却值得我们认真反思。

我国环境保护部下属环境规划院于2013年1月在其网站上发布了对2010年中国环境污染损失的统计数字。数字表明，污染导致的环境退化成本占2010年国内生产总值（GDP）的2.5%，若是加上生态系统（森林、湿地、草地等）受到的破坏在内，则损失占到当年GDP的3.5%，达1.54万亿元。2010年环境退化增速超过了GDP的增速，前者13.7%，后者为10.4%。这项数字没有将同污染有关的居民健康损失计算在内，若是计算在内，污染带来的经济损失当然会更高。这家规划院2006年曾发布报告说，空气污染每年导致中国内地城镇35.8万人过早死亡，带来约1527亿元的经济损失。

环境的失衡是能够在新的起点上加以整治改变的。而更可怕的是人心的失衡。一个地方官，一个地方企业的领导人，用一种非常明显的短期行为来危害父老乡亲们的长远利益，是为了什么呢？最重要的是道德的缺失，是善意的崩毁。这种状况更是必须大力加以整治的。

宋代苏轼在《前赤壁赋》中有这样的一段话：

天地之间，物各有主，苟非吾之所有，虽一毫而莫取。惟江上之清风，与山间之明月，耳得之而为声，目遇之而成色，取之不尽，用之不竭，是造物者无尽藏也，而吾与子之共适。

苏轼等先人绝对想不到，他们那时的清风明月，如今已经“清”、“明”不再。那“取之不尽，用之不竭”的清风明月也难敌人们不加遏制的贪婪。

（二）“和而不同”的价值

孔子说：

君子和而不同，小人同而不和。

孔子的“和而不同”论有着非常重要的价值。

“和而不同”思想，既是讲君子和小人在各自相处时的两种不同状态，又是讲人们彼此相处时应该遵循的一种原则要求。总的意思是，君子之间相处，应该以“仁爱”为自己的指导思想。这样，君子之间相处，就必会出现“和而不同”的结果；如果不是这样，彼此以“利益”为指导原则，那么，就定然出现“同而不和”的结果。

或者说，孔子的意思是，道德高尚的人彼此相处，一要讲“和”。讲“和”，就是彼此的关系应该和谐、协调；二要讲“不同”，就是强调保持个人的独立人格和特点，不能苟同。只求苟同，不是真正的“和”，而是“小人”的一种处世之道。

“和而不同”的思想，有四方面的意义：

第一，在于说明客观事物的一种普通的存在状态，即不同的事物或方面存在于一个共同体中。

第二，在于说明处于一个共同体中的各种不同的事物或方面，有着某种相关联相依存的关系。例如人类同大自然的关系就是如此。人类社会的各国各族和各方面也是如此。孔子就曾告诫统治者们不要看不到他们同民众之间的这种依存关系，他用了“水”和“舟”来作比喻，水可载舟，也可覆舟。

第三，在于说明一个共同体内的各种不同事物或方面存在差异、矛盾和斗争。讲和谐、协调，并不意味着反对斗争，主张调和。儒学提倡仁爱，但不是无原则的爱。孔子就说过：“唯仁者能好人，能恶人。”“好仁者，无以尚之，恶不仁者，其为仁矣。不使不仁者加乎其身。”就是说，爱好仁德的人，是再好不过了，他能够憎恶不仁的人，自己践行仁德，不使不仁的人那一套加在自己的身上。在君臣关系上，孔子说过“勿欺也，而犯之”的话，臣对君不要欺骗，但可以触犯他，可以谏诫，可以抗争，甚至抗拒。孟子也有“君之视臣如草芥，则臣视君如寇雠（仇）”的名言。至于君民的关系，孔子、孟子也不是主张百姓一味当顺民。对于不行德政、仁政的暴君，民众这片汪洋大海要使暴君这条船倾覆，也是势在必然的。孔子、孟子在游说为君者时，常被问到如何“使民服从”的问题，他们总是回答为君者要如何如何，也就是说“民服”是有条件的，不可能是无条件顺从。这一切说明孔子的“和而不同”理念是看到了社会不同人群，特别是君民之间的矛盾斗争关系的。不但如此，他们还看到了，这种矛盾斗争存在的原因是统治者的苛政暴政，也看到了对矛盾斗争结果起决定作用的是广大被统治的民众。

有子说过：“礼之用，和为贵；先王之道，斯为美。小大由之，有所不行；知和而和，不以礼节之，亦不可行也。”有子的意思是，“礼”的作用，是以恰当、和谐为可贵；对于先王之道来说，这成为美好的追求。大事小事都遵循着礼的和谐，也有行不通的时候。需要和谐，就去追求和谐，不用“礼”加以调节，也是行不通的。

有子即有若，他在讲礼制的时候，强调“和”，但他看到现实中存在诸多矛盾，即存在诸多不和谐因素，是光用“礼”解决不了的。这可以看出有子理解了孔子的理念，“礼”的背后是需要“仁”来支持的。行“仁义”、“仁政”才能达到和谐。有子的话，很好地诠释了孔子的话。

第四，“和而不同”的理念蕴含着极可宝贵的创新思维。

将一个事物和另一个或一些不同的事物按照一定的理念规则组合在一起，成为一个新的、既往不曾有过的事物，这就是创新。因此，“和而不同”是一种创新思维。孔子将年龄、出身、素质各异，居处不同的学生召集在自己身边，按照儒学的教学理念规则把这些人组织在一起，边学习边实践，开私人办学之首创，这就是创新。孔子虽说是“祖述尧舜，宪章文武”，但儒学实际是将筛选出的优秀文化遗产同自己观察研究现实社会所得到的新识见加以重组重构的、具有可操作性的一种新学说。它在科学性、系统性、实践性方面都是优于尧舜文武的。这是孔子的创新，孟子则使这种创新更趋完备。

孔子、孟子的理想，“大顺”也好、“五亩之宅”（孟子论述的全文见本章“幸福观”部分）也好，都是一种崭新的组合：能看到大势、愿意实行仁政的君主；德才兼备，重国家利益、百姓生计，直言敢谏，有远见卓识的群臣；善修已、敢担当的志士仁人；懂礼仪道德、忠孝勤勉的广大民众，各司其职，向善求治，和谐共处。这就是他们理想的特征。他们的理想没有能实现，但这种创新性社会愿景对中华民族产生了深远的引导和鼓舞作用，也有过部分的实现与成功，这就是非常了不起的了。

历史事实证明，一个社会若是拥有杰出的创新型学者哲人，给这个社会的人们的思想行为以指引，那么这个社会就有了发展的理论根据，凝聚人心的依托，它虽历尽艰辛，但总会生生不息。

中华民族是在以儒学价值观为主体和指导的基础上、于春秋战国时代孕育成功的新民族，它不同于中原诸夏，也不同于北方游牧民族和南方游耕民族。它的伟大生命力，正是得益于不同因素加合重构而出新的客观规律。

孔子、孟子的这种创新思维“新”在不仅指两个或更多不同的事物组合出新，而且也指两个或更多已经组合的事物变更组合理念和法则后的出新。一个家庭中的夫妻，丈夫高调指挥妻子，妻子低调接受指挥。这是一种理念和“法则”。如果改变这种理念和“法则”，夫妻间平等相待、互敬互爱，如此形成的一种新的组合，便使夫妻双方都可发挥主观能动性，构成良好的优势互补。这样的夫妻，其建设性、创造力，就会成倍增长，夫妻之间的关系也会更加融洽亲密。组合的双方（即成分）并没有变化，组合的理念和“法则”（即结构方式）变了，就出了新。那么，这个能使旧有的组合出新的“新”理念和“法则”是什么呢？它就是孔子所说的那个“和”。这个“和”专指“和谐”。它不是一般意义上的合作，它是包含着以儒学“仁”的理念为指导的意义在内的。组合双方或多方重组重构，大家真正平等，诚挚合作，优势互补，便形成了新的合力。这种合力蕴含的正能量、建设性、创造力，就远远大于原来的那种旧的组合。例如两个国家合作，一大一小，大国自认为自己是“老大”，一切“游戏规则”都由它制定；而小国则认为自己力量小，只配“惟命是从”。那么，这就是一种旧的组合。如果改变理念，认为大国小国一律平等，大国有大国的优势，小国有小国的长处；“游戏规则”共同来制定，那么，这就会形成一种新的组合。这种新的组合，其纽带，其灵魂，是“和”，即“和谐”。这种新组合的正能量、建设性和创造力，肯定是大大优于旧组合的。而孔子说的“和而不同”，所追求的，就是这种新的组合关系。

我们中华民族崇尚这种关系。这种关系的新组合若是不断增多，世界的前途也将越来越美好。

六、积极进取的思想

积极进取是儒学最精彩、最光耀的思想之一。这一思想突出表现为积极入世的精神和对人生的积极态度。

（一）积极入世的精神

孔子创立儒学，就是为干预社会、改造社会的。后来他周游列国，目的就是寻找机会，能够使自己的学说得以推广。而确立这一目标之后，他始终不渝，遇到怎样的艰难都休想让他放弃。一旦有机会出现他便要紧紧抓住，绝不放过。

《论语》记载，到了叶地，“叶公问孔子于子路，子路不对。子曰：‘女奚不曰，其为人也，发愤忘食，乐以忘忧，不知老之将至云尔。’”为什么“发愤忘食，乐以忘忧”呢？为了推行自己的学说，济世救民。

到了楚国，楚人桀溺对孔子的学生子路说，如今，像洪水一样的坏人坏事到处都是，你们跟什么人一起去改变它呢？你与其跟着孔丘干这样的事，不如跟着我们做一个逍遥的人。子路跟孔子讲了桀溺的话后，孔子表示了坚决的态度：

鸟兽不可与同群，吾非斯人之徒与而谁与？天下有道，丘不与易也。

我们既然不可以同飞禽走兽同类，而与人同类，我们就只能够同人类打交道。我们如果面对的是一个有道的社会，我也就不会去改变这个社会了。就是说，社会无道，我也就不能逍遥，而要积极奋斗，去改造它。

（二）积极的人生态度

儒学主张以上天为榜样，“天行健，故君子自强不息”。“鸡鸣而起，孳孳为善”。“苟日新，日日新，又日新”。这都表现了积极的人生态度。孔子、孟子一生都在学习、考察、研究历史和现实，努力推行儒道，他们的人生是处在一种奋发有为的状态之中的。

孔子说：

苟有用我者，期月而已可也，三年有成。

这种以日、月、年计算着自己生命价值的态度，绝非苟活者所能有的，而是积极进取精神的一种表现。

孔子、孟子积极的人生态度，来源于他们强烈的社会责任感。

孔子说，“民之于仁也，甚于水火”。“天下有道，丘不与易也”。孔子看到乱象，看到了人性的恶。民众是要求改变现状的。因此，他也必须行动起来。这是强烈的使命感——老百姓如此急切向往的东西，我们是必须给以满足的。

曾子说：

士不可以不弘毅，任重而道远。仁以为己任，不亦重乎？死而后已，不亦远乎？

读书人不可以不刚强而有毅力，因为他使命重大，要走的路途遥远——以实现仁德行于天下为己任，使命不重大吗？到死方休，他要走的路途不遥远吗？

孟子也说过：

夫天未欲平治天下也；如欲平治天下，当今之世，舍我其谁也？

就是说，天要不想让天下得治理、享太平，就不用说了；要是想让天下得治理、享太平，在当今这个世界上，除了我还能有谁来担当这个使命呢？

他们这种惊天动地的自我宣示所表达出来的济世救民的使命感和担当精神是令人震撼的。

儒学告诉我们，怀着强烈的社会责任感，拥有美好的社会理想，坚持高尚的道德和人格，人生便获得了前进的巨大激励和动力，就会一生奋斗不息，实现人生的价值。

七、义利观

利，指物质利益。义，孔子认为它是仁的另一种表述。孟子说：“义，人之正路也。”把义看作人的立身之法，行动规范。孔子、孟子都认为义是与利相对的道德追求和规范。孔子、孟子主张，对于利，一要反对单纯逐利，二要取之有道，获利要以仁义来指导、规范。

（一）反对单纯追逐利益

孔子说：

君子喻于义，小人喻于利。

又说：

放于利而行，多怨。

意思说，有修养的人知道行义，而没修养的人只知道求利。只根据个人利益行事，必然引发许多的怨恨和斗争。

《大学》说：

德者，本也；财者，末也。外本内末，争民施夺。是故财聚则民散，财散则民聚。

德是本，财是末。假如轻根本而重末节，那就会和百姓争利而行劫夺之术。

孟子说：

鸡鸣而起，孳孳为善者，舜之徒也；鸡鸣而起，孳孳为利者，跖之徒也。欲知舜与跖之分，无他，利与善之间也。

意思是，鸡叫便起床，努力行善的，是跟着舜走的人；鸡叫便起床，卖力地追求利益的，是盗跖一类的人。

孟子对梁惠王说：

王何必曰利？亦有仁义而已矣。王曰："何以利吾国？"大夫曰："何以利吾家？"士庶人曰："何以利吾身？"上下交征利而国危矣。

孟子对梁惠王说："王！为什么一开口就讲利呢？只说仁义就行了。大王说，'怎样对我的国家有利？'大夫说，'怎样对我的家庭有利？'士人和老百姓说，'怎样使我自已有利？'结果，上上下下互相追逐利益，国家就危险了！"

（二）富贵要取之有道

孔子说：

富与贵，是人之所欲也，不以其道得之，不处也；贫与贱，是人之所恶也，不以其道得之，不去也。

意思是，富裕和显贵是人人都想要得到的，但不用正当的方法得到它，就不会接受；贫穷和低贱是人人都厌恶的，但不用正当的方法去摆脱，就不会摆脱它。

孔子又说：

饭疏食饮水，曲肱而枕之，乐亦在其中矣。不义而富且贵，于我如浮云。

自己吃粗粮喝凉水，睡时弯着胳膊当枕头，也是快乐的。不用正当的办法得到富贵，那富贵在我看来，无足轻重，如天上的浮云一样。

利和义的关系是：

仁者以财发身，不仁者以身发财。

仁德的人散财以提高自己的德行，不仁的人则不惜以生命为代价去聚敛财物。

点评　不能见利忘义

我们传统的民间商业行为，讲究货真价实、童叟无欺、和气生财、买卖不成情意在，等等。也就是说卖的人盈利，买的人得实惠，双方共赢，不含有欺诈、坑害。商家经商是一种长期行为，以老字号、有信誉、有老主顾、回头客而自得。若说这是受了国家法律的约束，倒也未见得。旧时代“天高皇帝远”，国家能管多少也不好说，关键是商业行为得有个精神支柱，就是讲道德、有善意。有些行规行俗便是这种道德善意的体现。现在这种古朴的商业文明遭到了严重破坏，其原因就是将这种精神支柱弃之不顾了，有的商家演变成了坑蒙拐骗无恶不作的掠夺者。商界中的某些不良之人竟然连药品和婴儿奶粉都造假。他们的黑心既然不放过羸弱的病人和稚嫩的婴儿，又有谁可以逃过他们的黑手呢？

我国社会正处于转型期中。商业活动以其从未有的规模在中国大地上展开。中国百姓从没有见识过，更没有亲身经历过如此广泛的商品交易行为。人与人的关系在发生变化。孔子提倡“己所不欲，勿施于人”，提倡“己欲立而立人，己欲达而达人”。在商品交易中，人们的思想和行为似乎很难与孔子的这些论述合拍。其实，不管什么形态的社会，“利”与“义”的矛盾是广泛存在的。也就是说，讲“利益”是人类社会永恒的主题。而与此同时，讲“义”同样是永恒的主题。正因为如此，我们的思维应该是，既然商品交易行动中更多地强调“利”，强调“利润”，甚至可以强调到无以复加，强调什么“利益最大化”，那么，社会就更应该强调“义”，强调道德，强调法制，强调“君子爱财取之有道”，强调利他向善、诚实无欺。不然，金钱变成唯一，社会一切都“商品化”，把不是商品的东西划归商品，社会的危机便将随之到来，和谐社会的建设成为不可能。

说到这里，我们想起了唐代诗人李群玉那首《放鱼》诗，诗曰：

早觅为龙去，江湖莫漫游。
须知香饵下，触口是铦钩。

如今的消费者真有点像诗人笔下的那条鱼了，他们必须处处小心着那香饵下边锋利无比的钓钩！

我们的社会不可能长期容忍这样的状态存在下去。

八、幸福观

孔子、孟子觉得自己幸福吗？他们是感到幸福的。孔子曾说过自己是一个“发愤忘食，乐以忘忧，不知老之将至”的人。孟子也说过：“父母俱存，兄弟无故，一乐也，仰不愧于天，俯不愧于人，二乐也，得天下英才而教育之，三乐也。”他们不都对自己走的道路和生活的状态挺满意吗？他们两人的经历也颇相似，都四处奔走呼号，推行“儒道”，一偿济世救民之愿，道不行，便退而继续教学。一个人活在自己选择的有意义的生活里，走在自己认定的康庄道路上，终其一生无怨无悔，还不是幸福吗？

他们的幸福观主要包含这什么内容呢？

（一）有美好的社会理想

孔子的“大顺”愿景，我们在前边已经介绍过。孟子也有表达社会愿景的文字：

五亩之宅，树之以桑，五十者可以衣帛矣。鸡豚狗彘之畜，无失其时，七十者可以食肉矣。百亩之田，勿夺其时，数口之家可以无饥矣。谨庠序之教，申之以孝悌之义，颁白者不负戴于道路矣。

大意是：在五亩大的宅院里，种着桑树，那么50岁以上的人都可以穿上丝绵的衣服了。鸡猪狗等家畜家禽都能得到很好的饲养，那么上了70岁的人就可以经常吃到肉食了。每户人家100

亩的耕地，不耽误耕种季节，有几口人的家庭也可以没有温饱之忧了。认真地办好学校教育，反复进行孝顺父母、尊敬长辈的教育，人们都能敬老尊贤，头发斑白的老年人就不用自己肩担背扛着重物在道路上行走了。

孟子希望社会能达到一种大治状况，百姓都能有自己的产业，从事劳动，温饱有余，受到教育，老年人得到特别的爱护尊重，社会呈现一种安详和谐状态。

孔子、孟子的理想都是比较现实的，不是空想，这同他们追求真理洞察世事有关。他们都因有自己的理想而备受鼓舞，感到幸福。

（二）有高尚的道德和人格

孔子曾在匡这个地方遇到了危险。匡人误把孔子当成危害他们的人而围困起来，要加害于他。在危急时刻，孔子说了“文王既没，文不在兹乎？天之将丧斯文也，后死者不得与于斯文也。天之未丧斯文也，匡人其如予何”这样的话，意思是，周文王死了以后，一切文化遗产不都在我这里吗？天若是要消灭这种文化，那我也就不会掌握这种文化了；天若是不消灭这种文化，匡人又能把我怎么样呢？

孟子也说过类似的话：

夫天未欲平治天下也；如欲平治天下，当今之世，舍我其谁也？

在孔子、孟子那里，“天”有自然规律之意，就是说，客观环境若是能有机会，他们必定竭尽全力。

人具有高尚的道德人格，就会对自己有一种满意的评价，内心充满自信自尊这样的状态。这是会令人感到幸福的。

孔子说过“吾少也贱”，孟子身世不详，只流传着孟母三迁等故事。可以肯定的是他们实际上都是平民身份。但是他们在王公贵族面前毫不自轻自贱，没有奴颜媚骨，道不同，或受到非礼待遇，转身便走的例子不是一次两次。他们高贵的人格魅力又是多么令人羡慕！

孟子说：

欲贵者，人之同心也。人人有贵于己者？弗思耳矣。

就是说，希望尊贵，这是人们共同的心理。每个人都有自己可尊贵的地方，只是不去思考它罢了。孟子还说过，“夫人必自侮，然后人侮之”的话。在这个世界上，每一个人都是独特的、唯一的，无可替代的，每个人都应有自尊。一个没有自尊的人，是谈不到幸福的。

点评　“我是无名百姓”

平民百姓也是有尊严的，是不可自轻自贱的。宋代戴复古有一首《西江月》说：

过隙光阴易去，浮云富贵难凭。但将一笑对公卿，我是无名百姓。

词作者的人生与仕途无缘，但他并不因而自愧。他认为自己拥有比权势、显贵更为美好的东西。词作表达了作为一个平民百姓的自重自尊精神。中国人内心其实都有儒家这种自尊自重精神的文化基因，不是有句“士可杀不可辱”的话吗？人若总是“自惭形秽”的，又怎能有幸福感呢？

（三）勇敢践行“仁”的核心价值观

孔子、孟子毕生都在忙碌之中。一忙于学习钻研既往文化遗产，“好古，敏以求之者也”；二忙于教学，所谓“学而不厌，诲人不倦”；三忙于了解民情，宣传儒学主张，争取从政惠民。济世救民，解民倒悬被他们看成自己的使命，因此他们积极从政，力争“话语权”。不过，不被任用，他们也会采取其他形式参与社会实践。孟子离开齐国时，走得很迟缓。他解释说，走得慢是希望齐王能召我回去，结果他没这么做，所以决定离开。但即使离开，我还是有不舍之情的，因为齐王有行善政的道德基础，他若能采用我的主张，岂止是齐国的百姓能够安居乐业，天下的百姓都能安居乐业了。这段话也表达了孟子对参与社会政治实践的热切期待。当然孟子也像孔子一样，不能参政，便以其他形式做自己要做的事。

总之孔子、孟子是主张人要做些有益于社会民众的事的，对于那些饱食终日、无所事事的人，他们是很鄙视的。他们忙着的事情是自己愿意做，认为应该做的。做这些事情即使受困，他们也是心甘情愿的，后边我们会介绍孔子和学生们在陈蔡被困断粮、但孔子还在唱歌弹琴的情况，可知他的内心并不痛苦，是快乐的。一个人为推行某种“道”即真理而行动着，是幸福的。

点评　关于幸福

上文我们介绍了孔子、孟子的幸福观。在他们看来，人有美好的社会理想、有高尚的道德和人格，有践行“仁”的核心价值观的勇气，他们就会感到幸福。

人总是要做些事情的，总是产出多于自己所需的物质、精神产品，或提供多出自己所需的服务，来同他人进行交换，来支持社会公共事业，这样人才能生存发展，社会才能正常运行。人也会在这种实践活动中实现自己的人生价值，从而感到幸福，工作一段时间我们希望度假，若是这一生总在“度假”的话，我们会感到幸福吗?

这里讲一个国外普通人的“故事”。

英国一位24岁的年轻人卢克原在一家麦当劳快餐店工作。2006年他同妻子中了130万英镑的大奖。随后他俩双双辞职，买了一座大房子在家享乐起来。一年多后卢克重新走进熟悉的加的夫市的麦当劳快餐店。他告诉同事们:“我非常想念你们。”同事们却说:“你疯了? ”但卢克说:“说实在的我已经厌倦了不工作的生活，生命中有很多东西比钱更重要。我还年轻，总得干点什么。”从此，他又开始了原来的生活，用右手托起了餐盘，大步走到顾客面前说:“你的套餐齐了，请慢用！”

这位普普通通的人的话语告诉我们，工作着是幸福的，无所事事不幸福。

孔子、孟子积极进取、奋发有为的生活状态，代表了人类最健康有益的生活状态。我们的优秀文化传统赞扬这种生活状态。我们中华民族是一个在勤奋劳作中生生不息的民族。

以上说明了理想、道德和有益于人类社会的实践，是幸福的源泉。那么孔子、孟子是否也追求物质享受，追求财富，追求休闲的生活呢？回答是肯定的，只不过他们的这种追求是有度有道的而已。

《论语·乡党》记述了孔子对饮食的要求。他粮食不嫌舂得细，鱼和肉不嫌切得细。粮食霉烂、鱼和肉腐烂，不吃；食物颜色难看，不吃；气味难闻，不吃；烹调不当，不吃。等等。看来孔子在饮食上是颇为讲究的。但是在陈蔡被围挨饿，他也一样过，还弹琴唱歌自得其乐。可见他对饮食是能享即享，不能享就不享。享时是有度的，是不违反其“道”的。饮食及其物质享受不是他刻意追求的目标，但他并不反对物质享受。

孔子还说过，如果财富可以求得的话，就是做个市场的守门人他也干。如果求不到，就还是干他喜欢干的事。孔子在这里只是说，他并不反对获得财富。只要是“取之有道”、“用之有道”，财富还是好东西，是可以追求的。但我们很清楚孔子的一生并没把财富当成追求的目标，更没有把拥有财富当成莫大的幸福。

孟子也说过：如果不合道义原则，即使一筐食物也不能接受别人的；如果符合道义，舜从尧那里接受了天下，也不是过分的。他还说：只知道吃喝的人，人们都看不起他，因为他只知道满足自己的口腹而忘记了道德。吃喝怎能忘记了道德呢？难道口腹的满足只为了口腹那一小块地方吗？

总的来说，孔子、孟子认为财富及其他物质利益可以取，但要取之有度有道，用之有度有道。财富不等同于幸福，幸福需要有另外的东西来支撑。

财富和其他物质享受，没有什么不好。但那要有度有道，这一直是我们中国人的传统。勤俭持家、廉洁奉公一直是我们主张的，暴殄天物、奢侈腐化，一直是我们反对的。一个人若对自己的享受欲望不加限制，那这种欲求是没有尽头的；若是对欲求加以限制，使之合情合理，人之所需又能有多少呢？

唐代诗人白居易在《狂言示诸侄》一诗中说：

一裘暖过冬，一饭饱终日。
勿言居室小，不过寝一室。
何需鞍马多，不能骑两匹。

这不是“狂言”，这是实话。

我们再举一例。英国著名的汤普森急救中心在其楼上端刻着这样的一段话：“你的身躯很庞大，但你的生命需要的仅仅是一小块——心脏。”这是好莱坞影星利奥·罗斯顿在临终前的遗言。他于1936年在英国演出时突发心力衰竭，抢救无效而离世。他过于肥胖，体重174公斤，他的心脏显然是不堪重负而罢工了。他留下这句话以警策后人。40多年后，即1983年，美国石油大亨默尔也因心力衰竭住进了这家医院，幸运的是，他一个多月后病愈出院。出院后他卖掉了自己的公司，到苏格兰乡间的别墅去居住。当被问到为什么如此时，他说：是利奥·罗斯顿提醒了我。他又说：巨富和肥胖并没有什么两样，不过是获得超过自己需要的东西罢了。

这个世界上有不少人参透了人生的真谛。让多余的赘肉压迫自己的心脏，让多余的财富拖累自己的灵魂，都是不值的啊！幸福好像不易得，其实它是易得的，它一直伴随着我们，只怕我们没有意识到它的存在，而对那份外的“幸福”却孜孜以求！

儒家是主张“安贫乐道”的。这个世界上，从来都是“人各有志”，你认为豪宅、华车、大把的钞票是富贵，我认为有知识、讲道德、重人格才是真富贵。你的财富在身外，我的财富在身内，我无愧于心、不担心、不揪心，活得自在，就很幸福。如果不是这样思考问题，而是在同富贵之人攀比中迷失自我，做出各式各样不端的事来，到头来不会有幸福，还会有麻烦，有不幸。

至于富贵之人，应该明白，没有一个人能自己创造什么，得到什么。自己的财富，来自社会，是社会提供了机会，是民众、职工给予了支持。“己欲立而立人，己欲达而达人”，要有回报社会的责任心、感恩心。我们中国人的价值观从来认为国家富强，民众幸福，自己也会幸福。把自己的幸福融入社会之中，那幸福才会靠得住。不是要你把财富献出来，是要你有奉献尽责的心思，人们会理解你，把你当成自己人。否则，你的幸福不可靠、不安全，躲到外国，也未见得能使你幸福。毕竟“祖国”、“同胞”这两个词是沉甸甸有分量的，要扫除净尽也不那么容易。

近几年中，贪污受贿以权谋私者、排污散臭毒化环境坑害百姓者、制假贩毒发财者，竟成批地出现了。

孟子说:“无为其所不为，无欲其所不欲，如此而已。”一个人不做不应当做的事，不贪求不应当得到的东西，也就可以了。上面这些人没有做到“可以了”，他们做的是为人所“不可以”做的事，超出了法律道德底线，失去了应有的人格。

为什么会发生这样的现象呢？其原因有二。

一是在我国社会转型期，这些人迷失了方向，他们放弃了原来的理想和价值观。人的自然属性，即追求个人物质利益、满足个人物质欲望的“本性”膨胀起来，其人性被“物化”，导致不受法律道德约束，为所欲为。一是西方幸福观的侵蚀。在社会转型期，这些人通过各种渠道接受了西方幸福观、价值观，其人性被“西化”。这同样导致了不受法律道德约束，追逐个人享受，满足个人欲望，为所欲为。以上两点，说明我们的社会中，有些人的灵魂入了怪圈，中了魔咒，他们是应该被解救出来的。

对于西方的幸福观、价值观，我们应有所认识，有所警惕，不能来者不拒，全额收下。那是会出大问题的。

当代西方的幸福观、价值观始于14—16世纪欧洲新兴资产阶级思想文化运动。其思想内容是人文主义、人道主义。其特点是以人道反对神道，以享乐主义反对禁欲主义，以个性解放反对封建等级制。到17—18世纪资产阶级革命时期，启蒙思想家以“天赋人权”的形式提出了“自由、平等、博爱”的主张，成为资产阶级反封建的思想武器。

人文主义者价值观认为，人是自然产物，七情六欲等是人的自然欲望，是人的本性，凡是符合人的自然本性的，就是道德的，反之就是不道德的。追逐个人享受、自由和幸福是人生的目的，也是道德标准，人应该为所欲为地追求个人利益和个人幸福，这是由人的本性决定的。一句话，他们的价值观是以个人主义、利己主义为核心的。他们的这种价值观曾经有反封建的进步意义。其重视人的地位和价值的内容有其合理性。他对西方社会的发展有过巨大的推动作用。至今其合理部分仍有其时代价值。但是，其反封建的进步意义失去之后，再从抽象的“人性”出发，片面强调人的物欲的自然属性，片面强调人的个人地位和价值，便越来越暴露出其价值观的巨大缺陷。人们这样的个人追求和行为，会和整个社会的利益，和广大人民群众的利益发生矛盾，甚至是非常尖锐的矛盾。人不是抽象的而是具体的现实的，现实中人掌握的各种资源极不对称，其权力地位也极不平等。一般的强调个人利益和个人幸福，不强调群体的、人民的利益和幸福，不强调道德，即不强调为他人、为人民大众造福谋利，其结果是造成人们的思想空虚，没有理想道德追求，物欲横流，贪得无厌，损人利己。其实质是支持了少数人的无道欲求，抑制了绝大多数人的合理诉求。2008年爆发的世界性的金融危机中我们看到，美国的大金融家们疯狂放贷和制造金融衍生品，掠夺国家和人民（包括他国和他国人民）巨额财富，用于自己豪华奢侈享受的贪婪，这正是西方价值观片面强调个人利益、个人“幸福”的典型恶果。其他如校园枪击案、吸毒、性乱等也都是其恶果的表现。在这种价值观的影响下，西方的消费观念也误导了民众，寅吃卯粮，借贷消费，无度追求高消费，其结果是破坏了环境，消耗了资源，给子孙后代带来负面影响。这是不可持续的短期消费行为。

前文我们所说的中国社会转型中出现的那些无德有害之人群如贪官等，其中不少人抛弃原来的理想道德，拾起了西方幸福观、价值观中的糟粕，打算化腐朽为神奇，使自己大大“幸福”起来，这是行不通的。西方有远见的学者和政治家、社会活动家也正在抨击西方资本主义社会存在的诸多弊端，寻求出路。身为社会主义社会的官员和公民反倒追污逐垢，是何道理？贪官一向是招人痛恨的。

唐代诗人曹邺有一首《官仓鼠》说：

官仓老鼠大如斗，见人开仓亦不走。
健儿无粮百姓饥，谁遣朝朝入君口！

诗中表达了对那些堂而皇之地侵吞国家资财的鼠辈们的极大愤怒，“谁遣朝朝入君口”？没有人“遣”他，没有人能容他，国家要追查，百姓要追究，他们是不会有好结果的。他们的“幸福”是邪恶的。俗话说，善有善报恶有恶报，不是不报时候不到，时候一到，必定会报。

如今，我们成长中的孩子们严重缺乏有关人生的知识。有许多孩子认为，人生是完全掌握在他们自己手里的，任由自己支配的，并没有什么法则规律在支配着。其实，人生与其他事物一样，它是有其发展变化的规律的。这方面的规律至少有以下几项：第一，人生是有方向的。“人往高处走”，人生应该受正确理论观念的指导，受良好的道德约束；第二，人生是一个社会化的过程。人不是天生就有道德、有知识的，人需要经过优秀思想文化的学习熏陶才能适合时代和社会的需要，这种社会化的过程，会贯穿于人生的始终；第三，人生是一种不断选择、修正、改造的过程。人生应该慎重从事才能规避不良诱惑，做出正确选择。否则，人生可能会发生“一失足成千古恨”之类的事情；第四，人生是“一次性”的，不可能重来。

原创儒学即孔孟之道从某种意义上说是关于人和人生的伦理知识，其精华部分至今仍堪为我们人生的借鉴。当然，我们更应该以社会主义核心价值观武装自己，把握人生方向。那样，我们才能过有意义的人生，创造精彩人生，也才能真正生活于幸福之中。

九、重名节的思想

重名节是儒学的重要思想。名节即名誉和气节操行。它是道德感、理智感和美感的综合，表现于人的思想情感和行为方式中。它由人的道德理想决定。儒学的重名节，是与重理想、重道德的思想紧密相连的。

孔子重名节的思想，集中表现在他的下述名言：

志士仁人，无求生以害仁，有杀身以成仁。

孔子还说：

笃信好学，死守善道。

学道守道，内省不改于道，临难不失其德，这是孔子所主张的人生态度。

孟子说：

居天下之广居，立天下之正位，行天下之大道；得志，与民由之；不得志，独行其道。富贵不能淫，贫贱不能移，威武不能屈，此之谓大丈夫。

意思是，住在天下最广阔的住宅（仁）里，站在天下最正确的位置（礼）上，在天下最光明的大道（义）上走着，得志之时，和百姓一起循着大道前行；不得志之时，独自坚持自己的原则，富贵不乱其心，贫贱不移其志，威武不屈其节，这就叫做大丈夫。

名节是理想和道德的一种外在的表现。重名节所表现的是对理想和道德的坚守。孔子说：

朝闻道，夕死可矣。

又说：

儒有忠信以为甲胄，礼义以为干橹。戴仁而行，抱义而处，虽有暴政不更其所。

意思是，对于人来说，拥有“道”是人生最重要的拥有。一旦拥有，便不会改变，便会感到满足，死而无憾。儒者以忠信为甲胄，以礼仪为盾牌。戴仁而行，抱义而处，即使遭遇暴政，也不改变自己的操守。

就是说，儒者所依仗的是忠信和礼义。他行于世，心中有的就是仁义。为了保有和推行忠信、礼义这些仁义之道，即使遭遇暴政的压迫，他也是不会改变自己的操守的。

名节也是人自尊自重思想的一种反映。周武王伐纣进军到殷的国都郊区时，他的鞋带开了。当时，有五位大臣就在武王的身边，他们没有一个过来替武王把鞋带系上，并表示：“我们来侍奉君上，并不是给他系鞋带的。”那个时候，武王左手举着旗帜，右手持着斧钺，他放下旗子和斧钺，自己很吃力地把鞋带系好了。孔子听到人们谈论这件事后说：这五位大臣的表现，证明他们能够胜任圣明帝王的佐臣。

我们再看看孟子在这方面的表现。孟子为推行自己的主张，去过许多诸侯国。有的诸侯对他多有馈赠。其中宋和薛的馈赠，孟子接受了，而对齐宣王的馈赠孟子则拒绝了。他的一个学生不理解，问对诸侯的馈赠到底是接受对呢，还是拒绝对？孟子回答说，他的接受和拒绝都是对的。他解释说，在宋，他将远行，对于远行者是必定要送些礼物的——宋君说礼物是赠送给路上用的，我为什么不接受呢？离开薛时，我有了路上戒备的心思，薛君说：听说您想有所戒备，我送些钱给您以便购置兵器。这我为什么不接受呢？孟子说，至于齐王馈赠的事，那就是另外一种情形了——齐王"未有处也。无处而馈之，是货之也。焉有君子而可以货取乎"？

孟子的意思是，齐王给我钱财没什么理由，没有什么理由却要赠送金钱给我，是把我当成商品了。君子怎么可以被当成商品来买呢？

操守的力量来自道德。不食"嗟来之食"的故事有力地说明了这一点。《礼记·檀弓下》记载说：

齐大饥，黔敖为食于路，以待饿者而食之。有饿者，蒙袂辑屦，贸贸然来。黔敖左奉食，右执饮，曰："嗟！来食！"（饿者）扬其目而视之，曰："予唯不食嗟来之食，以至于斯也！"从而谢焉，终不食而死。

故事中主人公是“饿者”。“饿者”认为，坚守人格自尊，是自己坚定不移的选择，若不是这样，也不至于如此穷困。也就是说，他对穷困的现实早有准备，岂能因一食一饮而改己志？对于黔敖那种带侮辱性的施舍，他拒绝接受，后来他在饥饿中死去。

在“饿者”看来，自己的人格尊严是比生命还要贵重的。

这种珍视自己人格尊严的精神是极其可贵的。人生中，有什么东西值得出让自己的尊严来换取呢？

人格的尊严，是人对自我道德的坚持和维护。人格虽然受到社会现实的深刻影响，但它仍有相对的独立性，是人可以自主选择的。就大多数人的趋向来说，人是重人格尊严的，是重道德也即重善良和公平的。人是不可污辱的。

十、天命观念

同民本思想相联系的，是孔子、孟子的“天命观”。他们对天命的认识大致有以下内容：

（一）天命是超越人们意志的一种外在力量，是一种自然力。这种力量的运行是有自己的规律的，是人不可操控的。人们对“天命”应有敬畏之心

“天”，指的是一种超越人们意志的外在的自然力量；“命”，应指这种外在之力对社会、人生的影响，也即命运。

孔子说：

道之将行也与，命也。道之将废也与，命也。

意思是，我们的道将能行得通，是天命决定的。我们的道将行不通，也是天命决定的。

孔子在行道的实践中认识到，行道的成与败，受着一种人不可操控的力量的决定性影响。

孟子也是这样认识问题的，他说：

莫非命也，顺受其正。是故知天命者不立乎岩墙之下。尽其道而死者，正命也。桎梏死者，非正命也。

意思是，没有什么不是命运决定的，应顺应天理行事。知道这个道理的人应不违天理行事；尽力行道而死的人所得的是正常的命运。犯罪而死的人所得的不是正常的命运。

孟子这段话透露出，他认为“天”之力是有其运行规律和道理的，人若能顺应天理行事，无论生死，都属正常命运，若不能按天理行事，则不能得到正常的命运。

（二）天的精神值得效法，是真理的源泉

孔子说：

天何言哉，四时行焉，百物生焉，天何言哉?

意思是，天说了什么呢？四季运行着，百物生长着，天又说了什么呢？

这里孔子认为“天”丝毫没有什么功利目的，四时按规律到来，百物都得以生存发展，天之运行无私而公正，是用不着宣扬自己的。这样看，“天”的精神，不是很有真理性吗？

孔子说：

获罪于天，无所祷也。

这是孔子回答卫国大夫王孙贾问关于祈祷问题时说的话。王孙贾问，有一种说法：与其向奥神祈祷，宁可向灶神祈祷，是这样的吗？孔子回答说：不是的，如果得罪了上天，向哪种神祈祷都是没用的。孔子的用意是，人不能逆天而行。

有一次，孟子的学生徐辟问孟子：孔子“亟称于水，曰‘水哉，水哉’，何取于水也？”意思是，孔子对水极为称赞，说：“水呀！水呀！”他取于水的是什么呢？孟子回答说，水“源泉混混，不舍昼夜，盈科而后进，放乎四海。有本者如是，是之取尔”。

意思是，有本源的泉水滚滚流淌，昼夜不停，注满低洼之处，又继续向前奔流，直奔大海而去——有本源的东西就像这个，孔子是称赞水的这种特质罢了。

孟子认为，孔子之所以称赞水，是由于看到水的运行是有本有源，有根有据的，是有取之不竭、用之不尽的动力的，所以它才能持之以恒、不分昼夜地奔流不息。

子在川上曰：逝者如斯夫，不舍昼夜。

孔子站在川流不息的河水边说：往者就像这样一去不复返吧，而且这种现象还不分昼夜地持续着。

孔子站在河边，感慨万端，他都思考了什么呢？孟子上边的话可以看作是对孔子思考的解读。孔子在这里有对时光易逝的感叹，更有对天力、对大自然的运行有本有源、恒久不懈的赞赏。人对真理的追求，对道德的追求，不是也该效法于“天”，效法大自然吗？

（三）天命是可知的

孔子、孟子认为“天命”并非虚无缥缈，无法认知，“天”虽无言，但它通过自然和社会的运行，显示出它的力量和意愿，是人们能够观察和体悟、了解的。

上边我们举的孔子所说的“天何言哉”的内容，不正是天力天意在大自然中的体现吗？下边我们再看看孔子、孟子对于“天力、天意”在社会人生中的体现是如何认识的。

孟子的学生万章问孟子：尧以天下与舜，有诸？意思是，尧把天下交给了舜，有这回事吗？

孟子回答说：“否，天子不能以天下与人。”意思是，不是这样的，天子不能把天下给予别人。

万章又问：“然则舜有天下也，孰与之？”意思是，那么，舜得到了天下，是谁授给他的呢？

孟子说：“天与之。”是天授给的。

万章又问：“天与之者，谆谆然命之乎？”天授给的，是天谆谆教导他然后给他的吗？

孟子答道：“否，天不言，以行与事示之而已矣。”不是的，天不说话，是用行动和事件来表示的。

万章再问：“以行与事示之者，如之何？”用行动和事件来表示，是怎样表示的呢？

孟子答道：“天子能荐人于天，不能使天与之天下；诸侯能荐人于天子，不能使天子与之诸侯；大夫能荐人于诸侯，不能使诸侯与之大夫。昔者，尧荐舜于天，而天受之；暴之于民，而民受之；故曰，天不言，以行与事示之而已矣。”意思是，天子能够向天推荐人，却不能让天把天下给人，正如诸侯能向天子推荐人，却不能让天子把诸侯之位给人，大夫能向诸侯推荐人，却不能让诸侯把大夫之位给人一样。从前尧把舜推荐给天，天接受了，公开介绍给百姓，百姓也接受了。所以说，天不说话，用行动和事件来表示罢了。

万章又问：“敢问荐之于天，而天受之；暴之于民，而民受之，如何？”意思是，我大胆地问：推荐给天，天接受了；公开介绍给百姓，百姓也接受了，这怎么理解呢？

此后，孟子说了一段极为重要的话：

使之主祭，而百神享之，是天受之；使之主事，而事治，百姓安之，是民受之也。天与之，人与之，故曰，天子不能以天下与人。舜相尧二十有八载，非人之所能为也，天也。尧崩，三年之丧毕，舜避尧之子于南河之南，天下诸侯朝觐者，不之尧之子而之舜；讼狱者，不之尧之子而之舜；讴歌者，不讴歌尧之子而讴歌舜，故曰：天也。夫然后之中国，践天子位焉。而居尧之宫，逼尧之子，是篡也，非天与也。《太誓》曰，“天视自我民视，天听自我民听”此之谓也。

意思是，叫他主持祭祀，神明都来享用，这就是天接受了他；叫他主持事务而办得很好，百姓安乐满意，就是百姓接受了他。这是天授给了他，是百姓也授给了他，所以不能说是天子把天下给人。舜帮助尧治理天下28年，这不是单凭人力可能做到的，而是天意。尧死了，三年丧期结束了，舜为让尧的儿子继承天下，自己就避到了南河的南边去。可是天下的诸侯要朝见天子，不到尧的儿子那里去，却到舜那里去；打官司的，也不到尧的儿子那里去，却到舜那里去；歌颂的人，也不歌颂尧的儿子，却歌颂舜，所以说，这是天意。这样，舜才回到了都城，登上了天子之位。如果舜住着尧的宫室、逼迫尧的儿子让位给自己，这就是篡夺，不是天授给他的了。《泰誓》上说，“百姓的眼睛就是天的眼睛，百姓的耳朵就是天的耳朵”，正是这个意思。

孟子在这里说得很明确，舜接替尧掌管国政，不是尧把国家给了他，是天意的一种选择，是民意的一种选择。天又没有说话，怎么知道是天意呢？那就看一看民意如何，看看民众的意愿、行动，民众的需求是什么；了解了民意、民求，也就了解了天意、天理。在这里，两者是完全一致的。“天视自我民视，天听自我民听”这句话出自《尚书·泰誓》，孟子对这种观点是很肯定的。

总之，从以上孔子、孟子的言论里，我们可以看出，他们认为天理天意是可知的，从自然界万物的生长运行中，从社会中民众的意愿和行动中，便可了解天意天理，也即天命。非常重要的是，天理和民意是一致的。

孔子说：

吾十有五而志于学，三十而立，四十而不惑，五十而知天命，六十而耳顺，七十而从心所欲，不逾矩。

这意思是：我15岁立志学习，到30岁就有所成就，能够立身处世了，40岁不被表面现象迷惑，对自己主张坚信不移，50岁就对天命是什么有所了解了，60岁对什么话都能明辨是非真假，70岁便能随心所欲行动而不会越过规矩了。

（四）天命同鬼神不是一回事

孔子、孟子的确有把“天”人格化的意向，对于那种超越人的主观意愿的外在力量，对于那种体现在自然和社会运行中有着无私仁爱、公平正义、坚持不懈精神的力量，对于那种不由人随意操控而有着自己运行规律的力量，他们是满怀敬意和信服的。

这种影响至今仍然存在。我们现在还常说“尽人力，听天命”，“谋事在人，成事在天”，“伤天害理”之类的话。这其中的“天”，并不指某种神灵，或像西方那样指上帝。它是一种客观存在的力量和规律。这种意识，可以说从孔子、孟子时起便萌生了，只是我们现在的认识完全是建筑在科学的理性的基础之上的。

因此，“天命”同鬼神绝不是一回事。

孔子一向主张“知之为知之，不知为不知”。他认为这才是明智的。

这是一种唯物的态度。对于鬼神的事，他显然认为自己是不知道的。对于不知道的事情，最好避而不谈。所以《论语》上说：子不语怪、力、乱、神。意思是孔子不谈论怪异、暴力、乱象和鬼神的事。怪诞的事情，你争我夺的暴力事件，宫廷、政坛、诸侯之间的纷争乱象，是他不愿意谈论的。鬼神的事也是他不愿谈论的。

但在两千多年前，人们普遍相信鬼神的时代，岂能避开鬼神的事情？所以孔子在不得不谈的时候，就采取婉转而淡然的态度。例如：

季路问事鬼神。子曰："未能事人，焉能事鬼？"曰："敢问死。"曰："未知生，焉知死。"

子路问侍奉鬼神的事。孔子说：活人还不能侍奉，怎么谈得到侍奉鬼呢？子路又道：我大胆地请问死是怎么回事。孔子说：生的道理还不明白，怎么能够懂得死呢？

这里孔子还是一个避谈的态度，只是婉转一些。同时他也教育子路，告诉他，咱们的当务之急是服务于社会、百姓，用不着往鬼神这档子事里钻。

子贡问："死人有知无知也？"孔子说："吾欲言死者有知也，恐孝子顺孙妨生以送死也；欲言无知，恐不孝子孙弃不葬也。赐，欲知死人有知将（或）无知也，死后自知之，犹未晚也。"

其中“妨生”即妨害生活。“弃不葬”是弃父母遗体而不葬。“赐”是子贡的名字。从这段文字我们可见出，孔子对鬼神避谈的意思，是考虑到社会效果的。因为鬼神之中还含有祖先灵魂的意思，承认不承认实在是两难的事，故而还是以“避谈”为好。

樊迟问知。子曰：“务民之义，敬鬼神而远之，可谓知矣。”

樊迟问怎么样才算聪明。孔子说：致力于民众的事使之走向“义”，严肃地对待鬼神的事，却又远离它，这样就可算聪明了。

孔子认为，致力于民众的事，使民众走向仁义道德，享受仁义道德，是最现实的最重要的事。人若是能知道什么是最重要的，用我们现在的话来说，就是知道什么是社会或人生的“核心利益”，对自己并不了解的事物，不去妄加亲近，不就真可以称为聪明、有智慧了吗?

儒学对鬼神“敬而远之”的态度，使我们民族受益匪浅。

总而言之，儒学的天命观念并不是鬼神观念，它不是宗教，而是哲理，是儒学的一个组成部分。它对儒学的存在、传播和实践是有重要意义的。

点评 “敬鬼神而远之”的深远意义

儒学将“天”去神秘化，将“天道”和“人道”化而为一，将“鬼神”边缘化、模糊化，却满怀热情地对人世人生进行理性思维和实践指导。也就是说，在早期儒学里，神给人让路，而民众在“人”当中占据了十分重要的位置。因此，我们可以说，孔子、孟子的天命观，为其民本思想“铺了路”。这样的价值观念，使中华民族受益匪浅。

中国人认为，人生在世要“修齐治平”，建功立业，服务于家庭、国家，自己也从中实现人生价值、个人幸福。这实际是一种“非宗教人生”。有时中国人也表现出对宗教的某种热心，如年节到寺庙里去请香拜佛，在旅游点见有神佛塑像，也纳头便拜等。这样做的目的是很功利的，是祈求幸福，避免灾祸，如求健康和病愈、生子得财、升学晋职，等等。有的贪官甚至也求神，祈求神灵保佑，避免东窗事发。这些行为已将宗教超越人世人生、关注来世来生的内核抽去，只剩下了保佑现世的快乐幸福的功效，这与其说是信仰，倒不如说是对现实愿景的一种祈求。至于说扫墓祭祖，更多的是表达对逝者的追思怀念，未必真的相信逝者已化为神灵升天。

自然，中国也有真正的宗教信徒，但他们并不构成民族主体。

儒学教会了中国人满怀热情、积极进取地生活于现实，关注当下，实现国家梦想、个人理想，奋斗不息。这使“民本思想”深入到了中国人的心脾，成为人们衡量国家、个人成败优劣的一个尺度。这一切无疑对中华民族存在发展、生生不息有着重大的意义。

唐代诗人李商隐有一首诗《贾生》：

宣室贤求访逐臣，贾生才调更无伦。

可怜夜半虚前席，不问苍生问鬼神。

其大意是，汉文帝在皇宫召见了被贬逐的贾谊。这贾谊才华无与伦比。只可惜深更半夜皇上凑近贾谊询问，问的却不是有关民众的事，而是鬼神的事。诗人在诗中表达出对统治者的极大讽刺和不满，可见儒学关于“民众”和“鬼神”观念的界限在中国知识精英和民众的心目中是多么清晰。

这种对儒学天命鬼神观念的认同，也使我们中华民族在两千多年的历史中，避免了像欧洲中世纪那样的神权统治和束缚。

关于天、神鬼的认识，在西方却是另外一种状况。稍晚于孔子的希腊三哲之一的柏拉图认为宇宙是神创造的，神用火、土、水、气四种元素，按照一定的比例造出了宇宙。柏拉图指出：“除了建构它的造物主之外，没有任何力量可以使它解体。”柏拉图认为，灵魂也是造物主所造。灵魂是不朽的。造物主把灵魂置入了人体。人体自然也是造物主所造。人体是拥有各种器官的“可见的”认知者，灵魂则是“不可见”的认知者。

总之，柏拉图认为包括人在内的宇宙是神造的，是受神的主宰的。

与孟子同一时代也是希腊三哲之一的亚里士多德也有与柏拉图相似的认识。他说：“神在任何意义上都是这个宇宙的一切东西的保护者和生成者。”他还说：“宇宙是一个系统，由天、地和包含在它们之中的自然事物构成……在宇宙的中心由产生生命的地球占据……宇宙的上面，为一有固定上界的整体，那里是诸神之所居，被称为天。”

亚里士多德也认为宇宙包括人都是由神造和主宰的。他和他的老师柏拉图的知识和研究领域都很广博。特别是亚里士多德，是古希腊哲学的集大成者，留下大量论著。他在逻辑学、政治学、伦理学、美学等多个领域都有建树。但《圣经》中的“创世纪”说与三哲的“神创宇宙”说如出一辙，到中世纪“神创宇宙”说被教会哲学所利用，形成一个黑暗的神学统治时代，这不能不说是一种遗憾。

由此，我们不能不惊叹于两千多年前产生的原创儒学的现实性、真理性和早熟性。我们中华民族拥有这份文化遗产，不可谓不是“有福”。

第二节　儒学的核心价值观

一、儒学的核心价值观

儒学的核心价值观是：仁德向善，讲信修睦，进取自强，求治创新。

仁德就是怀有爱人之心，“己所不欲，勿施于人”，“己欲立而立人，己欲达而达人”。无疑，这就是“善”。有了善心，便有善行。能够有善心，行善举，作为人，他就必然不但能够与他人真诚相待、友好相处，而且会己立而立人，己达而达人。这样，他与他人的关系能够不是和睦的吗？

作为一个团体，一个国家，同样是这样的，它怀有善心，与其他团体，其他国家真诚相待，己立而立他，己达而达他。这样，它与其他团体和其他国家的关系能够不是和睦的吗？

孔子、孟子的一生，是积极进取、勇于实践创新，力求自己得以自强自信、社会得到大治的一生。

孔子“学而不厌”，虚心向古代学习，向他人学习，从实践中求得真知，“不知老之将至”。直到晚年，他还说：“假我数年，吾卒学《易》。”意思是，再给我几年的工夫，我要彻底把《易》弄明白。他不认为自己是生而知之者：“吾有知乎哉？无知也。”他是“少而好学，晚而闻道，以此博矣”。

孔子说：

君子多闻，质而守之；多志，质而亲之；精知，略而行之。

就是说，君子若是多有见识，多有知识储备，就要亲身用于实践；要是能精深地认识事理，就要择大处、要处，用于实践当中。孔子、孟子一生都在忙于匡正社会、推行“仁”道，“诲人不倦”，教导他们的学生。他们是勇敢的实践者。

他们是积极进取者，是不懈的自强者，同时也是勇敢的创新者。

儒学的创建本身就是创新。孔子看到礼不足以保证当时的社会治理，便上下求索，创建了儒学，以“仁”来支撑“礼”，代替“礼”的核心位置。孔子、孟子在为君之道上突破了世袭观念，主张选贤任能。在为臣之道上突破了唯君是听，主张“勿欺也，而犯之”。在君民关系上，突破了君贵民轻的观念，竖立起“民贵君轻”的大旗，道出了国之兴衰存亡民众起决定作用的道理。他们在教育上打破了“学在官府”的局面，开创了私学，而且“有教无类”，学校，不再是清一色的“贵族子弟”出入的场所，成为平民教育成长的阵地。他们的创新事例举不胜举。

二、儒学核心价值观的价值

儒学核心价值观的价值，表现于它的“三性”：

（一）真理性

“仁德向善，讲信修睦，进取自强，求治创新”这样的价值观，反映的是人类的本质特征，人性的本质特征，反映的是人类社会发展的潮流。人类总是向前发展的。所谓“人往高处走，水往低处流”。“人往高处走”就是人由物质追求向精神追求的一种趋势，是人类在不断向前发展这样的一种规则。“高处”是哪里？或者说什么是高处？真善美就是高处。人类的进步，人类的理想，就是迈向社会的真善美。儒学的核心价值，反映的就是这一大趋势。这就决定了它的真理性。

（二）稳定性

社会在前进、在变迁，而儒学的价值观一直没有被挫败，没有终结，它伴随社会前行，推动社会前进，而它自己保持着完整持久的品格。阅读本书就会看到，中国社会从古代演进到近代，又从近代演进至现代，这中间出现过各种风风雨雨，而儒学的价值观，却完整持久地保持着，成为中华民族精神基因，历代不衰。

儒学的稳定性源于儒学的真理性。它是体现真善美的，是反映社会进步潮流的。

（三）超越性

儒学的价值观产生于我国的古代。这个价值观对古代社会的演进起着巨大的推动作用。它是适合古代社会的。同样，它也适宜于近代社会。阅读本书读者会看到，在中国进入近代之后，它推动社会进步的意义没有减弱，反而加强了。这证明，它同样适宜于近代社会。实际上，它同样也适宜于现代社会，能够同新时代价值观融合接轨。而且，它的精髓部分，也必将适宜于未来社会。这一点，我们在本书的后一章还会讲到。

这就是儒学价值观的超越性。

儒学价值观的这“三性”是统一的。它深刻地反映了这个价值观的重要价值。

第四章

孔子及其弟子们为实现“仁行天下”的理想而努力

第一节　孔子为实现“仁行天下”的理想而努力

一、在齐鲁之间寻求机会

孔子清楚地意识到，在一个国家中，国君在社会生活中起着巨大的作用。因此，要改造社会，必须在君王身上下工夫——影响他，使他推行自己的学说。而影响君王最直接有效的手段，就是入仕。

30岁那年，孔子的思想已经成熟，并有了入仕的机会。那年，齐景公到鲁国来访问，孔子得以与景公见面。孔子希望齐景公任用他。齐景公也有意用孔子。只是，齐景公的大臣晏婴讲了儒学的许多不是，景公打消了任用孔子的念头。

35岁那年，孔子来到齐国，又有机会见到了齐景公。齐景公几次向孔子问政。在回答中孔子讲出了他纲领性的主张："君君，臣臣，父父，子子。"景公又要任用孔子。晏婴再次出来阻挠，景公又打消了任用孔子的念头。

这样，孔子离开齐国，回到鲁国。

若干年后，孔子在父母之邦实现了入仕的愿望，鲁定公任用孔子作了中都的地方长官。他治理得很有成效，于是，"四方皆则之（以中都为样板）"。由于政绩卓著，孔子由中都长官升为司空，接着又由司空升为大司寇，随后做了代理宰相。这时，孔子已经56岁了。

梦寐以求的入仕愿望实现了，那么，孔子是不是能够实现自己的理想，使社会向好、人心向善呢？

《史记》记载说："与闻国政三月，粥羔豚者弗饰贾；男女行者别于涂；涂不拾遗；四方之客至乎邑者，不求有司，皆予之以归。"意思是，孔子代理宰相三个月，贩卖猪、羊的商人不再漫天要价；路上，男女行人都各行其道；掉在路上的东西没人捡它；各地的旅客来到鲁国的城邑，用不着向官员们求情送礼，都能得到满意的照顾，好像到了自己的家中一样。

就是说，治理三个月就已经初见成效。

只是，好景不长。邻国齐国见到这种情景害怕了，担心鲁国强大起来危及它的安全，于是，用美人计等手段，腐化鲁国的执政者季桓子。季桓子不加警惕，乐于接受齐国的安排。在这样的情况之下，孔子不愿再待下去，便离开鲁国，开始了漫长的周游列国的行程，继续谋求机会，以便实现自己的理想。

二、周游列国，寻求机会

孔子周游列国先后到过卫、陈、曹、宋、郑、蔡、叶、楚国、杞等诸侯国，有的是久住，有的是路过，有的离开又返回，前后有14年的时间。

有一思想孔子坚持了一生，就是“有道则显，无道则隐”。为了实现自己的主张，他苦苦追求。但他的追求是有原则的。不符合自己的原则，他会坚决地离开。

孔子在周游列国时至少还做了三件事：第一，考察各国风俗民情；第二，钻研学问，充实自己；第三，教育学生，为仁行天下施肥、播种。

（一）孔子对数位诸侯的积极争取

（1）对卫君的争取　孔子第一次到卫国，当政者卫灵公对孔子态度暧昧。灵公问了孔子在鲁国任职的待遇问题，曾按照孔子在鲁国的薪俸，答应每年给孔子六万斗小米。这至少表示要孔子长期留下来。可随后有人在卫灵公那里讲孔子的坏话，卫灵公便派人武装监视孔子的出入。孔子怕出麻烦，便离开了卫国。这次在卫国住了十个月。

离开卫国之后，孔子原打算到陈国去。他们师生走过匡地时，与匡人之间发生了误会，匡人要抓孔子。孔子和学生们想办法摆脱，最后孔子等又回到了卫国。这次，卫灵公的夫人南子表示愿意见孔子。孔子以礼相见。但事情并没有出现转机。一次外出，卫灵公与南子同车，走在前面，让孔子单独乘车走在后边。孔子认为卫灵公失礼，也暗含着对其“道”的轻视，孔子耻于再留下来，便再次离去。这次在卫国只待了一个多月。

孔子离开卫国，到了陈国，在那里住了三年，没有什么机会，最后离开。离开陈国，孔子又回到卫国。

（2）佛肸之邀　孔子等回卫国走到蒲地时，晋国的中牟发生了叛乱。领导叛乱的佛肸派人邀请孔子过去。孔子想去。对孔子的想法子路表示不解，说："由闻诸夫子，'其身亲为不善者，君子不入也'。今佛肸亲以中牟畔，子欲往，如之何？"意思是，我听老师说过，对亲自做不仁德的事的人，君子是不到他那里去的。现今佛肸亲自率领中牟人发动叛乱，而老师要去他那里，这可以吗？孔子说："有是言也。不曰坚乎，磨而不磷；不曰白乎，涅而不淄。我岂匏瓜也哉，焉能系而不食？"意思是，我是讲过这样的话。但是，我们不总说坚硬吗？既然坚硬，就不怕磨砺——磨砺不能使其薄；不总说洁白吗？既然洁白，就不怕污染——污染也不能使其黑。我哪能是一个匏瓜呢，怎么可以挂在那里而不能食用啊？

由于晋国的当权者赵简子带兵讨伐中牟，孔子最终并没有去佛肸那里。佛肸事见出孔子是多么希望得到推行其"道"的机会。

（3）要去晋国，未成　几个国家都不用他，他就想过黄河到晋国去见赵简子。但是孔子刚刚到了黄河岸边，就得知了新的情况：窦鸣犊、舜华被赵简子杀掉了。孔子停下来，对着黄河感慨道："美哉水，洋洋乎！丘之不济此，命也夫！"意思是，壮美的黄河水啊，浩浩荡荡，是多么盛大呀！可我没有机会涉过了。这也许是命运的安排吧！

子贡听后问孔子的话是什么意思？孔子说："窦鸣犊，舜华，晋国之贤大夫也。赵简子未得志之时，须此两人而后从政；及其已得志，杀之乃从政。丘闻之也，刳胎杀夭则麒麟不至郊，竭泽涸渔则蛟龙不合阴阳，覆巢毁卵则凤凰不翔。何则？君子讳伤其类也。夫鸟兽之于不义也尚知辟之，而况乎丘哉！”大意是，窦鸣犊、舜华两个人，都是晋国有才德的大夫。当初赵简子不得志，是依靠他们两个得以从政的；赵简子自己得志后，却把他们俩杀掉了。我听说过，一个地方，剖腹取胎杀害幼兽，麒麟就不到那里去；排干了池塘的水抓鱼，龙就不再调和阴阳兴风致雨；倾覆鸟巢毁坏鸟卵，凤凰就不愿去那里飞翔。什么道理呢？君子忌讳伤害他的同类。鸟兽都晓得避开那些不义的行为，何况我孔丘呢！道不同不相与谋啊！

（4）再到卫国　没有办法，孔子又回到了卫国。回到卫国后，卫灵公有两次见孔子。一次，灵公问兵陈。孔子的回答是：“俎豆之事则尝闻之，军旅之事未之学也。”

话不投机，孔子不愿意讲战争的事，便回答说，礼仪的事我曾经听说过，军队的事，我从未学过。

又有一次，卫灵公与孔子一起说话时，天空飞过一只大雁，灵公仰起头来看那大雁，不理会身边的孔子。孔子待不住了，次日离开卫国，再次去了陈国。

（5）鲁国出现了机会　回到陈国后，鲁国有了新情况：掌权的季桓子病重，感叹说：从前这个国家眼看就要兴旺了，可我得罪了孔子，所以没有兴旺起来。季桓子嘱咐他的嗣子季康子说：我死后，你必定接掌鲁国的国政。那时，你一定要把孔子召回来。过了几天，季桓子死了，季康子继承了他的职位。丧事办完之后，季康子想召回孔子。可是由于大夫公之鱼的阻挠，季康子改变了主意，不召孔子，而是召了孔子的学生冉求。

冉求被召准备起身前往。知道这事后，孔子说，这回，鲁国会重用冉求，同时自己发出感叹："归乎归乎！吾党之小子狂简，斐然成章，吾不知所以裁之。"意思是，回去吧，回去吧！我家乡的那些弟子志向高远而行事疏阔，做起文章来富有文采，我真不知道从哪里下手去调教他们。

这话自然表达了思乡之情，但包括了对现实的感叹，其中包括对自己弟子冉求为官的不放心。

这话子贡听到了，在送冉求时，子贡叮嘱冉求说："你要是被重用了，要想着把老师请回去。"

（6）失去的机会——楚国　冉求离去之后，孔子再次踏上周游之路。

孔子先到蔡。在蔡待了一年，孔子到了叶，然后从叶回到了蔡。

孔子在陈蔡之间的逗留，引起了陈蔡两国大夫们的注意。他们判断，孔子的意图是找机会去楚国。他们说，如果孔子去了楚国，得到重用，对陈蔡不利。于是，他们谋划阻止孔子的行动。最厉害的一招就是断了孔子一行的食品供应。这就是有名的"陈蔡绝粮"事件。

最后，孔子派子贡去楚国求援。楚昭王派军队过来，孔子师生得以解围。

楚昭王原来真想任用孔子。先前，齐景公要用孔子，晏婴的一席话使齐景公打了退堂鼓。现在，楚国又出现了一个晏婴——

令尹子西，子西的一番话，同样使楚昭王打了退堂鼓。

孔子又一次返回卫国。

（7）放弃卫国的机会　机会又一次出现。卫灵公已经去世，他的孙子继位。孔子的学生纷纷被卫君重用。但卫国内部矛盾重重。卫君虽有意任用孔子，但孔子认为卫国终究不是他的用武之地。正好，鲁国派人来请孔子回去。孔子遂返回了鲁国。

（二）考察各国风俗民情

孔子进入卫国都城感叹“庶矣哉”，随后与冉有的一段对话，我们前面介绍过了。

这是典型的对卫国风俗民情的考察记录。

想必是孔子这方面的表现给学生们留下深刻的印象，所以，便有了子禽问子贡的问题：“夫子至于是邦也，必闻其政，求之与，抑与之与？”意思是，老师一到某一个国家，必然了解到那个国家的政事，他是自己求得的呢，还是别人主动告诉他的呢？那当然是孔子有意了解到的了。

（三）收集并钻研各国历史文献

这方面的记载不是很多，但肯定是孔子周游各国时最重要的日常工作之一。《礼记·礼运》记载说：“我欲观夏道，是故之杞，而不足征也，吾得夏时焉；我欲观殷道，是故之宋，而不足征也，吾得乾坤焉。”杞，在陈国的西面。从文中可以判定，孔子周游列国，曾经到过杞，《史记》未记。在杞没有找到更多的文献，只看到了“夏时”。在宋时，孔子也没有找到更多的文献，只看到了“乾坤”。“夏时”、“乾坤”究竟是什么，注家见解不一。但有一点是肯定的，就是孔子在杞和宋，都曾进行了文献的收集工作。

至于孔子钻研文献的情况，倒有一些记录。孔子年轻时，在齐国钻研乐，曾三月不识肉味。钻研《易》，曾“韦编三绝”。这都是大家熟悉的。《史记》也有孔子钻研学问的记录。《史记·孔子世家》有这样一段记载：“孔子学鼓琴师襄子，十日不进。师襄子曰：‘可以益矣。’孔子曰：‘丘已习其曲矣，未得其数也。’有间，曰：‘已习其数，可以益矣。’孔子曰：‘丘未得其志也。’有间，曰：‘已习其志，可以益矣。’孔子曰：‘丘未得其为人也。’有间，(曰)有所穆然深思焉，有所怡然高望而远志焉。曰：‘丘得其为人，黯然而黑，几然而长，眼如望羊，如王四国，非文王其谁能为此也！’师襄子辟席再拜，曰：‘师盖云文王操也。’”

师襄子是有名的琴师，孔子向他学习弹琴，学弹一支曲子。师襄子没想到告诉孔子曲名，曲是谁作的，孔子也没有问。十天过去了，孔子没有增学新曲。师襄子说：弹得可以了，学些新的曲子吧。孔子说：乐曲我算熟悉了，但还没有熟练地掌握这曲子弹奏的技法。又过了些日子，师襄子说：技法你已经掌握了，学些新的曲子吧。孔子说：技法我掌握了，但还没有领会乐曲的意韵。又过了些日子，师襄子说：意韵你领会了，学些新的曲子吧。孔子说：我还没有领悟作曲的是怎样的一个人。过了些时候，孔子肃穆沉静，深思着什么，接着又心旷神怡，心中似乎领悟到一种宏远的意境，说：我知道作曲的是个什么样的人了：他肤色黝黑，身材高大，目光明亮而又深邃，是一位统治四方的王者——除了文王又有谁能够是这样的呢！师襄子一听，恭敬地离开位子向孔子拜了两拜，说：这曲子果然是文王作的，我老师说过的，曲名叫作《文王操》。

（四）教育学生

孔子带着他的学生在外面待了十三四年，平日给学生讲课，这是肯定要做的。周游列国极大地丰富了孔子的教学内容，而这些是书本上学不到的。可以说，孔子周游列国，对学生们来讲，是难得的修身学仁的实践课。

上面已经介绍，入仕，在什么情况下应该，在什么情况下不应该，孔子给学生们做出了榜样。大凡跟随孔子周游的学生，都会从中得到教益。

（1）郑国师生走散　孔子待人处事的原则和方法，也使学生们学之不尽。

到了郑国，师生们走散，郑人说孔子是“丧家之狗”。孔子听学生复述后，欣然笑曰：“谓似丧家之狗，然哉！然哉！”

坦荡荡的胸怀！

（2）违蒲之盟在蒲，被逼与蒲人订约，孔子答应蒲人的要求不到卫国去。而一旦脱险，孔子直奔卫国。学生们不解，问：“盟可负乎？”孔子回答说：“要盟也，神不听。”意思是，受到要挟的盟约不算数。这使学生们学到了一项极为重要的原则。

在艰难困苦中磨炼，是孔子周游列国时教育学生的最重要的内容。在周游列国中，孔子师生曾多次遭受磨难。最重要的一次是所谓“陈蔡绝粮”。

（3）陈蔡绝粮　陈蔡绝粮的起因我们前文已经介绍。陈蔡的大夫们商定要除掉孔子。他们自己不出面，而是派了一些服劳役的人去攻击孔子师生。那些人没有直接下手，而是采取围困的办法，妄图把孔子一行饿死在野外。孔子和他的弟子前进无路、后退无门，粮食吃光了，许多人连饿带急，生了病，站都站不起来。孔子呢，却还在不停地给大家讲学，朗诵诗歌、歌唱、弹琴。这不能说没有用此鼓舞学生们的斗志的意思，但最主要的，孔子做这些事，还是内心世界的一种自然流露。

急躁的子路难以理解大家为什么会遭此厄运，气呼呼地来见孔子，问：君子也有困窘的时候吗？孔子回答说：怎么会没有呢？只是，君子在困窘面前能够坚守节操，人小呢，遇到困窘就会不加节制，干出一些过火的事情来。

孔子开始给弟子们做工作了。他首先问子路："《诗》云：'匪兕匪虎，率彼旷野。'吾道非邪？吾何为于此？"

"匪兕匪虎，率彼旷野"这两句诗出于《诗经·小雅·何草不黄》，匪同非，兕是犀牛，是说有一种猛兽，既不是犀牛，也不是猛虎，它们徘徊在旷野里。孔子在这里引用这两句诗，比喻他自己和学生们像那种兽一样徘徊于路。问题的实质是在下面的"吾道非邪？吾何为于此"。意思是：我们学说有什么毛病吗？不然，我们为什么会落到这种地步呢？

对此，子路的回答是：是我们自己的德行还欠火候吧？大概因为这，人家才不信任我们。要不就是我们的智力还不够，没有本领让人家任用我们。

孔子听后说：能是这样的吗？仲由啊，假使有仁德的人必定能够叫人家信任，那哪里还会有伯夷、叔齐饿死在首阳山那样的事呢？假使有智谋的人就能通行无阻，那哪里会有王子比干被剖心那样的事呢？

子路退出后，子贡进前见孔子。孔子对子贡又提出同样的问题：“赐啊，《诗》云：‘匪兕匪虎，率彼旷野。’吾道非邪？吾何为于此？”

子贡的回答是：老师的学说博大到极点了，所以天下没有一个国家能容纳老师。在这种情况之下，我看，老师应该降低一些对自己的要求。

孔子听后说：“赐啊，好的农夫虽然善于耕种，但却不一定有好的收获；好的工匠虽然有精巧的手艺，但他所做的东西却未必能使大家都称心如意。有修养的人能研修自己的学说，就像网一样，首先构筑出大纲，然后再梳理网目，但那网不一定被世人接受。现在你不去研修自己的学说，反而想降格求合取容！赐啊，你的志向太不远大了。”

子贡退去之后，颜回进来见孔子。孔子对颜回又提出同样的问题：“颜回啊，《诗》云：‘匪兕匪虎，率彼旷野。’吾道非邪？吾何为于此？”

颜回回答说：老师的学说博大到极点了，所以天下没有一个国家能容纳。虽然是这样，老师还要推行自己的学说。不被天下接受又有什么关系呢？不被接受，可自己孜孜以求，这样才能显出君子的本色！不被接受，从而放弃对自己学说的研修，那是一种耻辱。至于下了大力气对自己的学说进行了研修而不被人所用，那就是当权者的耻辱了。能够显出君子的本色就是了，不被天下接受又有什么关系呢？

孔子听了高兴起来，道：“有是哉颜氏之子！使尔多财，吾为尔宰。”意思是，是这样的啊，颜回！假使让你富贵了，有很多的钱财需要管理，我愿意给你做个管家。

《庄子》记载了这个故事。最后的评介是：“古之得道者，穷亦乐，通亦乐。所乐非穷通也，道德于此，则穷通为寒暑风雨之序矣。”

意思是，古时候得道的人，困厄的环境里也能快乐，通达的情况下也能快乐。心境快乐的原因不在于困厄与通达，道德存留于心中，那么困厄与通达都像是寒与暑、风与雨那样正常而有规律地变化。

回到鲁国时，孔子已经68岁了，他自己不再追求入仕，而是继续做两项很有意义的工作：整理古籍，教育弟子。

三、整理典籍

整理古籍的工作孔子原来就在进行之中。

首先是整理《易经》。孔子对《易》是痴迷的，有“读《易》，韦编三绝”的记载。因为那时候没有纸张，字写在竹简或木片上，竹简或木片之间要用绳子连缀在一起。连缀竹简或木片的绳子称作“韦编”。“三绝”是说韦编不止一次地断掉。拿今天的话来形容，就是书被看烂了。

对《易经》的整理，给孔子带来的是思想的巨大飞跃。孔子曾说：“加我数年，五十以学易，可以无大过矣。”意思是，让我多活几年，到五十岁学习《易经》，便可以没有大的过错了。孔子说自己“五十而知天命”也与钻研《易经》有关。

孔子还整理出了《春秋》。

对《春秋》的整理，孔子也下了一番工夫。

《春秋》以鲁国为中心记述历史，尊奉周王室为正统，使用了对后世影响极大的“春秋笔法”。所谓“春秋笔法”，就是用正统思想作指导，字斟句酌，褒贬隐于字里行间，例如吴、楚本没有被封为王，那里的国君自称为王，这是不合正统的，在《春秋》中一律称“子”，不称“王”；晋文公在践土与诸侯会盟，周襄王到场实际上是被召来的，这不合乎礼仪，故而《春秋》中把周天子的到来说成是“巡狩来到河阳”，如此等等。这便形成了后来所谓的“《春秋》大义”。天下那些乱臣贼子对这种“春秋笔法”、“《春秋》大义”是很害怕的。

所以，孔子自己说：“后世知丘者以《春秋》，而罪丘者亦以《春秋》。”

《诗经》在孔子的教育中占有重要地位。现在有一个成语叫“子曰诗云”，这里的诗就是指《诗经》中的诗。熟悉《论语》的都会发现，孔子也好，他的学生也好，讲起学问来，总是不离诗。

只是，人们不要误会，不要认为孔子和他的学生引用《诗》是为了语言的生动，为了表示博学。在孔子看来，《诗》是人们用来安身立命的，“不学诗，无以立”，因为在孔子看来，《诗经》的诗都是“思无邪”的，既可以讲明某种道理，又可以陶冶性情。

我们应该感谢孔子，是他，经过艰苦的搜集、整理，一部伟大的诗集才得以保存和流传下来。

四、教书育人

（一）宗旨、原则和方法

有专家说，孔子是我们私人办学的第一人。有人说孔子不是这样的第一人。是不是这样的第一人，我们且不去管它，但在孔子之前就这样做并取得了如此成就的，确实是没有的。

孔子收徒讲学，是从收孟懿子开始。孟釐子是鲁国当权派“三桓”之一。由于孔子懂礼，孟釐子生前嘱咐自已的儿子孟懿子在他死后要去跟孔子学礼。孟懿子是孔子收的第一个学生，当时孔子才17岁。

记载说，孔子“弟子三千，贤者七十二”，无论从数量上还是从质量上，都是可以称道的。

跟孔子学习得缴一定的学费——一束干肉干。其实只是一种见面礼，是愿意就学的一种表示。不管什么家庭成分，只要有这样的表示就可以成为孔子的一名学生，接受教育，这叫做“有教无类”。弟子三千，有这么多的人学，与这种情状很有关系。

孔子的教学到底是怎样进行的?

从《论语》记载看不出孔子是不是采取上大课的形式。这种形式或许不能排除，但更多的恐怕是问答式的，他提出某一个问题让学生回答，学生提出问题他来回答，双方还展开讨论。

有大致的分科，根据学生们的特长，因材施教。

大概不分级，没有毕业期限，跟着他学，当了官，或者家里出了事，如死了父母，就离开他；丢了官，或家里的事处理完了，再回来。有的可以一边学习，一边经商、为官。

许多学生一直跟着他，一直到死，像冉耕、颜回。大部分学生一直追随到他去世为止。

这是一个大家庭。这是一个进行道德修养的大熔炉，一个相互切磋学问的大学校，一个温暖的大集体。

孔子收学生、教学生，主要的目的是培养学生成为品德高尚的人，即把德育放在第一位，而且很有成效。“贤者七十二”是对孔子教学成效的一种概括。

学习自然是这个集体生活的主要内容。学习的教材是孔子亲定的《易》、《春秋》、《诗》、《书》等。还有些实习活动，如学射，学驾车等。

孔子大量的教育是在日常生活之中，是离开教材进行的，而这方面的教化是最重要的。

可贵的是，孔子的那七十二贤人，是在“礼崩乐毁”的状况之下培养出来的。这尤其证明孔子教育的成功。如果现在，一位导师能够通过自己一生的教学，培养出七十二位称得上“贤者”的学生，那也是很了不起的吧。

下面让我们来看看他教育学生的一些情况。

为人要贤德，首先就要闹清楚什么是贤德。由于“礼崩乐毁”，许多是非已经不清。孔子紧紧抓住这一中心议题，采取种种方法，利用种种机会，向学生们讲什么是好，什么是坏。他大讲“君子”，大讲“仁”，大讲“礼”，就是弘扬具有中华民族特色的真善美，让学生们心中树立一个明晰的道德标准，努力向这个标准靠近。

培养学生的品德的另一个重要方法，是树立标杆，指出哪些人是君子，是仁者、贤者，是圣人，要大家向这些人学习。这叫做“见贤思齐”。孔子一再表彰三皇五帝，表明自己“祖述尧舜，宪章文武”，就是要学生像他那样，向古代的圣贤学习。当代人中有贤德的，孔子绝对不会放过，一定要学生们学习他们，效法他们。

由于同样的原因，孔子也很注意在学生们中间树立榜样。

孔子主张安贫乐道，说：“饭疏食饮水，曲肱而枕之，乐亦在其中矣。”孔子最喜欢的学生是颜回。喜欢的原因，是颜回贤德。孔子就树立了颜回这样的贤德榜样。读过《论语》的人都不会忘记“贤哉回也，一箪食，一瓢饮，在陋巷，人不堪其忧，回也不改其乐。贤哉回也”这段话。颜回的贤德之处，孔子不只讲过一次。其他学生哪些方面做得好，他也大讲特讲。这就使他的学生们处在一种追求进步、追求高尚的积极向上的精神状态之中。

表扬学生好的方面，但也有严厉的批评。学生们有了差错，孔子绝对不会放过。孔子提倡个人品德修养，提倡“知错必改”，提倡“不二过”，又由于他批评得中肯，态度诚恳，学生们对于批评，是绝对虚心接受，并且努力改正的。

孔子在进行教育时，绝对不采用一个模式、不采用千篇一律的方式，而是根据不同的对象，不同的环境来进行，很有针对性。常读《论语》的人不难发现，同是一个问题，他对两个人会有不同的回答，有时，答案甚至是相反的。同是一个人，同是一个问题，由于场合等情况的不同，孔子的回答也是不一样的。这种不同，或许还有这样一种情况：对某一问题，孔子本人有了一种新的认识。这就形成这样一种情况：对某一问题，孔子的回答是五花八门的。但它离不开一个基本点：真善美。

孔子主张言行一致，因此，孔子在很大程度上是在学生的实践中进行教育，发扬好的一面，匡正差的一面。

他的学生子路和冉有做官后出现了一些问题，孔子对他们进行了教导。这事就是很典型的。

学生平日志向的确立和情操的培养是孔子十分看重的。《论语》记载：有一天，颜渊和子路与孔子在一起，孔子说：谈谈你们各自的志向。子路听后第一个站出来，说："愿车马，衣轻裘，与朋友共，敝之而无憾。"愿意把自己的车马和好的衣服拿出来与朋友共享，车子坏了，衣服穿烂了全无遗憾。颜渊曰："愿无伐善，无施劳。"不夸耀自己的长处，不表白自己的功劳。都讲完了，子路对孔子说，我们愿意知道老师的志向是怎样的。孔子说："老者安之，朋友信之，少者怀之。"

无论颜渊也好，子路也好，他们的志向不能够说没有可取之处，可都不能说是宏远的。但孔子并没有对他们各自的志向进行分析。最后孔子讲了自己的志向，是让学生自己进行对比、衡量，自己得出结论。这样，"老者安之，朋友信之，少者怀之"这样的志向，便给学生留下不可磨灭的印象。

"子路、曾皙、冉有、公西华侍坐"一节，最值得体味。《论语》对此是这样记载的：

子路、曾皙、冉有、公西华侍坐。子曰："以吾一日长乎尔，毋吾以也。居则曰：'不吾知也！'如或知尔，则何以哉？"子路率尔而对曰："千乘之国，摄乎大国之间，加之以师旅，因之以饥馑，由也为之，比及三年，可使有勇，且知方也。"夫子哂之。"求，尔何如？"对曰："方六七十，如五六十，求也为之，比及三年，可使足民。如其礼乐，以俟君子。""赤，尔何如？"对曰："非曰能之，愿学焉。宗庙之事，如会同，端章甫，愿为小相焉。""点，尔何如？"鼓瑟希，铿尔，舍瑟而作，对曰："异乎三子者之撰。"子曰："何伤乎？亦各言其志也。"曰："莫春者，春服既成，冠者五六人，童子六七人，浴乎沂，风乎舞雩，咏而归。"夫子喟然叹曰："吾与点也！"三子者出，曾皙后。曾皙曰："夫三子者之言何如？"子曰："亦各言其志也已矣。"曰："夫子何哂由也？"曰："为国以礼。其言不让，是故哂之。""唯求则非邦也与？""安见方六七十如五六十而非邦也者？""唯赤则非邦也与？""宗庙会同，非诸侯而何？赤也为之小，孰能为之大？"

意思是，子路、曾皙、冉有、公西华四人陪孔子坐着。孔子说："我年龄比你们都大了，没有人用我了。你们平时总是说：'人家不了解我呀！'假如有人了解你们，打算用你们，那你们要怎样做呢？"子路不假思索道："一个拥有一千辆兵车的国家，夹在大国中间，常常受到别的国家侵犯，加上国内又闹饥荒，让我去治理，只要三年，就可以使人们勇敢善战，而且懂得礼仪。"孔子听了，微微一笑，又问冉求："冉求，你呢？"冉求答道："国土有六七十里或五六十里见方的国家，我去治理，三年以后，就可以使百姓得以温饱。至于这个国家的礼乐教化，就要等君子来做了。"孔子又问公西赤："公西赤，你怎么样？"公西赤答道：

"我不敢说能做到，而是愿意学习。在宗庙祭祀的活动中，或者在同别国的盟会中，我愿意穿着礼服，戴着礼帽，做一个小小的赞礼人。"孔子又问曾点："曾点，你呢？"这时曾点正弹着瑟，他把声音逐渐放慢，接着"铿"的一声，把瑟放下，站起来回答说："我想的和他们三位不一样。"孔子说："那有什么关系呢，也就是各人讲自己的志向而已。"曾皙说："暮春三月，已经穿上了春天的衣服，我和五六位成年人，六七个少年，去沂河里洗洗澡，在舞雩台上吹吹风，一路唱着歌走回来。"孔子长叹一声说："我是赞成曾皙的想法的。"子路、冉有、公西华三个人都出去了，曾皙走在后面。他问孔子："他们三人的话怎么样？"孔子说："也就是各自谈谈自己的志向罢了。"曾皙说："仲由讲时，老师为什么微笑呢？"孔子说："治理国家要讲礼让，可是他说话一点也不谦让，所以我笑他。"曾皙又问："那么是不是冉求讲的不是治理国家的事呢？"孔子说："哪里见得六七十里或五六十里见方的地方就不是国家呢？"曾皙又问："公西赤讲的不是治理国家吗？"孔子说："宗庙祭祀和诸侯会盟，这不是诸侯的事又是什么？像赤这样的人如果只能做一个小相，那谁又能做大相呢？"

当初，孔子可能是要进行志向教育的，没想到，曾点的一番话，却使原本的教育方向发生了转变，孔子于是立即抓住这一转变，把教育引向了另一个方向——情趣的方向，情操的方向，而这，恰恰让学生们看到了大志。

朱熹对此有一个解释。他说，孔子在这里实际上是通过情操的培养，向学生进行有关天理的教育。朱熹说，天理无处不在。观察一个人的动静行止，就可以看到一个人对天理的认识和理解，而这，就可以看出一个人的志向。志向高大的人，“居其所居之位，乐其日用之常”，其胸次悠然，直与天地万物上下同流，各得其所之妙，隐然自见于言外。

程颐则解释说，曾点“未必能为圣人之事”，但他“能知夫子之志”。曾点的“浴乎沂，风乎舞雩，咏而归”，言乐而得其所也。说这里有隐于言外的志向：孔子之志，在于老者安之，朋友信之，少者怀之，使万物莫不遂其性。

不错的，从曾点所表达的、孔子所赞同的“莫春者，春服既成，冠者五六人，童子六七人，浴乎沂，风乎舞雩，咏而归”的情趣来看，我们是能够体察到孔子那“老者安之，朋友信之，少者怀之”，使万物莫不遂其性的那种内心涌动着的情致追求的。

（二）学生们的情况

从学生的年龄上讲，颜回的父亲颜路年龄最大，只比孔子小6岁。仅次于颜路的是子路，比孔子小9岁。最小的学生是公孙龙，比孔子小53岁，他是颜路、子路的孙子辈儿了。

我们看到一种现象，就是按成就的大小可将孔子的学生分成三个明显的年龄段，其成就的大小呈现递增的态势。一是年龄较大的，他们比孔子小10岁左右。这一年龄段中思想活跃的很少，唯有子路。二是中年的，他们大体上比孔子小30岁左右。这一年龄段有成就的多了一些，像冉有（比孔子小29岁）、颜回（比孔子小30岁）、子贡（比孔子小31岁）。三是年龄较轻的，他们比孔子小40–50岁。这批人思想活跃，对孔子思想有新的理解，总体上成就超过了前两个年龄段的人，像有若（比孔子小

43岁）、子夏（比孔子小44岁）、子游（比孔子小45岁）、曾参（比孔子小46岁）、樊须（比孔子小46岁）、子张（比孔子小48岁）等。

《史记》写有《孔子弟子列传》，介绍了孔子学生的情况。由于篇幅有限，我们这里不好一一介绍，只选五人，看看他们的大致情况。这五个学生分别是子路、冉有、颜渊、子贡和澹台灭明。

（1）子路

子路姓仲，名由，子路是字，另字季路，鲁国人。

子路性情粗朴，喜欢逞勇斗力，志气刚强，性格直爽。初遇到孔子时，头上戴着一顶像雄鸡鸡冠子那样的高帽子，佩着一把用猪皮装饰着的宝剑，对孔子动手动脚，异常不敬。孔子收留了他。他跟孔子学习，人品方面大有长进。

子路有一个特点，就是认准了一条道走到黑。他跟孔子是跟定了，所以孔子说："道不行，乘桴浮于海，从我者，其由与！"意思是：我的主张无法实行，就坐上一只木筏子到海外去。而能够跟随我的，大概只有仲由吧！

子路有几个显著的毛病。一是鲁莽。对子路的鲁莽劲儿孔子一直不满意，不断地教诲，希望他能够改变。

另一个毛病是骄傲，学识上容易满足。孔子对子路总是耳提面命："由，诲女，知之乎？知之为知之，不知为不知，是知也。"

上面说"道不行，乘桴浮于海，从我者，其由与"那话是当着子路的面讲的，子路听了心里美滋滋的。孔子见子路如此，立即说:“由也好勇过我，无所取材。”给他浇了一盆冷水。另一次，孔子对颜渊说:“用之则行，舍之则藏，惟我与尔有是夫！”意思是：被任用就干起来，不被任用就躲在一边，只有你和我能够这样吧。这时子路在旁边。子路的特长是勇敢，能够带兵打仗，见老师如此说颜渊，心里可能有些不高兴，便问:“子行三军，则谁与？”意思是说，老师如果领兵打仗，跟着老师的，该轮到我子路了吧？孔子立即又对他进行敲打，说:“暴虎冯河，死而无悔者，吾不与也。必也临事而惧、好谋而成者也。”赤手空拳与猛虎搏斗，泅水过黄河，死了都不悔恨的人，我是不会跟他在一起的；要在一起的，只是那些一事当前，首先想到它的难办之处，进而想出办法把它干好的人。

有一次，孔子表扬了子路，说:“衣敝缊袍，与衣狐貉者立而不耻者，其由也与？‘不忮不求，何用不臧？’”意思是：穿着破旧的丝棉袍子，与穿着狐貉皮袍的人站在一起而不认为羞愧，大概只有仲由吧。“不忮不求，何用不臧”是《诗经》的引语，“不忮不求”的意思是不嫉妒，不贪求。“何用不臧”的意思是没有什么不好。即嫉妒，不贪求，为什么说不好呢？孔子借这两句诗来肯定子路的上述品性。这是子路最喜欢听的话，于是，一个劲地背诵这两句诗，把它当作终生的座右铭。孔子见此又教育子路说:“是道也，何足以臧？”意思是：只是这个样子，又怎么算是够好呢？

悟性不够，加上浅尝辄止，使子路一直处于半瓶子醋的状态，所谓“升堂矣，未入于室”。

正因为这个缘故，孔子认为子路并没有真正达到“仁”的境界。有一次，鲁国实权派人物孟懿子的儿子孟武伯问子路仁乎？孔子回答说：我不知道。在拥有一千辆兵车的国家里，可以让他管理军事，但我不知道他是不是做到了仁。

孔子在回鲁国之前，子路被召，进了掌权者季康子的班子，与冉有在一起。孔子回鲁国后，有一次，季康子的本家季子然问孔子：仲由和冉求可以称得上大臣吗？孔子回答说：所谓大臣，是能够用周公之道来事奉君主的，如果这样行不通，他宁肯辞职不干。现在，由和求这两个人，只能算是具有做臣资格的一般臣子而已。

孔子果然有眼力。事实证明，子路也好，冉求也好，都没有像孔子所讲的那样尽周公之道。

《论语》“季氏将伐颛臾”的记载我们将在下文冉有的介绍中进行分析。子路和冉有就“季氏将伐颛臾”事来向孔子通报，整个过程子路一句话都没有讲。他大概觉得自己确实是理亏的。孔子批评后，他离开了季氏，去卫国当了大夫孔悝采邑的长官。

孔子虽然认为子路修养不到家，做官只能做一个凑凑合合的官，但一条底线孔子认为子路是可以把握得住的。就是那次季子然问孔子子路和冉有能不能称得上大臣，孔子回答说他们只能凑合着做臣子的话后，季子然又问孔子：“那么他们会一切都跟着季氏干吗？”孔子回答说：“弑父与君，亦不从也。”杀死父亲和君主那样的事，他们是不会跟着干的。

后来子路去卫国，成为大夫孔悝采邑的长官。卫灵公原来立蒯聩为太子，蒯聩得罪了南子，他深知南子的厉害，害怕被谋杀逃往国外。灵公去世，南子想让公子郢继承王位。公子郢不肯接受，说：太子逃亡了，可太子的儿子辄还在。南子无奈，就立辄为国君，这就是卫出公。出公即位12年，他的父亲蒉聩一直在国外。子路就是在这样的背景下担任了孔悝采邑的长官的。出公十二年时，蒉聩和孔悝同谋作乱，蒉聩带人潜入卫国后住在孔悝家，与孔悝的党徒袭击卫出公。出公逃往鲁国，蒉聩继位，这就是卫庄公。孔悝作乱时，子路不在。听说孔悝作乱，他从外地赶回，去找蒉聩。见到蒉聩时，蒉聩正和孔悝在一个台子上。子路对蒉聩说：您为什么要和这种人干这种事？您等着，看我捉到他，把他宰了！蒉聩护着孔悝。子路来了气，便放起火来烧那台子。蒉聩命人袭击子路。子路的帽带被斩断了。大概知道自己寡不敌众，说："君子可以死，可帽子不能掉下来。"说完，就系帽子。攻击者趁势将子路杀死。

听说卫国发生暴乱，孔子说："哎呀，仲由死了！"过了不久，子路被杀的消息被证实。

子路死后，孔子说："自吾得由，恶言不闻于耳。"意思是，自从我有了子路这个学生，耳朵里再也听不到恶言恶语。意思是，许多攻击我的话都被子路挡过去了。

在此，我们对子路讲一句总括的话：一个在街上游荡的莽汉，经过孔子的教育，成就了一名道德高尚的人（孔子用自己的标准，认为他还够不上一个仁人），学问高深的人（孔子认为他还没有学到家，所谓登堂矣，未入室），最后成一名济世救民的官员（孔子认为他只是一名具有作臣资格的一般臣子），而且最后以身殉职。这固然是子路自己努力的结果，但与孔子对他长期不懈的谆谆教诲是有极大关系的。从子路的成长我们不难看到孔子教育的成功。

（2）冉有

姓冉名求，字子有，冉有是他的别称，鲁国人。冉有天资聪慧，多才多艺，孔子很欣赏他这一点。有一次，子路问孔子什么样的人可以称为完人，孔子说："若臧武仲之知，公绰之不欲，卞庄子之勇，冉求之艺，文之以礼乐，亦可以为成人矣。"意思是，要是有臧武仲的智慧，孟公绰的克制，卞庄子的勇敢，冉求那样多才多艺，再用礼乐加以修饰，也就可以算是一个完人了。臧武仲、（孟）公绰、卞庄子都是当时鲁国以贤德著称的大夫，讲到完人，孔子能够把冉有与他们并列，足见孔子对冉有的器重。

但冉有有一个明显的毛病，就是上进心不强。孔子了解冉有的这个毛病，总是鼓励他，增强他的上进欲望。

有一次冉有对孔子说："非不说子之道，力不足也。"我并不是不喜欢老师您所讲的道，可我接受能力所限，学不到呀。孔子听后，立即严肃地说："力不足者，中道而废。今女画。"能力不够是到半路才停下来，现在你是自己给自己划了一道不再前进的界限。

冉有最大的问题是其为官之道不符合孔子的思想。就此，孔子一直在教导他，希望他改进。

孔子回鲁国之前，冉有被召，做了季氏的家臣。前面我们介绍过子路和冉有因赞成季氏攻打颛臾而受到了孔子批评的事。

事情的经过是这样的：季康子要讨伐颛臾的前夕，子路和冉有来见孔子，向孔子通报此事。子路心直口快，凡事每每都冲在前面，抢先第一个发言表态。但这一次他却躲在了后面，把冉有推到第一线，足见他心中感到不踏实。事情肯定是冉有讲出来的，所以，孔子对准了冉有，说：这就是你的过错了。颛臾在鲁国的疆域之内，是周天子封他们在那里主持祭祀的，为什么要讨伐它呢？冉有解释说：这是季孙大夫的主意，我们俩都是不愿意的。

孔子听后叫着冉求的名字，引用了一位名人的话："尽自己之力去做自己职权范围之中的事，不成就辞职。"尔后说："危而不持，颠而不扶，则将焉用彼相矣？且尔言过矣，虎兕出于柙，龟玉毁于椟中，是谁之过与？"意思是，有了危险不去扶助，跌倒了不去搀扶，那还用辅助的人干什么呢？老虎、犀牛从笼子里跑了出来，龟甲、玉器在匣子里毁坏了，这是谁的过错呢？

冉有听老师批评自己了，便做出解释，说："今夫颛臾，固而近于费。今不取，后世必为子孙忧。"意思是，颛臾城池坚固，离季孙的费邑很近。如果现在不把它打下来，将来一定会成为子孙的忧患。

这一解释，正好说明，冉有和子路是与季孙氏一个鼻孔出气的。于是，孔子再次叫着冉有的名字说："求！君子疾夫舍曰欲之而必为之辞。"意思是，冉求啊！君子痛恨那种不肯老实表明自己想法而找出理由来为自己辩解的行为。随后，孔子讲了一段非常重要的话："丘也闻有国有家者，不患寡而患不均，不患贫而患不安。盖均无贫，和无寡，安无倾。夫如是，故远人不服，则修文德以来之。既来之，则安之。今由与求也，相夫子，远人不服而不能来也，邦分崩离析而不能守也；而谋动干戈于邦内。

吾恐季孙之忧，不在颛臾，而在萧墙之内也。”意思是，对于诸侯和大夫来说，怕的不是自己土地少，人口不多，怕的是行政不公。怕的不是贫穷，怕的是不安定。行政公正了，人口就会多起来；国家安定了，财富就可以多起来。这样，也就不存在外来倾覆的危险了。对远方之人，要用仁、义、礼、乐招徕他们；他们来了，就让他们生活在一个安定的环境之中。现在，仲由和冉求你们两个人辅助季氏，远方之人不归服不能招徕他们；国内民心离散，你们无法凝聚，反而策划在国内使用武力。依我看来，只怕季孙的忧患不在颛臾，而是在自己的内部了！

在这里，孔子向冉有、子路二人所讲的，包含着许多极为重要的原则，首先是反对用不正义的战争，去灭掉一个诸侯国；接着讲了治国的一条重要原则，是“不患寡而患不均，不患贫而患不安”；随后是对“远人”要“修文德以来之。既来之，则安之”；一个国家，应该把自己的事情办好，否则，邦分崩离析而不能守，却对外谋动干戈，这是非常危险的；对于一名臣下，要用“仁德”来辅佐君王，不可助纣为虐、为虎作伥。

这之后，子路离开了季氏，去卫国当了大夫孔悝采邑的长官。而冉有继续留了下来。

有一次，季氏“旅于泰山”。“旅于泰山”就是去泰山祭祀。按礼法，只有天子才有资格去泰山进行祭祀，称为“封禅”。这是严重的越礼行为。当时，冉有正在季氏那里做家臣，孔子把冉有叫来让冉有想办法阻止季氏，冉有回答说：“不能。”孔子无可奈何发出感叹：“呜呼！曾谓泰山不如林放乎？”林放是鲁国的一名贤者，曾问礼于孔子。孔子的意思是：林放都是知礼的，难道泰山还不如林放知礼，会接受季氏这种“僭礼”的行为吗？

子路离开后冉有依然留在季氏那里，而且表现得越来越差。竟然为虎作伥，帮季氏敛财。孔子得知后气愤地说：“非吾徒也。小子鸣鼓而攻之可也。”

（3）颜渊

颜渊名回，字子渊，人们习惯上叫他颜渊，鲁国人。他有许多好的品德，好学、安贫乐道、不迁怒、不二过，对孔子非常尊重，对孔子的学说有深入的领会、全面的理解，能做到“其心三月不违仁”。

命运一直不眷顾于颜渊。他家里很是贫穷，学道之后，家庭环境也没有什么改变。对此，孔子发出感慨说：“回也其庶乎，屡空。”意思是：颜回的学问道德接近于完善了吧，可他一直处于穷困之中。子贡也是一位贤德的学生，孔子拿颜渊与子贡进行比较。说“赐不受命，而货殖焉，亿则屡中。”端木赐不听命运的安排，去做买卖，猜测行情，往往弄得很准。言外之意是，像颜渊这样贤德的人，也应该得到富贵才是。

上天还有一个不公，就是让颜渊40岁正当年富力强之时早早地死去。孔子对此反应更是强烈。

《论语》记载说：“颜渊死，子曰：‘噫！天丧予！天丧予！’”

“天丧予”就是“老天爷真是要我的命呀”！一个学生死去却要老师的命，可见颜渊在孔子心目中的地位。

不但说，而且悲痛欲绝：“颜渊死，子哭之恸。从者曰：‘子恸矣。’曰：‘有恸乎？非夫人之为恸而谁为？’”

恸就是哀伤过度。学生们劝解说：“您悲痛过度了！”孔子说："是太悲伤过度了吗？我不为这样一个人悲伤过度，又为哪个如此呢？"

（4）子贡

子贡复姓端木，名赐，字子贡，卫国人。在孔子的学生中，既贤德，又有好的结果的，惟有子贡。

子贡很聪明，悟性很高。孔子针对这一点对子贡进行教育，让他清醒地看到自己的不足，更上一层楼。有一次，孔子问他："女与回也孰愈？""愈"在这里是强的意思。子贡还是有自知之明的，自己岂敢与颜渊叫板？于是说："赐也何敢望回？回也闻一以知十，赐也闻一以知二。"一个闻一知十，一个闻一知二，不在一个层次上。孔子听后道："弗如也。吾与女弗如也。"是不如他，我同意你所讲的，是不如他。

子贡有入仕做官的本领，也有经商致富的潜质。所以为官之后如何对待百姓的疾苦，富贵后如何坚持自身的修养是他十分关心的问题。孔子了解这一点，所以，对于子贡，在进行为人教育方面，注重两个方面：一，如何对待富贵？二，如何为官？

《论语》中记载，有一次，子贡问孔子：一个人如果做到贫而无谄，富而无骄，那怎么样？

其中，富而无骄自然是子贡发问的重点。

孔子回答说："可也。未若贫而乐，富而好礼者也。"孔子教育子贡，要把"富而无骄"上升到"富而好礼"的高度。

对如何为官的问题，子贡向孔子请教，光《论语》记载中就有七八次之多，而孔子有关从政的一些重要论述，大多是对子贡讲的，像治国"博施于民"的问题，"足食、足兵、民信"的问题，

“行已有耻，使于四方，不辱君命”的问题，等等。

而对于子贡来说，真正用心学习、全力体验的，还是孔子教育中所表现出的比一般做人、为官要深奥得多的那种道。

《论语》中记录了子贡的这样一段话：“夫子之文章，可得而闻也；夫子之言性与天道，不可得而闻也。”意思是：老师讲授的诗、书、礼、乐的知识，依靠耳闻我们掌握得了；老师讲的有关“人性”与“天道”的理论，依靠耳闻我们是掌握不了的。

这里的“人性”与“天道”，就是孔子教育中所表现出的比一般做人、为官要深奥得多的东西。

实际上，在这方面孔子一直在对子贡进行启发教育，以期让他能够掌握。

有一次，孔子问子贡：“赐也！女以予为多学而识之者与？”赐啊！你以为我是博学多记的人吗？

对曰：“然，非与？”是啊，难道不是这样的吗？

孔子说：“非也。予一以贯之。”不是的。我是用一个根本的理念把积累起来的知识贯穿起来的。

熟悉《论语》的都知道，在《论语》的记载中，这“一以贯之”的话，孔子只向两个学生讲过，一个是曾参，另一个就是子贡。

关于这种“人性”与“天道”方面的道理，在《论语》中，也只有子贡谈到，而且还讲了不止一次，其中有对孔子关于这一理论的复述，也有自己对这一理论的体会。

有一次，孔子对子贡说：“予欲无言。”我想不说什么了。

子贡不明白老师的意思，说：“子如不言，则小子何述焉？”

您如果不说话，那么我们这些人还得到什么传授呢？

孔子便说出如下的名言：“天何言哉？四时行焉，百物生焉，天何言哉？”

这话对子贡的启发肯定是深刻的。

还有一次，孔子对子贡说：“莫我知也夫！”没有人了解我啊！

子贡问：“何为其莫知子也？”怎么能说没有人了解您呢？

孔子说：“不怨天，不尤人。下学而上达，知我者其天乎！”我不埋怨天，也不责备人，学到一些平常的知识，却透彻了解高深的道理，下学礼乐，上达天命，知道我这一点的，只有天吧！

说是“只有天”，实际上是启发子贡像自己那样，掌握“下学上达”的道理。

孔子还用政事来对子贡进行教育。有一次，子贡问孔子：“管仲非仁者与？桓公杀公子纠，不能死，又相之。”桓公杀了公子纠，管仲不能为公子纠殉死，反而做了齐桓公的宰相，这样，他算不上仁人吧？

孔子回答说：“管仲相桓公，霸诸侯，一匡天下，民到于今受其赐。微管仲，吾其被发左衽矣。岂若匹夫匹妇之为谅也，自经于沟渎而莫之知也。”意思是：管仲辅佐桓公，称霸诸侯，匡正了天下，老百姓到今天还享受到他的好处。如果没有管仲，恐怕我们也要披散着头发，衣襟向左开，做野人了。他哪能像普通百姓那样恪守小节，自杀在小山沟里不为人所知呢？

十分明显，孔子是教育子贡，做一个像管仲那样的人，运用自己的才能，匡正天下，“博施于民”，使子贡明白，所谓的

“道”，就是一颗救民、为民的仁人之心。

看来，子贡是领会了。有一次卫国的大夫公孙朝问子贡孔子的学问是从哪里学到的。子贡回答说：“文武之道，未坠于地，在人。贤者识其大者，不贤者识其小者，莫不有文武之道焉。夫子焉不学？”意思说：周文王、周武王的道，并没有失传，还留在人们中间。贤能的人可以掌握它的根本，不贤的人只了解它的细枝末节，总之是没有什么地方没有文王武王之道的。我的老师就是能够掌握其根本的贤者。

正由于子贡对孔子学说有较深的理解，又靠了他的才华，于政务，于商务，子贡取得的成绩都是显著的。

据《史记》记载，田常带着齐国的军队进犯鲁国，鲁国处于危难之中。孔子知道后，对门下弟子们说：“鲁，坟墓所处，父母之国，国危如此，二三子何为莫出？”鲁国，是祖宗坟墓的所在地，父母之邦，我们的祖国危险到这种地步，你们为什么不挺身而出呢？”这样讲后，子路第一个站了出来，随后子张、子石也都请求前去救援。孔子没有答应。子贡站了出来，孔子让他去。

随着子贡的出发，一出精妙的“战国策”大戏开演。篇幅所限，细情略去。司马迁对子贡这次行动评价是：“子贡一出，存鲁，乱齐，破吴，强晋而霸越。子贡一使，使势相破，十年之中，五国各有变。”

孔子去世后，子贡在孔子墓边守孝6年。

后来子贡先后出任鲁国和卫国的国相，身居高位，一直保持着高尚的情操。

子贡生意方面也是一把好手，达到“家累千金”，他一直记住老师的话，富而好礼。

（5）樊迟

姓樊名须，字子迟，人们习惯于叫他樊迟，齐国人。经历过我国“文化大革命”的人对孔子的学生熟悉的有两个，一个是颜回，另一个是樊迟。被大批而特批的“克己复礼”是孔子对颜回讲的，他因此而出名。樊迟的出名则是由于他向孔子学稼的那件事：

樊迟请学稼。子曰：“吾不如老农。”请学为圃。曰：“吾不如老圃。”樊迟出。子曰：“小人哉，樊须也！”

由此，那时的“革命者”们判断孔子鄙视劳动人民，因此而同样大批而特批，樊迟也因此而出了名。

说孔子看不上一般的劳动者倒不会冤枉他，但仅就上面这段对话就判断孔子鄙视劳动人民，那是没有道理的。孔子这话后，还有一段话：“上好礼，则民莫敢不敬，上好义，则民莫敢不服；上好信，则民莫敢不用情。夫如是，则四方之民襁负其子而至矣，焉用稼？”意思是：在上位者只要重视礼，老百姓就不敢不敬畏；在上位者只要重视义，老百姓就不敢不服从；在上位的人只要重视信，老百姓就不敢不用真心实情来对待你。这样做起来，四面八方的百姓就会背着自己的小孩来投奔，哪里用得着自己去种庄稼呢？

这实际上是孔子对樊迟进行志向教育。“文革”时，人们没有更多地接触《论语》，并不了解真实情况，从对孔子的批判中得出一种错误印象，好像樊迟是孔子的一个没有出息的学生，甚至有点“对着干”、“造反派”的感觉。其实，樊迟是孔子的一位好学生。他跟孔子的关系一直很好，孔子的许多名言都是对着樊迟讲出来的。

上面关于“学稼”问题的论述，实际上就代表了孔子“做君子儒、不做小人儒”的重要思想。

再如关于孝“无违”的论述：孟懿子问孝，子曰：“无违。”樊迟御，子告之曰：“孟孙问孝于我，我对曰无违。”樊迟曰：“何谓也。”子曰：“生，事之以礼；死，葬之以礼，祭之以礼。”

这段话的意思是，鲁国大夫孟懿子问什么是孝，孔子说：“孝就是不要违背礼。”樊迟给孔子驾车，孔子跟樊迟说：“孟孙问我什么是孝，我回答他说不要违背礼。”樊迟问：“不要违背礼是什么意思呢？”孔子说：“父母活着的时候，要按礼侍奉他们；父母去世后，要按礼埋葬他们、祭祀他们。”

又如：樊迟从游于舞雩之下，曰：“敢问崇德、修慝、辨惑。”子曰：“善哉问！先事后得，非崇德与？攻其恶，无攻人之恶，非修慝与？一朝之忿，忘其身，以及其亲，非惑与？”

意思是，樊迟陪着孔子在舞雩台下散步，问：“请问怎样提高品德修养？怎样消除别人对自己那看不见的怨怒？怎样辨别哪种是糊涂事？”孔子首先夸奖樊迟，说：“问得好！”而后逐一回答樊迟的问题，说：“先努力致力于事，然后有所收获，不就是提高品德了吗？检讨自己做得不对的地方，不去挑别人的不足，不就消除别人对自己的怨怒了吗？由于一时的气愤，就忘记了自身的安危，以至于牵连自己的亲人，这不就是在做糊涂事吗？”

孔子“仁者爱人”、“知者知人”的重要思想就是对樊迟讲出来的。“樊迟问仁。子曰：‘爱人。’问知。子曰：‘知人。’”

可以看出，孔子跟樊迟讲的这些思想，都是很重要的。

最后，樊迟做了季氏的家臣，他的行为并不像子路和冉求那样，受到孔子的批评。

（6）澹台灭明

澹台灭明字子羽，比孔子小39岁。

澹台灭明体态相貌很丑陋。初见时，孔子有点看不上他。可他从师学习以后，致力于修身实践，处事光明正大，最后成就了一番事业。他南游至长江，追随他的学生有三百人，他在获取、给予、离弃、趋就诸方面都做得完美无缺，声誉传遍四方。

应该说明的是，孔子学生中也不都是清一色的好学生。有一名弟子叫宰予，是一名典型的“问题学生”。宰予字子我。他不思进取，放纵自己，晚上不晓得折腾什么，熬夜，第二天白天睡大觉。对此孔子无法容忍，发出感叹：“朽木不可雕也，粪土之墙不可杇也，于予与何诛！”腐朽的木头无法雕刻，粪土垒的墙壁无法粉刷。对于宰予这样的人，批评他还有什么用呢？

孔子屡次说他，他都有悔改的表示，话讲得很漂亮，但说完一如故我，因此，孔子看透了这个人，并从他身上得出一个教训，说：“始吾于人也，听其言而信其行；今吾于人也，听其言而观其行。”

宰予口齿伶俐，擅长辞辩。孔子提倡学生“见贤思齐”、追求做“仁者”，有一次宰予向孔子提出这样一个问题：“仁者虽告之曰井有仁焉，其从之也？”对于有仁德的人，别人告诉他井里掉下去一位仁人，他会跟着下去吗？对于这样一个刁钻的问题，孔子还是做了正面的回答："何为其然也？君子可逝也，不可陷也；可欺也，不可罔也。"意思是说：为什么要这样做呢？对于一位君子，你应该让他远离，避免陷入井中；你可以骗他，但不可以愚弄他。

宰予最后走向了社会，做了齐国临菑的大夫。结果，他和权臣田常沆瀣一气，同谋作乱，因此被灭族。

孔子为他感到羞耻。

第二节　孔子逝世后弟子们继续努力

光阴在流逝。孔子快到70岁时，一件件令人悲痛的事袭击着这位老人的心。69岁时，他的独子孔鲤去世，白发人送走了黑发人。次年，他最好的学生颜回去世。又过了一年，传来了子路被杀的消息。

大概这一连串的打击损伤了孔子的健康。他病了。许多学生各有各的事，不在他的身边。子贡听到老师病重的消息赶来看他。孔子并没有倒下，当时正拄着拐杖在门口散步，见子贡后说："赐，你为什么来得这样迟啊？"随后一边叹息，一边唱道："太山坏乎！梁柱摧乎！哲人萎乎！"泰山要倒了！梁柱要断了，哲人要死了！而且边唱边流泪，道："天下无道久矣，莫能宗予。""宗予"就是实行我的学说。七日后，那颗伟大的济世救民的心脏停止了跳动。

孔子的去世给弟子们带来巨大的悲痛。他们都为老师守孝三年。三年期满后，出现了感人的场面，这是《孟子》记载的："昔者孔子没，三年之外，门人治任将归，入揖于子贡，相向而哭，皆失声，然后归。子贡反，筑室于场，独居三年，然后归。”意思是，守孝三年期满，各人有各人的事情，不得不分别了，大家心中的难受劲可想而知，聚到一起，向表示留下来的子贡拱手而别，个个相向而哭，忍不住，都放了声。子贡一个人留下来，专门造了一间房子，继续给孔子守孝，寄托哀思，三年后离去。

一、学生们顶住对孔子的非议，坚守老师的志向

一代伟人在他活着的时候便会招致非议，他去世后，这种非议就会来得更加厉害。这是由于人们习惯于“盖棺论定”，要给死人一个说法。

孔子生前死后的一些情况证明就是如此。

捍卫孔子的学说，成了弟子们的一项重要任务。

有些人有意贬低孔子，便拿子贡与孔子进行比较，说子贡比孔子更为贤德。鲁国的权势人物之一叔孙武叔在朝廷上就公然这样讲了。在场的一位大夫把叔孙武叔的话告诉给了子贡，子贡听后说：“拿围墙来做一个比喻：我家的围墙只有齐肩高，老师家的围墙却高数仞。找不到门进去，对老师家内里的情况，在墙外你是看不到的，你看不到那里面宗庙的富丽堂皇，你看不到那里面房屋的绚丽多彩。世上能够找到门进去的人并不多。叔孙武叔讲出那样的话，有什么奇怪呢？”

孔子去世后，连孔子的一些学生也加入了议论孔子不如子贡贤德的人的行列。《史记》记载说，陈子禽就曾直接对子贡说子贡贤于孔子。子贡首先批评了自己的这一糊涂同学：“君子一言

以为知，一言以为不知，言不可不慎也。”作为一位君子，一句话出口，就能够让人看到他的智慧，同时也可以让人看到他的糊涂，所以讲话不可以不慎重。对于自己与老师哪个更贤德的问题，子贡解释说：“夫子之不可及也，犹天之不可阶而升也。夫子之得邦家者，所谓立之斯立，道之斯行，绥之斯来，动之斯和。其生也荣，其死也哀，如之何其可及也？”老师的高不可及，正像天是不能够顺着梯子爬上去一样。如果老师得以为诸侯辅佐天子，或者得以为卿大夫辅佐诸侯，那么，他就会像人们讲的那样，以礼教化百姓，百姓就会立于礼，尔后，要引导百姓，百姓就会跟着他走；安抚百姓，百姓就会顺从；动员百姓，百姓就会全部出动，齐心协力。老师活着光彩照人，逝去极其可惜。我哪里能赶得上他呢？

叔孙武叔不但贬低孔子，而且还诋毁他。诋毁孔子的事被子贡知道后，子贡说：“无以为也！仲尼不可毁也。他人之贤者，丘陵也，犹可逾也；仲尼，日月也，无得而逾焉。人虽欲自绝，其何伤于日月乎？多见其不知量也。”他这样做是徒劳的！仲尼是毁谤不了的。别的人也可称贤德，但只是丘陵而已，可以逾越，仲尼却是太阳，是月亮，那是无法逾越的。有人要自绝于日月，对日月毫发无损，而只是表明他自己的不自量罢了。

二、写成《论语》，以传后世

为了纪念，也为了传承，学生们把孔子生前的一些言行集中起来，撰成了《论语》。从上面的记述可以推测，在学生们给孔子守孝期间，很可能就开始酝酿搞《论语》这件事。因为守孝有三年的时间。老师去世了，但他的音容笑貌还留在大家的记忆之中。这样，很有可能有人就提出各自回忆老师的言行，把它们集中起来、记录下来的动议。这无疑是一个好的动议，一旦提出，就得到了一致的赞同，于是，撰写《论语》的工程便这样开始。纪录的任务肯定落到了年轻人的肩上。或许是这样：三年并没有最后完成，子贡后来一个人留下，又守孝三年，进行了最后的整理。

三、著书立说，宣扬儒学

这期间或者之后，其他的人，有的则自己著书立说，像曾参，撰写了《大学》，他所教的学生，也就是孔子的孙子孔伋（字子思），则撰写了《中庸》，等等。加上原有的《易》、《春秋》、《诗》、《书》、《礼》、《乐》等，儒学的经典已经趋向完备，儒学也欣欣向荣，尽管它不为当权者所接受和采用。

四、树立门派，兴盛儒学

时过不久儒家本身也分成了派，说明当时儒学的兴盛。《韩非子》记载说：孔子去世后，儒家分成了“子张之儒”、“子思之儒”、“颜氏之儒”、“孟氏之儒”、“漆雕氏之儒”、“仲梁氏之儒”、“孙氏之儒”、“乐正氏之儒”等八大家。

其中，“子张之儒”即孔子的学生子张创建的儒派，“子思之儒”即曾参的学生、孔子的孙子子思创建的儒派，“颜氏之儒”极有可能就是颜回创建的儒派，“孟氏之儒”即孟子创建的儒派，“孙氏之儒”即由荀子创建的儒派。

“漆雕氏之儒”、“仲梁氏之儒”、“乐正氏之儒”中的漆雕氏、仲梁氏、乐正氏究竟是什么人，我们已经无从知晓了。

孔子的学说不是从天上掉下来的，也不是孔子头脑里固有的。中华民族，作为一个民族，从它立足于华夏大地的那一天起，就逐渐有了自己的道德规范。那规范是真善美的。中华民族中的佼佼者，尧、舜、禹、汤、文王、武王、周公，代代继承，代代发扬，那核心道德规范便代代相传，一直传到孔子。

传到孔子，发生了两方面的变化：

一是传承的主体发生了重大变化——由帝王改变成了平民。

二是传承的内容发生了重大变化——它由先贤的“礼”，发展到“仁”，得到了一个质的飞跃。

孔子去世后百年，孟子加入了儒学的队伍。为实现孔子的理想，孟子也曾谋求入仕。孟子所面临的社会环境越发凶险了。孟子入仕的目的没能达到，最后写书、教学。他像孔子一样，留下了改造社会、改造人心的火种。

孟子对形势看得很是清楚，他看到了形势的险恶，看到了“不仁”势力的强大，但他认为“仁”不敌“不仁”只是一种暂时现象。他说：“仁之胜不仁也，犹水之胜火。今之为仁者，犹以一杯水救一车薪之火也；不熄，则谓之水不胜火，此又与于不仁之甚者也，亦终必亡而已矣。”

但他坚信儒学的生命力，坚信终有一天儒学会兴盛起来。因为“仁”的基础在民众之中。他坚信，民众是需要仁德的。他说：“民之归仁也，犹水之就下、兽之走圹也。”这样的趋势是任何人都阻挡不住的。

点评（一） 关于人类理想

（1）理想是什么

理想是人类在真理认知基础上对未来社会状态的一种预设。社会理想并不能专指某种社会制度，它常常是指一种社会形态，可以包含某种社会制度的意思在内，也可以不包含此意。因为从历史长河来看，某种社会制度是具有“暂时”性质的。而社会理想是对一种美好社会状态的预期，是一种鼓舞人的社会远景。社会理想是一种长期起作用的理想境地。另外，就社会制度而言，在同一种社会制度下的各国社会状态可以很不相同。就是同一国家，处于同一种社会制度下，各个历史时期的社会状态也可以是很不一样的。社会理想常常体现着设计、追求某种社会状态的人们对某种真理的认识和追求。

孔子也不是要创建或维护某种政治制度。他向往的是一种社会状态，追求的是一种真理。孔子认为，理想社会“大顺”的状态是“事大积焉而不苑，并行而不缪，细行而不失，深而通，茂而有间，连而不相及也，动而不相害”的。他认为这种状态是美好的。当然真理总是有其相对性的。孔子认为，无论你是何种社会制度，确切地说，无论你由何种势力来统治，都要有“道”。离开对社会大多数人即民众的关照，就是无道。残忍暴虐，民众活不下去，下了“予及汝皆亡”的决心，这样的君主，是没有好下场的。

儒家的社会理想，是建筑在这种真理或“道”的基础上的。它是理想主义的，又是现实主义的。它是要在可能的条件下得到最好的一种结果。儒家怀念“大同”，但知道它已成过去；“小康”又不可持续。孔子不满现实，上下求索，才构建了“大顺”这样的社会愿景。儒家积极入世，关照社会，关照人生。他们的理想不是空想，是可期待的，也是具有可操作性的。

孔子、孟子所处的时代是历史的一个阶段，而儒家的这种真理，这种道，是长期起作用的。这正是儒家学说生命力之所在。

（2）理想是人类精神生活的必需和指导

孔子、孟子是有理想的。我们也是需要理想的。人的理想有许多种，如个人理想、道德理想、职业理想等，但其中起主导统摄作用的是社会理想。如前所述，社会理想可以说是对某种社会制度的向往，但更实际地说，是对一种社会状态的向往。我国自古以来就有人提出了这样那样的社会理想，如老子的小国寡民，孔子的大同、小康、大顺，孟子的“五亩之宅”（全文见第三章），陶渊明的桃花源等。这些说明人们是需要社会理想的。社会理想像一座指路灯塔，它指示着未来，又关照着现在。它告诉人们未来是美好的，告诉人们现实有美好，也有不美好，我们可以按照我们的理想要求，匡正其不美好，使它一步一步走向更美好。理想不一定在我们今生实现，但我们需要知道自己正走在争取美好理想的道路上，走在奔向光明的道路上，而不是没有目标地盲行，不是走向黑暗，不是走向人类的末日。

人类不能处于再无所求的状态。那样的话，人类就失去鼓舞的力量，失去前进的方向，社会就会因停滞不前而倒退。我们今天生活在社会主义初级阶段，虽然我们不会亲见，但知道还有高级阶段，还有共产主义，到那时人类社会也不会停止发展。我们因知道这个而内心感到温暖光明。从某种意义上说，这好比在跑接力赛，我们知道自己正在跑自己这一段，正处于一种竞技状态中，这使我们备受鼓舞，我们的后代子孙会接着跑，一代一代都会朝气蓬勃地奔向更加美好光明的未来，这是我们中华民族传统观念，也是人类本身的特性之一。

（3）理想的继承性

理想因素有继承性和延伸性。理想同既往并不是没有承接关系的，既往中好的东西，在现实中可以继承下来，它还可以通过现在转送到未来。理想和现实并不是泾渭分明，毫不相通的。理想并不是一天早上梦醒时分突然到来的，它孕育在现实中每一个人每一天的努力中。在现实中理想的因素与日俱增，也就渐渐缩小着到达未来理想境界的距离。

孔子、孟子对大同世界其实是非常留恋的。在他们现实的追求中，不难找到大同世界的影子。当子路说“愿闻子之志”后，孔子说：“老者安之，朋友信之，少者怀之。”孟子说过“老吾老，以及人之老；幼吾幼，以及人之幼”的话。

这些难道不都是大同世界里社会状态的影子吗?

在个人品德修养上,孔子说过“志士仁人,无求生以害人,有杀身以成仁”的话。孟子也说过“富贵不能淫,贫贱不能移,威武不能屈”的话。他们所说的这种人,无论生于“大同”世界,还是生于“大顺”世界,不都是好样的吗?

我们今天的社会主义初级阶段,也存在着共产主义因素。我们国家对贫困人口的扶持救助,尽管有限,但应是共产主义按需分配原则的一种体现。至于说个人的品德修养,我们社会也有许许多多先人后己、舍己为人的先进人物,他们也可以说是践行了共产主义精神的新人。

总之,理想不是空的,我们现实中也能触摸到,它可以就在我们身边,在我们的人生行旅之中。

(4)理想没有止境,不应该被封顶

20世纪80年代末,美国国务院顾问福山提出了一个论断:自由民主可能形成“人类社会形态进步的终点”与“人类统治的最后形态”。这就是福山有名的“历史终结论”。福山的意思是明确的:第一,现存的资本主义社会形态是最后也即最好的。他给资本主义社会形态封了顶。第二,历史将在这种状态中持续,不再向前发展,因此也可以说历史已到终点,已经终结了。

我们认为福山的这种论断是不符合历史事实的,是站不住脚的。说现存的资本主义社会形态是“人类统治”最后也即最好的,缺乏事实佐证。当前这场由美国引起的世界金融危机还没有结束。它暴露了资本主义生产资料的私人占有同生产方式的社会化之间的根本矛盾，暴露了金融大鳄们对民众的掠夺和他们的贪得无厌。它不但不能证明美国社会形态的“最好”，反而让人有相反的思考。我们读一读美国早期历史，就会知道，当今的美国既不能全面继承其先辈的好传统，面对世界新形势、新挑战，又未能提出有效的改革之策。它的这种“最好”又体现在哪里呢？至于说历史的终结，那更是不可能的。既往的事实证明历史是不断前进的，任何一种社会形态，放在历史长河中来看，都有其“暂时性”，只有“发展”具有永久性。福山提出的论断不能给美国人民以鼓舞，反而让人对更加美好的未来断了念，这是不明智的。

谈到理想和目标对人的激励作用，看一看美国著名作家海明威自杀后所发生的一段“故事”，可能是有益的。

富恩特斯是海明威所著《老人与海》的原型，他于2002年1月13日去世，享年104岁。他逝世后第二天，美国有多个网站征询一个问题的答案，表示一旦某一答案被选中，将刻在海明威的墓碑上。那问题的大意是：为什么拥有一切的海明威在62岁时选择自杀，而一无所有的福恩斯特却自由自在地活到100多岁？

其中一个网站选定的答案，墓碑正面是：

人生最大的满足来自于对目标的追求。

墓碑背面是：

一个人一旦在自己所从事的领域达到了顶峰，就会有一种空前的寂寞感，这种寂寞感所带来的迷茫和绝望把他送进天堂。

另一个网站选定的答案，墓碑的正面是：

成功也是一件非常可怕的事。

墓碑背面是：

人人都追求成功，其实成功背后往往隐藏着魔鬼，而失败的背后才有一个拯救生命的天使。

我们这里倒是不必考察海明威自杀的原因，只是觉得两个网站选择的墓志铭道出了一些人生的真谛。

人生需要理想和种种美好憧憬的激励。我们中华民族承载着传统理想之精华，沐浴在追求民族伟大复兴的春风里，有千条理由、万重道理激励自己，投身到建设、改造社会的洪流中去。

第五章

中华民族的历史性选择

第一节　儒学的厄运

一、法家的兴起与秦始皇的暴政

（一）法家学说与儒家学说的对立

从前面的有关内容我们可知，孔子、孟子并不反对为政用“法”，他们只是强调首先用德，用德政、德教，而配之以法。法家则主张为政就靠“法”，而且是严刑酷法，主张君主讲“霸道”，对民众施暴政、用酷法。这就形成了儒法的根本对立，这是两个思想体系的对立。而历史证明，对儒学的推行构成严重威胁的，便是法家学说。

（二）秦国暴政的历史传统

秦国一向推行“霸道”，讨厌“王道”。秦穆公称霸，推行的便是“霸道”。后秦孝公要继承秦穆公的遗愿，发诏“求贤”，说欲修穆公之政令，“思念先君之意，常痛于心”，“宾客群臣有能出奇计强秦者，吾且尊官，与之分土”。这样，商鞅来到秦国。起初，商鞅摸不准孝公的真实意图，曾以“帝王之道”说之。结果，孝公“时时睡，弗听”，即一个劲儿地打瞌睡，听不进去。后商鞅以“霸道”说之。孝公听得来了劲，“不自知厀（膝盖）之前于席也。语数日不厌”。意思是，膝盖不知不觉地在垫席上向前移动，谈了好几天都不觉得厌倦。后孝公用商鞅变法，推行“农战”，把整个秦国变成了一个大兵营。再往后，秦昭襄王任用白起、司马错、范雎、王龁等，都是孟子批评的那种为君王开土扩疆的人物。秦国的战车不停地在中原大地上四处奔驰。昭襄王十四年（前293），秦攻魏，斩魏卒24万。昭襄王四十七年（前260），秦攻赵，坑赵降卒40余万。无疑，屠杀降卒是暴政的一种表现。最后，秦以武力灭六国、统一天下。

（三）秦始皇继承了祖上的“霸道”思想，同时被法家的思想武装起来

按贾谊在《过秦论》中的说法，秦灭六国，是一种“势”在起作用。我们理解，这种“势”就是秦一贯坚持的“霸道”所构建的强势。秦始皇的表现，可以清楚地看到“霸道”对他的重大影响。

法家的主张，与秦国这种传统的“势”，是一脉相承的。

法家的认识非常明确，他们的对立面是儒学。他们主张“不贵义而贵法”，“不务德而务法”。法家认为，随着社会的进化，治世之道也发生了变化。儒家所主张的道德，只适用于“上古”。当今是一个“争于气力”的时代，因而，道德已经是无用

武之地了。他们以“人皆自为”为其理论根据，认为人皆“计利”，人与人之间“用计算之心以相待”，彼此间只是赤裸裸的利害关系，根本不会有什么“仁爱”之心可言。因此，君主治国，只能倚仗暴力，“唯法为治”。

以韩非为代表的法家，至少在以下几点上与儒家根本对立：

第一，法家贱视民众，认为人性是恶的，民众是不值得怜惜的，他们只配在鞭子驱赶之下当牛作马。如果他们不老实，就用严酷的刑法来加以管制，让他们视法如烈火，在法的面前，必须缩回他们那“罪恶”的手。

第二，法家不主张道德修养，君主尤其不要道德修养。他们强调，君主只要紧紧地抓住权柄，便可以使用包括暗杀在内的种种手段对付臣子和百姓，实现其“所欲无不得”，“穷乐之极”，即君王们可以为所欲为，一切欲望都可以得到满足，快乐达到极致。

第三，法家鼓吹君主的绝对权力，提出“天下奉一人”的主张，认为君主行事的原则，是“独制于天下而无所制”，即他一个人统治天下而不受制于人。君主应该“专天下而自适”，他们摈弃孟子“君之视臣如手足，则臣视君如腹心；君之视臣如犬马，则臣视君如国人；君之视臣如土芥，则臣视君如寇仇”的主张，鼓吹做臣子的要服服帖帖、无条件地为君主卖命。臣子还应该把一切功劳记在君主的账上，君主做错了什么事，要由臣子揽起来。

第四，他们尤其不主张实行德政和仁政，强调治国“不务德而务法”。他们的所谓“法”，是君主手中的一种武器，是拿来对付百姓的。这样的"法"并非"法制社会"之法。

十分明显，所有这些，都是非常适合秦国统治者的口味的。难怪秦始皇看到《韩非子》某些篇章之后，便兴奋地说："嗟乎，寡人得见此人与之游，死不恨矣！"

我们看到，秦始皇的所作所为，与韩非的主张实现了紧密的结合。

（四）秦始皇的暴政

按照一般事理，天下经过常年的战乱，作为一国之君，统一天下之后，应该给百姓一个休养生息的机会，让百姓过上几天好日子。可秦始皇不这样想。在他的眼里，那些被他看做"黔首"的民众的命运是不值得放在心上的。他们只配被奴役。这样，全国统一之后，他的种种暴政随即出台。

概括《史记》和其他一些历史资料的记载，灭六国后，秦始皇的暴政有以下几个方面：

（1）蔑视百姓，任意加以驱使

秦灭六国后，将已经沦为庶民的原六国贵族12万户，一律集中于咸阳，统一管理。这些人在被管制的情况下长途迁徙，一路之上的折磨自不待说，到了咸阳，其被管制的生活之苦，是可想而知的。

始皇二十八年（前219），秦始皇登琅邪，遂迁3万户百姓至琅邪台下。

当年，秦始皇返京路经彭城，听说周鼎沉于泗水，便想要从泗水中把那只鼎打捞出来。他驱使1000人潜入水底寻找。结果一无所获。

离开彭城，秦始皇乘船顺江而下，来到湘山祠，遇上大风，船不能渡。秦始皇认定是“湘君”与他作对，便问博士：“湘君是什么神？”博士回答说是尧的两个女儿、舜的妻子，她们埋葬在这里。秦始皇听后非常生气，遂派3000名服役的罪犯，上山把湘山上的树木全部砍光。因为当地是红土，所以使整个山体变成了赭红色。

三十三年（前214），秦始皇下令在全国范围内征发“逃犯”，典押给富人做奴隶。设置桂林、象、南海等郡，迁“贬谪”之人去防守。

三十五年（前212），秦始皇东巡后，在东海边的朐山立石，作为秦朝国境的东门。为此，迁徙3万家到骊邑，5万家到云阳。

（2）不惜民财民力，大兴土木

秦始皇灭六国后，在全国同时搞起五大工程：

第一，修建秦始皇墓。秦始皇刚登基时就开始修筑自己的陵墓，挖通了郦山。到统一天下后，从全国各地调集70多万徒役，凿地三重泉水那么深，灌注铜水，填塞缝隙，把外棺放进去，又修造宫观，设置百官位次，把珍奇器物、珠宝怪石等搬了进去，放得满满的。他还命令工匠制造由机关操纵的弓箭，如有人挖墓，一走近就能被射死。墓内有用水银做成的百川江河大海，用机器递相灌注输送。墓的顶壁装有天文图像，下面置有地理图形。用娃娃鱼的油脂做成火炬，燃烧很久不会熄灭。

第二，仿造六国宫室，兴造连宫长廊。秦国每灭掉一个诸侯国，都按照那个诸侯国宫室的样子，在咸阳北面的山坡上进行仿造，南边濒临渭水，从雍门往东直到泾、渭二水交汇处，殿屋之间由天桥和环行长廊互相连接。从诸侯那里虏得的美人和钟鼓乐器之类，都收养、置放其中，供秦始皇享乐。

第三，修建长城。据《史记·蒙恬列传》记载，始皇二十六年（前221），秦始皇命蒙恬率30万众，“北逐戎狄，收河南。筑长城，因地形，用制险塞，起临洮，至辽东延袤万余里”。“河南”指河套地带黄河以南地区。秦长城是在六国时燕赵等国修建的旧长城的基础上修建的。后秦始皇又下令修建从榆中沿黄河往东，一直到阴山一段的长城。

第四，开骊山、建御道。二十七年（前220），秦始皇大兴土木，建极庙，以象征处于天极的北极星。又从极庙开通道路直达郦山，还修建了甘泉前殿。修造两旁筑墙的甬道，从咸阳一直通达骊山。

三十五年（前212），开始修筑大道，经由九原一直修到云阳，挖掉山峰填平河谷，笔直贯通。

第五，兴建阿房宫。三十五年，在渭水以南上林苑内修建朝宫。先在阿房建前殿，宫中可容10000人。四周架有天桥，可供驰走，从宫殿一直通到南山。在南山峰顶修建门阙，作为宫廷标志。又从阿房宫修造天桥，跨过渭水，与咸阳衔接。受过宫刑、徒刑的70多万人，分别被派去修建阿房宫，营造骊山。这些工程的石料，从北山开采，木材从蜀地、荆地运来。总计关中建造宫殿300座，关外建400座。

（3）穷兵黩武

三十二年（前214），被秦始皇派去海上求仙的燕国人卢生等人回来。卢生献上宣扬符命占验的图录之书，说上面写着“灭亡秦朝的是胡”。秦始皇以为“胡”是胡人，便派将军蒙恬率兵30万去攻打北方的胡人。

这场战争给百姓带来巨大的灾难。据《史记·平津侯主父列传》记载，由于攻打胡人，“行十余年，丁男被甲，丁女转输，苦不聊生，自经于道树，死者相望”。意思是，10多年中，成年男子穿上铠甲上战场，成年女子转运粮食，痛苦而无法活下去，有的吊死在路旁的树上，死的人一个接着一个。

（4）制定和实施残酷的刑律

秦朝的“法”称“律”，是在秦孝公时商鞅变法制定的刑法基础上制定的。这种“律”，秦始皇统一六国后在全国颁布施行。“秦律”很是严密，包括政治、经济、军事、思想、生活诸多方面。而秦律向来以残酷而著称。

李斯在秦朝的法律制定、推行过程中，起了很大的作用。他也像商鞅一样，最终自己尝到了酷刑的滋味。《史记》记载，秦二世要续修阿房宫，李斯见二世胡作非为，便与几个大臣共同劝谏，惹恼二世，赵高在二世面前进谗言，二世问罪李斯，“具斯五刑，论腰斩咸阳市”，并夷三族。

有的资料详细记述了李斯受“五刑”、被腰斩的情景，我们可以从中看到秦律的残酷。

“五刑”包括墨、劓、宫、刖、杀。墨是在脸上刺字；劓是割鼻子；宫是去除男性生殖器，闭塞女性生殖器官；刖是剁掉双脚；杀是杀头、斩首。李斯被判受五刑，受尽了墨、劓、宫、刖、杀之刑，最后还被腰斩，脑袋被割下来挂在咸阳城头高杆上示众。传说，李斯受刑时“身具白骨而四眼之具犹动，四肢分落而呻痛之声未息”。夷三族，是将李斯的父族、母族和妻族男女统统诛杀。

（5）为所欲为，乱捕滥杀

二十九年（前218），秦始皇到东方巡游。到达阳武县博浪沙时，遇到张良和一名力士的行刺。刺客没有刺中秦始皇。事后捉拿刺客未果，就下令在全国搜捕，一连10天，闹得举国鸡犬不宁。

三十一年（前216），秦始皇在咸阳微服私访遇盗，情况非常紧急，随从杀死盗贼。回宫后，秦始皇下令在关中展开大规模搜捕达20日。

三十六年（前211），有一颗陨星坠落在东郡。百姓中有人在那块石头上刻了“始皇帝死而土地分”的字。秦始皇听说后，就派御史前去挨家查问。没有人认罪，于是把居住在那块石头周围的人全部抓来杀掉，焚毁了那块陨石。

（6）焚书坑儒

焚书和坑儒是两大事件。焚书事件发生在秦始皇三十三年（前214）。按《史记》记载，焚书事件的起因是这样的：

秦始皇在咸阳宫设宴，70位博士上前献酒颂祝寿辞。仆射周青臣说了一番颂扬秦始皇的话，引起在座的淳于越的不快。淳于越当即抨击周青臣“面谀”秦始皇，尔后提出分封的事，说秦始皇应该像殷周那样，分封子弟。

秦始皇自己没讲什么，让大家发表见解。

丞相李斯先从理论上对淳于越关于分封的主张进行了批驳，接着，矛头对准了儒生，大骂“愚儒”，罗列儒生们颂古非今、攻击当今法令、蛊惑民心的种种罪过。随后，李斯便提出焚书的主张。这样就把矛头对准了“儒”。李斯接着把矛头转向“私学”，说私学里讲的东西，都“道古以害今，饰虚言以乱实”。李斯指出，“私学”总是与当今政令对着干，“人闻令下，则各以其学议之，人则心非，出则巷议……率群下以诽谤”。讲了这些之后，李斯说：这种事情如不加禁止，上则“主势降”，下则“朋党成”。于是，他提出建议，“非秦记”（即不是秦国的典籍）的书籍一律焚毁。具体是：第一，除博士官署外，天下所私藏的《诗经》、《尚书》、诸子百家的著作，全都送到地方官那里一并烧掉。第二，有敢在一块儿谈议《诗经》、《尚书》者，处以死刑并示众。第三，借古非今者满门抄斩。第四，官员有知情不报者，以同罪论处。第五，命令下达30天仍不执行的，处以黥刑（脸上刺字）或四年苦役：发配边疆，白天防寇，夜晚筑城。第六，保留医药、占卜、种植之类的书籍。第七，人们学习法令，以官吏为师。

这很适合秦始皇的胃口，于是，“制曰：‘可’”。焚书令随即在全国推行实施。

十分明显，焚书的主要矛头是对准儒家经典的。

秦灭、汉兴后，从汉朝收集书籍的情况看，秦始皇的焚书令执行得是很彻底的。儒家经典几乎全部被烧光。汉初的几个皇帝要挽救儒学，只好找那些凭脑子记下《诗经》《论语》《尚书》《春秋》的人，靠他们的记忆来传授儒家经典了。

坑儒事件发生在秦始皇三十五年（前212）。二十八年（前219）时，秦始皇曾派徐福去海中寻不死之药。三十二年又派方士卢生寻求仙人，并派韩终、侯生再寻不死之药。三十五年（前212），曾被派出寻仙的卢生返回咸阳，向秦始皇报告寻仙情况。当时，侯生也回到了咸阳。卢生、侯生认为秦始皇残暴，不想再为这样的人寻什么不死药，便逃离了咸阳。秦始皇知道后非常生气，又了解到这些人“为妖言以乱黔首”，遂下令搜捕他们。捕到一些人进行审讯，结果发现“为妖言以乱黔首”的不止他们几个，还有许多儒生。这样，被捕的儒生一个供出一个，最后抓住了460余人。随后便将他们全部活埋。这就是震惊全国的坑儒事件。

（五）秦二世的暴政

秦二世胡亥的凶残绝不亚于秦始皇。秦始皇在京外巡查的路上病逝，随行的胡亥便和赵高沆瀣一气，大搞阴谋诡计。他们害怕皇子们和各地乘机制造变故，就对秦始皇病逝的消息严守秘密。每到一地，他们照旧给秦始皇献茶上饭，百官不知情，像平常一样在秦始皇所乘车子前奏事。秦始皇弥留之际，曾写下诏书，让在边防的公子扶苏回京办理丧事，即有意让扶苏继承帝位。赵高与公子胡亥伙同丞相李斯密谋，拆开秦始皇给扶苏的诏书，谎称李斯在沙丘接受了秦始皇遗诏，立胡亥为太子。他们又给公子扶苏和将军蒙恬写了一封信，列举他们的罪状，赐命他们自杀。扶苏和蒙恬接到“诏书”和信函后自杀身死。

秦始皇死在路上，当时正赶上暑天，他的尸体发臭，胡亥和赵高就下令随从往装有尸体的车里放置有腥臭味的鲍鱼，以掩饰尸臭。

回到咸阳，这才给秦始皇发丧。

二世说，先帝后宫妃嫔没有子女的，不要放她们。于是，就命令这些人全部殉葬。

下葬完毕，有人告诉二世说，墓中机关是工匠制造的，墓中所藏宝物他们都知道，这就难免会泄露出去。二世下令，丧礼完毕，封闭了墓道的中间一道门，又把墓地最外面的一道门放下来，在墓中做工的工匠全部被封闭在里边，无一幸免。

胡亥即皇帝位，为秦二世。

二世和赵高害怕大臣和皇室不服，便寻找理由，杀掉了对他们有威胁的大臣和地方官吏。

随后，又向皇子们下手。先有六名皇子在杜地被杀。皇子将闾兄弟三人被囚禁在内宫，二世派来的使者对将闾说："你们不尽臣道，当定死罪，我们依法行刑来了。"将闾说，他自己从来没有越礼，怎么说不尽臣道？要求使者讲清楚自己哪里做错了再受死。使者不能回答，说我们只执行王命。于是，将闾仰天大声呼喊数次："天啊！我没有罪！"兄弟三人都流着眼泪拔剑自杀。

大臣们有的进谏，被认为是诽谤，因此人人自保。

这些杀戮行动使朝野震惊。

秦始皇死前，阿房宫尚未建成，秦始皇一死，工程停了下来。二世嫌咸阳宫室小，下令恢复阿房宫的修建。

二世征召5万名身强力壮的兵丁守卫咸阳。同时下令征集供宫廷玩赏的狗马禽兽。咸阳增加了兵丁，又要饲养狗马禽兽，仓里的粮食不够用，就从全国各郡县调运粮食和饲料，还要转运人员都自带干粮。

朝廷的暴政弄得百姓无法生活下去，先由陈涉、吴广在大泽乡起义，六国诸侯纷纷响应。丞相李斯原与赵高、二世狼狈为奸，害死扶苏、蒙恬，辅佐胡亥登基。现见二世胡作非为，眼看江山难保，便与左相冯去疾、将军冯劫一起出面劝谏二世收敛。结果被二世侮辱了一顿。冯去疾、冯劫不甘受辱自杀。李斯则被囚禁，后被二世及赵高用酷刑迫害而死。

二、暴政导致秦朝二世而亡

秦朝的倒行逆施，终于激起了民众的反抗。秦二世元年（前209），陈胜、吴广奉命带着900余名役卒前往渔阳。路过大泽乡时遇到大雨。算起来，他们不能够按规定的时间到达渔阳了。按照秦朝的刑律，役卒到期不至，便被判死罪。秦朝横征暴敛，大家的苦日子已经过够了，现又死罪临头，反正怎么都得死，不如造起反来。这样，便有了“揭竿而起”的壮举。

消息传开，出现了意想不到的结果。《史记》记载，“当是时，诸郡县苦秦吏者，皆刑其长吏，杀之以应陈涉”。

不久，六国贵族组织力量，打起了反秦的大旗。而项羽、刘邦两股最强大的力量汇入反秦的洪流。真可谓摧枯拉朽，看来不可一世的秦王朝，顷刻土崩瓦解，顿时覆亡。

第二节　儒学的重新兴起

一、秦朝二世而亡，社会精英纷纷总结教训

秦始皇统一中国、自称“始皇帝”，要把江山传到“万代”，可到秦二世元年（前209）陈涉、吴广便揭竿而起时，二世被逼

自杀，其兄之子公子婴立为秦王。46日后，刘邦大军攻至咸阳，子婴投降，秦朝宣告灭亡。就是说，秦朝统治的时间是很短的，只有14年。往日的朝代存续的时间都是相当长久的：夏朝470年，商550余年，周近800年。而秦，却异乎寻常地短暂。

这一现象，社会精英们很快便看在眼里，进行着思考。

历史记载，汉得天下后，第一个对这一现象给予关注，并提出了较为系统的看法的，是陆贾，随后是贾谊等。

（一）陆贾

陆贾是汉高祖刘邦的大臣。《史记》记载：儒生陆贾时常在高祖面前谈论《诗经》《尚书》等儒家经典，对此，高帝很不高兴，大骂："老子的天下是靠骑在马上南征北战打出来的，哪里用得着什么《诗经》《尚书》！"陆生回答说："陛下可以在马上取天下，难道能够在马上治天下吗？商汤和周武王，都是马上得天下的，可得天下之后即以文治守成，文武并用，这才是使国家长治久安之道啊。从前吴王夫差便是因极力炫耀武功而招致国家灭亡的；秦朝统一后一味使用严酷刑法而不知变更，最后亡在赵高手上。假使秦朝统一天下之后实行仁义之道，效法商汤、周文王，那么，陛下能够取得天下吗？"高帝听完这番话之后，心有所思，脸上露出愧色，遂对陆贾说："那就请你将秦失天下，我得天下，以及古代各朝各代成败的原因，写出来我看。"这样，陆贾就写了12篇文章，大略讲了历代兴衰存亡的道理。每写完一篇就上奏给高祖，高祖看罢，篇篇称道，左右群臣则一齐山呼万岁。陆贾遂把他这部书称为《新语》。

从这段记载我们看到，某些有识之士已经找到了秦朝二世而亡的根源。同时我们也看到，汉朝的统治者们，也开始在思考这方面的问题。

（二）贾谊

贾谊是汉文帝时人，离秦朝灭亡约30年。他有一篇《过秦论》，分析秦朝二世而亡的原因，见解精辟、中肯，是研究秦亡历史教训的书籍中的佼佼者。

《过秦论》分析的是从秦始皇到子婴治国的过失，即丧国的原因。

文章的前一部分讲秦国的历史，重点讲秦并六国的历史。文章说，从秦穆公以来，一直到秦始皇，秦国20多个国君，经常在诸侯中称雄。这并不是他们代代贤明。秦灭六国也不是由于秦始皇贤明，而是六国本身存在弱点。

后一部分着重分析秦朝灭亡的原因。

文章说，秦灭六国、统一天下后，百姓们的愿望是能够恢复生产，安居乐业。但秦始皇不顺应百姓的意愿行事，而是废弃夏商周先王的治国之道，焚毁百家书籍，又推行种种残暴政令。文章分析秦始皇的心理，认为秦始皇以为关中十分坚固，有如千里长的铜铸城墙，是子子孙孙做帝王的万世基业。可实际情况却是：他一死，一个破瓮做窗户、绳子捆门枢的贫寒之人陈涉决意反秦，其才能赶不上中等人，带的是几百名疲惫涣散的士兵，他们砍下树枝做武器，举起竹竿当旗帜，就会令天下的人像云彩一样地聚集成群，像回声一样响应起义，大家背着干粮，像影不离身一样跟随着他；天下的豪杰也纷纷起而响应。文章意在说明，秦始皇把仁德信义丢在脑后，把酷刑苛政作为治理天下的根本，就必然出现这样的结果。

接着文章转向秦二世。文章说，秦二世登上皇位后，出现了一个扭转乾坤的大好机会。因为民众在长期的苦难中生活，只要情况稍有改变，就会感到满意，就像受冻的人能够穿上粗布短袄就觉得很好，挨饿的人吃上糟糠也觉得香甜一样。因此，当时普天下的人没有一个不伸长脖子盼望着他的新政的。在这样的情况之下，不要冀希二世有为天下民众的苦难而担忧的心思，即使他是一个有一般德行的君王，也会意识到自己有了一改秦之前非的大好机会，可以赢得民众的信任，从而保住秦朝的江山。可二世不是那样的人。他比秦始皇还要暴虐无道。这样，秦国的灭亡就是必然的了。

汉初，除陆贾、贾谊之外，还有其他一些人就秦朝灭亡问题发表了见解。

二、刘邦和继任皇帝重视儒学的表现及其实质

（一）刘邦从讨厌儒生到扶植儒生

唐人章碣有一首诗《焚书坑》说："竹帛烟销帝业虚，关河空锁祖龙居。坑灰未冷山东乱，刘项原来不读书。"这里说刘邦、项羽不读书，应指不读儒家的经典，并不是说他们不识字。刘邦不读儒家的书，从前面说到的陆贾跟刘邦谈《诗经》《尚书》时刘邦的厌烦态度可以看出。

经过陆贾的说服，刘邦改变了对儒家学说的态度。

高祖十二年（前195），刘邦经过鲁地，儒生申公曾随老师浮丘伯拜见了高祖。当时，刘邦命其子刘郢就学于浮丘伯。

同样受到刘邦重用的还有叔孙通。叔孙通原是秦朝博士。陈涉、吴广起义后，叔孙通逃归刘邦。起初，刘邦看不上叔孙通。汉五年（前202），已并天下，大家共尊刘邦为皇帝，叔孙通有了用武之地。

胜利了，群臣饮酒争功，醉酣妄呼，拔剑击柱，刘邦看了这种现象感到忧虑异常。叔孙通对刘邦说他有办法让大家安定下来。

最后，孙叔通弄出了一套规制，实行后，闹事的人变得老老实实，刘邦看到了儒学所强调的秩序的威力，体验到了秩序给他带来的益处，发出"吾乃今日知为皇帝之贵"的感叹。

叔孙通得到了奖赏，并被拜为太常。

叔孙通是儒生在新的政权中为官的第一人。这个开端十分重要。从此之后，儒生为官者渐渐多了起来。由于有了这样的开局，由于叔孙通教太子、保太子有功，刘邦死后，吕后掌权，儒生们被任用的局面保持了下来。

由于陆贾、叔孙通等人的影响，高祖十二年（前195），刘邦路过鲁地时，曾以很高的规格祭奠了孔子，开帝王祭奠孔子之先河。

（二）刘邦的继承者们继续重视儒生

高祖去世后，孝惠帝即位，实际上是吕后当政，当时，公卿大臣都是战功卓著者，像陆贾、叔孙通那样的儒生没有几个。汉文帝是高祖的儿子，他即位后，情况略有改变。

汉文帝想找到能够弄懂《尚书》的人，找遍天下，才找到一个名叫伏生的儒生。伏生是济南人。秦焚书时，他把《尚书》藏在了墙壁里，后来战乱，伏生出走。汉朝平定天下后，他返回寻找所藏的《尚书》，已丢失了几十篇，只得到二十九篇。于是，他就在齐鲁一带教授残存的《尚书》。文帝那时，他已经90多岁，走不动路了，文帝就派晁错前往他那里学习。

伏生教出许多有作为的学生，到汉武帝时，许多人受到重用。

除伏生外，还有燕人韩生，被汉文帝拜为博士。

鲁人徐生善于演习礼仪。汉文帝时，徐生以此出任礼官大夫。

文帝去世后，景帝继位。景帝是文帝之子，他当政后，朝中儒生多了起来。

齐地儒生辕固生精通《诗经》，汉景帝拜他为博士。因他廉洁正直，又拜他为清河王刘承的太傅。

兰陵人王臧因通《诗》而被景帝拜为太子少傅。

汉文帝时当博士的韩生，景帝时被拜为常山王刘舜的太傅。

徐生的儿子徐延由于精通《礼》而被拜为礼官大夫。

汉景帝时，儒生水平参差不齐，而且受到信奉黄老之术的窦太后的压制，儒学尚不能兴盛起来。

窦太后对儒学的压制一直持续到武帝时期。我们前面曾介绍，兰陵人王臧曾做了太子少傅。但后免官离朝。武帝即位，王臧上书请求入宫。他得到准许，不断升迁，一年中便做到郎中令。武帝即位后，儒生赵绾也曾因精通《诗经》做了御史大夫。窦太后如今成了太皇太后。她见武帝重用儒生，非常不满，便找出赵绾、王臧的过失，以此来责备武帝。武帝无奈，只好把王臧、赵绾交付法官论罪。二人自杀身死。

三、汉武帝“独尊儒术”

（一）汉武帝“独尊儒术”

汉武帝即位6年，窦太后去世。《史记》记载说，窦太后去世后，武安侯田蚡做了丞相，他废弃道家、刑名家等百家学说，延请治经学的儒生数百人入朝为官，而其中的公孙弘则因精通《春秋》步步高升，从一介平民荣居天子左右的三公尊位，被封为平津侯。从此，天下学子莫不心驰神往，潜心钻研儒学了。

《史记》记载，此后，不少儒者做了官，官至大夫、郎中等重要职位的也有百余人。

就在这样的氛围下，汉武帝才有了“独尊儒术，罢拙百家”的举措。

《汉书》记载说，董仲舒是广川人，“少治《春秋》”曾“三年不窥园”。

元光元年(前134)，汉武帝下令各地荐举贤良文学以备询问。这样被推举的儒生先后达100多人。汉武帝说他要了解的是“大道之要，至论之极”，即治国兴邦的要领，安民保土的原则。董仲舒就是参加应对的贤良之一。他引经据典，加上自己的发挥，其策对深得武帝的赞许。

董仲舒策对的中心，就是称颂儒学，把儒学定为“大道之要，至论之极”。秦朝二世而亡，这反面的历史事实，成为董仲舒关于儒家是“大道之要，至论之极”的有力佐证。他说，到周朝末世，君主甚为无道，以致失去了天下。秦朝继周朝，不但没有更改，反而比周朝末年更加无道。他们严禁文学，不许私自藏书，摒弃礼义，甚至听到“礼义”二字都感到厌恶，想把先王的道义完全毁灭掉，专门用自己放肆、苟且、简陋的一套办法来治理国家，所以做天子才14年，国家就灭亡了。自古以来，还没有像秦朝这样用乱救乱、严重危害天下民众的。

在策对中，董仲舒说：“《春秋》大一统者，天地之常经，古今之通谊也。今师异道，人异论，百家殊方，指意不同，是以上亡以持一统；法制数变，下不知所守。臣愚以为诸不在六艺之科孔子之术者，皆绝其道，勿使并进。邪辟之说灭息，然后统纪可一而法度可明，民知所从矣。”

意思是，《春秋》推重一统，是天地永恒的原则，古今共通的道理。如今论者所述的道理彼此不同，人们的议论也彼此各异，诸子百家研究的方向不同，意旨也不一样，所以处在上位的人君不能掌握统一的标准，法令制度多次改变，在下的百姓不知道应当怎样遵守。臣认为凡是不属于六艺的科目和孔子学术的学说，都应一律禁止，不许它们一同发展。邪僻的学说消失，然后学术的系统就可以统一，法令制度就可以明白，人民也知道服从什么了。

因董仲舒是专治《春秋》的，所以以《春秋》说事。这段话实是主张“罢黜百家，独尊儒术”的。

汉武帝接受了董仲舒的这一建议。

（二）“罢黜百家，独尊儒术”的实际举措

在公孙弘、董仲舒等人的建议下，武帝采取了以下措施：

第一，在京城设置官学。

第二，学校由儒者任教。

第三，学校教材采用儒家经典。

第四，地方官要从学校中推举贤良，到地方和中央做官。

这些措施表明，儒学已经得到官方的承认，在思想领域取得了统治地位。

第三节 “罢黜百家，独尊儒术”的历史意义

秦统一天下后，走了一条与儒学背道而驰的路线，实行了自古以来最残酷的暴政。秦国的暴政，导致的是秦朝的迅速灭亡。不可一世的强大王朝，在大泽乡“天下苦秦久矣”的怒吼中，顷刻动摇，土崩瓦解。这表明人民登上了历史舞台。证明孔子关于民可载舟、亦可覆舟论断的无比正确性。民众喜欢什么，反对什么，要求什么，摈弃什么，在这样的历史事实中表达得一清二楚。

汉武帝在“策问”中曾问:“固天降命不可复反，必推之于大衰而后息与？”武帝问的意思是，有些朝代失了道统，是天命如此，非人力之所能挽，一定要演变到国家危亡才可终止，是不是这样呢？

历史事实正是这样。儒学关于君民关系的论述，特别是关于民众力量的论述，往日的君主没有一个听得进去。历史上出现了一个秦朝，一个暴虐的朝代。它不走到底不回头。而有了它，世人才非常容易地认识到儒学关于君民关系的论述，特别是关于民众力量的论述的正确性。

哪个实行暴政，把百姓当作草芥，他必自取灭亡。

这样，到汉代，面对严酷的史实，哪个君主还敢做秦始皇第二，想到秦始皇的下场，他能不战栗吗？对于儒学“施暴必亡”的告诫，又有哪个君主不认为是重要的警示呢？

汉初，萧何给汉高祖建成未央宫，高祖回长安见了高大的宫室曾非常害怕。汉文帝即位后不久，下令废除了从秦朝延续下来的连坐、肉刑等酷法。《史记》记载说，汉文帝在位23年，宫室、苑囿、狗马、服饰、用具，没有增加过，凡是有对百姓不方便之处就进行改易，以利百姓。曾经打算修建露台，叫工匠计算费用，需要百金。文帝说：“百金相当于中等百姓十家的产业，我奉守先帝的宫室，常常担心有辱于这些宫室，修建这露台干什么呢！”文帝经常穿着粗丝衣服，他所宠爱的慎夫人，也不准衣服拖至地面，帏帐不得织文绣锦，以此来表示敦厚质朴，为天下做一个表率。修建霸陵，全部用瓦器，不许使用金、银、铜、锡作装饰。不修高大的坟墓，想要节省一些，不去烦扰百姓。

汉文帝的这种作风，不能说与接受秦朝蔑视百姓、快速灭亡的教训无关。

正像汉武帝所说的，历史上的君主们，各行其道，他们不走到尽头不回头，即“必推之于大衰而后息”。秦朝二世而亡的残酷事实不能不反映到统治阶层的认识中，不能不反映在社会精英的思维中。前面所举陆贾、贾谊、董仲舒等，他们的思想和言论，实际上反映了那个时代的民心民意。他们共同的结论是：只有推行儒学，以民为本、施行仁政才能使国家长治久安、天下太平。

在这样的一种情势下，董仲舒提出“罢黜百家，独尊儒术”便成为历史的必然；而汉武帝采纳董仲舒的建议，也便成为历史的必然。

终于有一个皇帝认识到了这种必然。

孔子30余岁创建儒学，之后，他和他的学生为实现自己的理想奋斗终生，却没有一个君主采用他的主张。百年之后，孟子重走孔子的道路，六国君主们忙于征战，没有谁理会孔子、孟子之道。现在，历史演进了将近4个世纪之后，有一位皇帝同意采用儒家学说，要在全国推行了。

这是陈涉、吴广，是陆贾、贾谊、董仲舒，是汉高祖、汉武帝等人的选择。这更是中华民族的选择。这是一项至关重要的历史性选择。

第六章

儒学思想主体地位的成功确立和两汉社会

说中华民族作出了历史性选择意味着，我们民族把儒学当作主流思想，这一方向已经确定。而这一方向一经确定，千百年来就未再改变。

当然，孔子、孟子的儒学在历史进程中曾遭到改造甚至歪曲。但值得庆幸的是，它的核心价值观并没有受到颠覆性的破坏，而是保存了下来，延续了下来。因此可以说，中华民族自汉代的武帝开始，便一直在孔子、孟子思想的指导下前行，一直在儒学的抚育下成长。儒学，在滋润着这个民族的心灵，在铸造着这个民族的性格。中华民族的伟大，是和这样的历史特点分不开的。

第一节 “独尊儒术”推行后的两汉社会新气象

“独尊儒术”国策推行后，汉代社会出现了新的气象。

一、经过大力收集，儒学经典俱已完备

秦始皇焚书坑儒，销毁了全部儒家经典。从汉文帝开始，朝廷便下大力气，一方面收集天下尚存的儒家经典，另一方面把在世的有名儒者召集起来，让他们凭记忆进行记录。这样，后世被称为《十三经》的儒家经典如《周礼》、《礼记》、《仪礼》、《春秋公羊传》、《春秋谷梁传》、《春秋左氏传》、《诗经》、《尚书》、《周易》、《孝经》、《论语》、《尔雅》、《孟子》等均已收集齐备。

二、学习、研究儒学渐成风气

学习、研究儒学渐成风气的情况，可从学者们重视儒学经典注释的状况看出。孔子、孟子之后，先秦儒生多以“立论”的方式宣传儒学。汉朝开始，兴起了对经典进行注解之风。

注解经典的兴起是学习经典盛行之风催出来的。大家要学儒学经典，但又学不懂，这就需要讲解，包括对字、词的注释，对句、段、全文要意的讲解，等等。

《汉书·儒林传》记载，汉武帝“独尊儒术”后的100余年，对任何一经的解说文字都会多达100万字，经学“大师”达1000余人。

这方面，东汉的学者最有成就。其中马融注释了《周易》、

《尚书》、《毛诗》、《论语》、《孝经》等。马融也开馆教学，教授的学生常有千人。

此外还有贾逵、郑众注释的《左氏春秋》，刘向的《五经通义》（今不存），何休的《公羊墨守》、《左氏膏肓》、《谷梁废疾》等。

马融的学生郑玄也是当时有名的注释家。他注有《周易》、《尚书》、《毛诗》、《三礼》、《论语》、《孝经》等。郑玄和马融一样，也教授学生，学员常年也达千人。

还有一个方面需要提及，就是两汉的史书作者对儒学的介绍和传播所起的巨大作用。两汉出现了大量以儒学为指导写成的历史著作，如《史记》、《盐铁论》、《汉纪》、《汉书》、《东观汉记》等。其中以《史记》和《汉书》最为著名。以《史记》为例，它辟有《孔子世家》、《孔子弟子列传》和《儒林列传》，对孔子和他的学说，对他的学生以及其后的儒生，做了全面介绍。这为人们了解儒学、推动儒学的传播起了重大作用。另外，《史记》以儒学为指导写历史，实际是用以往的史实，作儒学思想、理念之实证。这是一种很有效的宣传方式。

三、开设太学，培养儒学人才

“独尊儒术”方针的实施，最大的一项措施是创建太学。起初，太学中开设《诗经》、《易经》、《尚书》、《礼记》、《春秋》“五经”课，由五经博士教授，收博士弟子50名。后来科目逐渐加多，除“五经”外，又增《公羊传》、《谷梁传》、《左传》、《周官》、《尔雅》、《孝经》等的课程。入学的人数渐渐增多，到元帝时博士弟子达1000人，成帝时增至3000人。王莽秉政，为树立自己的声望，笼络儒生，在都城兴建辟雍、明堂，又为学者筑舍万区，博士弟子最多时有10000余人。东汉建武五年（29），光武帝刘秀在洛阳城东南的开阳门外兴建了新的太学区。永建元年（126），顺帝对太学进行了重修和扩建，用时一年多，招工匠11万人，建成房舍240处，1850间。所招学生也不再叫“博士子弟”，而称“太学生”。其后，太学生人数最多时在3万人以上。

汉代的太学，实际上是儒生的摇篮，对儒学的学习和推广，起到了无法替代的作用。太学生则是官员的后备军，许多太学生学业完成后便被选，加入各级官吏的行列。

四、统治者把尊崇儒术当成国策

皇族子弟未必去太学读书，但他们的老师，却必定是清一色的儒者。他们所选用的教材是儒家经典。也就是说，他们自幼便受到系统的儒学教育。这会决定他们的未来走向。这是中国历史上从来不曾有过的事。

总体上讲，自武帝后，中国的皇族子弟乃至帝王，都是在儒学的熏陶下长大的。这决定了，他们愿意承认儒学是治国理政的指导原则。

武帝后，宣帝在这方面做得十分突出。他的五位丞相中，有三名是出身齐鲁之地的儒者。他坚持“农者兴德之本”的原则，推行鼓励发展农耕生产的政策，至元康年间（前65 ~前62），连年丰收。加之边塞和平，无兵戈之事，谷价降到每石5钱，创西汉以来谷价最低纪录。因此传统史家多肯定和赞誉这一时代的安定和富足，称宣帝为“中兴之主”。

宣帝后，元帝执政，重用儒者为大臣，在位期间，天下基本平稳。

由于汉武帝重用外戚，埋下危险的种子。汉末，从成帝开始，外戚势力大增，最后到哀帝时，导致王莽改制。王莽改制激化了阶级矛盾，引发赤眉、绿林等大规模农民起义。刘秀响应义军率众起义，最后取得政权，定都洛阳，就是东汉。

刘秀年轻时是太学生，酷爱儒学，登基后，将原来的“五经”，加《孝经》、《论语》，增为“七经”，不仅规定太学和郡、国、县学及私学的学生要学，而且选官时也用“七经”为考察标准。这为东汉帝王继续推行儒学打牢了基础。

由于种种原因，东汉出了几个“小皇帝”。他们年纪幼小，便由太后或太皇太后临朝听政。而这些秉政的太后或太皇太后，大多也是以儒学治国的。

五、儒者群体开始形成

在儒学未被统治者接受之前，社会上虽也不断地出现像孔子、孟子所称赞的那类“仁者”，其中包括某些身居高位的官员，但从汉武帝推行儒学开始，这方面的状况有了巨大变化。一是“仁者”、“儒者”不再是零散地出现了，而是一批又一批地集中出现，从而形成了一种越来越稳定的群体。二是这些人自幼接受儒学教育，不同程度树立了儒学的价值观念。因此，他们常能自觉践行儒学的主张。这两方面的状况是中国历史上从来不曾有过的。

（一）官员践行儒学的情况

我们统计了一下《汉书》和《后汉书》中记载的官员传记情况。我们定了两个标准，一个标准是两书对这些传主有明显的儒者"身份"交代，如说某某是"儒者"，或说他是攻读某儒学经典被任用的；第二，他们的事迹合乎儒学原则。我们统计的结果是，合乎这两项标准的官员，西汉是138名，东汉是106名。就只从"官员"看，我们说，"'仁者'、'儒者'不再是零散地出现了，而是一批又一批地集中出现"这样的判断是不虚的。

篇幅有限，我们不能过多介绍这些人的事迹，只选在当时表现突出、且对后人造成较大影响的，做一些介绍：

"临大节而不可夺"的大将军霍光　汉武帝晚年，在众多的儿子中，最终挑选刘弗陵为太子。武帝临终时，做了安排，选大将军霍光承担"托孤"重任。刘弗陵（即汉昭帝）即位后，霍光遵照孟子"可以托六尺之孤，可以寄百里之命，临大节而不可夺"的思想，兢兢业业地辅佐昭帝。昭帝在位13年去世，没有子嗣，霍光遂与群臣商量，并报皇太后取得同意，立昌邑王刘贺继帝位。但霍光发现刘贺即位后荒淫无道，便又和其他大臣仿效商朝伊尹"出太甲以安宗庙"的做法，报皇太后取得同意后，废刘贺，立汉武帝的曾孙刘询为帝，就是汉宣帝。

宣帝年幼，霍光依然秉政，直到去世。霍光受托辅佐刘氏，秉政20余年，始终贯彻汉武帝制定的政策，用人行政没有出现过大的差错，使得政局一直较为平稳。

表示"匈奴未灭不言家"的霍去病　霍去病汉武帝时为骠骑将军，即上述霍光的哥哥。他多次请命与匈奴作战，立下赫赫战功。汉武帝为表彰他的功劳，并对他多年的辛劳表示慰问，给他造了宅邸，让他去看，他回答说："匈奴未灭，何以为家？"体现出他以国事为重的思想境界。从此，"匈奴未灭不言家"的精神，为历代许多将领所效法。

宣帝时"不遗黄金满籯，只留一'经'"的韦贤　韦贤为人质朴，专心致志于学习，精通《礼》、《尚书》，是邹鲁之地的大儒。他被征召为博士、给事中，迁为光禄大夫，得封关内侯。汉宣帝本始三年（前71），韦贤为丞相，封扶阳侯，时已70多岁。他做了5年的丞相后，以年老病重致仕，81岁去世后，谥号"节侯"。韦贤一生清廉，没给儿子们留下黄金珠宝，留给儿子的"财富"，是教他们学经成才：四个儿子中，长子做到高寝令，次子官至东海太守，少子韦玄成，是有名的经学大师，官至丞相。他们的事迹给家乡留下了这样的谚语："遗子黄金满籯，不如只留一经。"

表示"男儿当死边野，以马革裹尸还"的马援　光武帝建武二十年（44），马援在外征战后率军还京，到达京郊时，一些老朋友去迎接慰问。马援对人说，昔日伏波将军平定南越，开辟七郡国土，才封他几百户，现今我功劳很小，却享有大县，功薄赏厚，这怎么能长久呢？现在匈奴、乌桓还在北方边境上骚扰，我想请求皇上允许我带兵前去将他们讨平。男儿当死于边野，以马革裹尸还葬耳，怎么好与妻子儿女厮守在家中呢？

少年壮志、投笔从戎的班超　班超是《汉书》作者班固的弟弟，自幼有大志。明帝永平五年（62），班固被汉明帝召去做校书郎，班超和母亲一起跟着哥哥到了京城洛阳。由于家里贫穷，班超便在衙门里找到抄写公文信件的差事，挣点儿钱来贴补家用。可是胸怀大志的班超不甘心自己一辈子就这样庸庸碌碌地度过，他想驰骋疆场，建立战功。有一天，他突然投笔叹道："大丈夫无他志略……以取封侯，安能久事笔研间乎！"后班超从军，随窦固北击匈奴，立下赫赫战功，重开"丝绸之路"，被封为定远侯。

清廉高洁的杨震　和帝时邓太后临朝听政，下诏让大将军邓骘推荐一批有名望、有才能的人入朝为官。在此背景下，杨震受到推举。杨震是关西人，由于他儒学造诣高，时人称他为"关西孔夫子"。

杨震不但学问好，人品也好。他最初被举为茂才，不久连升四级。在此期间，他推举了不少人才。有一次，杨震从荆州刺史调任东莱太守，上任途中在昌邑住宿。昌邑县令王密原是由杨震推举为茂才后成为县令的。夜间，王密拜见杨震，起身告辞时，拿出黄金送给杨震，并说："我知道您两袖清风，家境清苦。君子曰，有恩不报，非仁非义。人非草木，孰能无情？在下给您送点礼物，一方面接济您的家用，另一方面也是为了报答您的大恩大德。您就收下吧，反正半夜三更也没有人知道。"杨震听罢，一脸正气，道："天知、地知、你知、我知，怎么能说没有人知道？"王密听罢，很感羞愧，慌忙收起礼物离开。

与宦官集团进行殊死斗争的李膺和太学生　汉末，宦官乱政，无恶不作，不但严重危害着社稷的安全，也使百姓陷于水深火热之中。一批正直的官吏、士人毅然站了出来，与宦官集团进行了艰苦卓绝的斗争。在这场斗争中，京城太学生坚决支持正直官员反对宦官的斗争，站到了第一线，冲锋陷阵，表现了儒者为国为民不怕牺牲的大无畏精神。李膺是反对宦官集团著名的领袖人物。他出身世家望族，在出任河南尹时，曾因打击宦官集团而被迫害下狱。后来出任司隶校尉，更是不避权贵，裁治不法。大宦官张让的弟弟张朔当县令时，贪残无道，甚至虐杀孕妇，他害怕被李膺捉住，逃到他的哥哥张让家里躲起来。李膺绝不放过这个恶贯满盈的坏蛋，便亲自率领部下到张让的家中将张朔捉到，并依法诛杀。延熹九年（166），宦官党羽张成教唆儿子杀人，被李膺逮捕后，李膺不顾大赦令已下，而将张成之子正法。李膺的正义举动得到了太学生的声援和支持。正因为如此，宦官们对他们恨之入骨。宦官们诬告这些官吏与太学生结为朋党，图谋不轨，将他们逮捕下狱，进行残酷的迫害打击，并宣布终身不允许他们做官。这些人中不少被他们残酷杀害。

（二）民众热情践行儒学

民众是践行儒学的主体。对他们中的佼佼者，《汉书》和《后汉书》都设了传。我们选几则介绍如下：

赵孝的仁义之举　赵孝小时候，乡里闹饥荒，一群人饿极了，抓住他的弟弟赵礼，要把赵礼吃掉。赵孝知道后，便让人把自己捆绑起来去见这些人，要他们吃掉自己，并说："我弟弟饿得面黄肌瘦，没什么肉，我比弟弟胖些，你们吃掉我吧！"那些人见状大吃一惊，便把他们兄弟放了。临别时，那些人要赵孝弟兄把家里的粮食送来，否则，下次见到，定不会放过。赵孝回到家里，千寻万找也没有找到一粒粮食。不得已，赵孝只好又去见这些人，说："家里实在没有什么可吃的了……"那些人虽然饥肠辘辘，但看到赵孝如此仁义，讲信用，就又放了他。

“江巨孝”　江革是临淄人，幼年丧父，与母亲相依为命。当时天下大乱，盗贼蜂起，江革带着老母到处逃难。路上，凡是能吃的东西，野菜、树叶、树皮、草根，他都设法采来让母亲吃饱。有时他自己几天吃不到一点东西，常常饿得昏倒。一次，他们遇上一群饥饿难忍的强盗，那些人想吃掉江革充饥。江革十分悲伤，哭着对那些人说：“求求你们放过我吧，我母亲只有我这一个儿子，你们把我吃了，我母亲怎么活呢？”那些人确实觉得他们可怜，就走开了。后来，江革带着母亲逃到下邳，靠给人家打工来维持二人生计。建武末年，社会稍微稳定了，江革才带着母亲回到乡里。他对母亲更加孝顺，有时母亲要到别的地方去看病，他怕牛拉的车子颠簸，就自己驾辕拉车子。方圆几十里都知道江革的孝行，乡亲们称他为“江巨孝”。太守多次厚礼征召江革任职，他都因为放心不下老母亲而拒绝了。母亲去世以后，他哭得死去活来。由于过分伤心而吐血，身体十分衰弱。他在母亲的坟墓旁搭了一间茅草房守孝三年。三年孝满，他还是不忍离开母亲的坟墓。郡守再次派人去征召他，不得已他才恋恋不舍地离开，到官府任职。

刘茂救太守全家　光武帝初年，晋阳人刘茂在太原郡衙门当差。社会矛盾日益加深，动乱年月，许多官员及家属被杀。危急当中刘茂背着太守孙福，让他的弟弟带着孙福的家小，一起越墙逃跑。他们先到了并州盂县。白天藏起来，晚上刘茂和弟弟冒死出去寻找吃的。就这样过了3个多月，他们才重返太原。第二年，朝廷征召义士，太守孙福推荐了刘茂。

“举案齐眉” 扶风人梁鸿家里很穷，父亲在他很小的时候病死，家计甚是艰难。后来，梁鸿有机会进入太学读书，完成学业，懂得了做人的道理。学业完成后，梁鸿先是在上林苑中替人放猪，后回到老家种地。有不少人到家里来提亲，梁鸿都回绝了，后来与本县一家姓孟的结了亲。孟女身体肥胖，容貌丑陋，面色黝黑。她嫁过来后，七天梁鸿没有跟她讲过一句话。孟女感到奇怪，问后方知梁鸿见她穿金戴银，心里不自在。此后，孟女摘掉了首饰，穿一套粗布衣服。梁鸿见了，不由赞叹道：“这才是我梁鸿志同道合的妻子哩！”从此，梁洪给妻子起名叫孟光。

后来，他们夫妻搬到了霸陵山中，梁鸿天天出去给人家种地、舂米、打杂工，孟光织布，如此维持家计。空闲时，他们就看书，写文章，弹琴。

梁鸿每次外出打工回家，孟光早已将饭菜准备好。她将盛饭菜的盘子恭恭敬敬地端到与梁鸿眉毛齐平的高度，以示对丈夫的恭敬。梁鸿也总是礼貌地接过盘子，二人一同吃饭。这就是有名的“举案齐眉”成语的来历。

乐羊子妻 乐羊子的妻子，没有留下姓名，她因善行善举闻名于世，人们称她为“乐羊子妻”。有一次乐羊子出外，在大路上捡到一枚钱币带回家，乐羊子妻心平气和地开导丈夫说：“我听说孔子有一次长途行路，口渴了，便到一泉边舀水喝。有人告诉他这泉水名叫‘盗泉’后，孔子一口没喝，扭头就走，怕的是坏了自己的名声。你从大路上捡到别人的财物，不劳而获，不是玷污了你大丈夫的品行了吗？”乐羊子听罢便把那枚钱币送回了原处。此后，他打点行李，外出去拜师求学。

过了一年，乐羊子突然回来了，妻子慌忙询问缘由。乐羊子回答道：“没什么，我只是想家。”妻子并没有说什么，她拿起一把剪刀，走到织布机前，对丈夫说：“就说我纺线织布吧，这上面的线是由蚕丝一根根纺成的，布也则是这些线一根根织起来的，一寸一寸积累，一尺一尺扩展，好不容易织成一匹。现在我若用剪刀把它剪断，线也白纺了，布也白织了，浪费了那么多时光，到头来什么也没有得到。你拜师求学，同我织布是一个道理，都要日积月累，勤劳不息，不断地培养自己的品德，丰富自己的学问，最后成就大业。它可以半途而废吗？”

乐羊子深为妻子的话所感动，他向妻子赔了罪，又踏上了求学的路程。

有一年，邻居的一只鸡误入乐家庭院，乐羊子的妹妹便抓住那只鸡杀了。鸡肉端到饭桌上，乐羊子妻明白这不是自己家养的鸡，就搁下筷子伤心地哭了起来。小姑子感到奇怪，问嫂子为什么哭，乐羊子妻说：“吃了别人家的鸡，等于伤害了这只鸡的主人，这种没有德行的事情，却发生在我们家里，我能心安理得吃它吗？”小姑子听罢，就将这鸡肉扔了。

一天深夜，一个强盗破门而入，想对乐羊子妻非礼。他抓住她的小姑子作为人质，要挟说：“你老老实实放下手中的刀，不然，我马上杀了你的小姑子！”乐羊子妻见状，举刀自刎。

当地的太守得知此事后，为乐羊子妻的正义与刚烈行为所感动，以厚礼安葬了她，并赐她“贞义”的名号。

王忳的传奇故事　王忳是广汉新都（今四川新都）人，他前往京师的路上住店，发现一个书生病得很厉害。书生对王忳说：

"我原打算去洛阳，不幸身患重病，快活不成了。我带有10斤黄金，您就拿去用吧，只求在我死后您能把我埋掉……"王忳还没来得及问书生的姓名，那人就咽了气。王忳花了一斤黄金买了棺材和一块墓地，把那书生安葬了。其余的黄金，王忳全部放在了棺材下面埋掉。这除了他一个人知道，无人知晓。过了若干年，王忳当了大度亭长。他赴任的当天，一匹骏马飞奔而来，停在了王忳身边。王忳正在纳闷，忽然一阵大风又把一床锦被吹落在他的面前。王忳把这件事告诉了县令，县令做主，把那匹马和被子断给了王忳。后来王忳有事乘马前往雒县（今四川广汉北），那匹马直接把王忳带入了一户人家。这家主人见到自己丢失多日的马回来了，很是兴奋。主人以为王忳是强盗，追问王忳是如何得到这匹马的。王忳据实相告，并讲了得锦被的事。主人大惑不解："锦被是随马被一阵旋风吹走的，您有什么阴德得到这两样东西呢？"王忳回想并诉说自己昔日葬书生的事，同时描述了书生的相貌和埋葬的地点。主人吃惊地喊道："那是我的儿子金彦啊，您安葬了他，所以上天用被子和马匹表彰您的大德。"这位主人随王忳一起前去迎取儿子的骨殖。打开棺材一看，当初封存的金子还完好地放在那里。为了表示感激，主人要赠送王忳许多财物，王忳都谢绝了。

刘奉和毛义　东汉章帝时有个叫毛义的人，家境贫寒，但他对父母却是出了名的孝顺。南阳有个叫张奉的人，听说毛义的孝行，便千里迢迢到毛义家拜访。张奉刚到毛义家里，官府征召毛义的官文也到了。两个官差宣布官府的任命，任命毛义为县令。毛义接过任职文书，喜形于色。没想到，在旁边看着的张奉却是个才高气傲之士。他见毛义对当官是那样的热衷，一个小小的县令，就让他喜形于色，乐不可支。张奉感到上了大当，不该来拜访这样一个庸俗不堪的家伙，遂愤然离去。

不久，毛义的母亲去世，毛义便辞去官职回家守孝。三年守孝期满，官府多次征召毛义进京担任官职，他都拒绝了。张奉听说后，无限感慨，说："贤能之士果然是深不可测啊。毛义当年之所以答应担任县令这样的小官，是因为家里贫穷，为了生计和母亲而屈就啊。这就是人们所说的'家贫无以奉养，不择官而仕'！"从此，张奉对毛义更加尊崇了。

毛义自从母亲去世后，再也没有出仕，而是终老于家中。

"梁上君子" 陈寔以德行高尚著称于世。东汉末宦官把持朝政，政治黑暗，陈寔在家乡隐居。他平日平心率物，待人平和。乡人凡有诤讼的事，都请他评判。久而久之，乡里的人都说："宁为刑法所加，不为陈寔所短。"有一段时间，岁荒民饥，盗贼十分猖獗。一天晚上，有个小偷溜进陈家，见人们没睡，无法下手，便爬到屋梁上，准备等夜深人静之时下来作案。陈寔发现了那小偷，但没有吱声，而是漫不经心地整理床铺。之后，他把儿孙们叫到身边，严肃道："人不可不自勉。不善之人未必本质就是恶的，只不过习以为常，恶习难改，逐渐变成了坏人。那位梁上君子就是这样一个人。"小偷听到这话，知道自己已被发现，立即从梁上溜下来，趴在地上不停地给陈寔磕头，乞求饶恕。陈寔看看那小偷，说："看你的样子，并不像个恶人，还是努力做一个善良的好人吧！"陈寔不但没有惩罚那小偷，临走时还送了他一些东西。此后，这里再也没有出现过偷盗的事。后来，人们便将“梁上君子”用作小偷的代称。

第二节 “独尊儒术”推行后
两汉社会的思想状况

“独尊儒术”方针推行后，两汉社会的思想状况大体可以概括为：

一、儒学占据主体地位，但依然是多种思想并存

这一点，从汉朝帝王对儒学的态度可以看出。汉武帝推行“独尊儒术”，可他本人难说是一名儒者。心直口快、敢于“直犯天颜”的汲黯就曾当着面说武帝“内多欲而外施仁义”，责问武帝这样“奈何欲效唐虞之治”？“内多欲”而不能按照儒学的规定“克己”，反映了帝王们普遍的思想状态。到宣帝时，宣帝教育他的儿子说：“汉自有制度，本以霸王道杂之。”这里的“霸”道，指的是法家学说，“王”道指的是儒家学说。“独尊儒术”后，帝王们这样传教子孙，道出了他们治国的“秘籍”。这决定，在社会上，儒学名义上被独尊，实际上是多种思想并存。

二、就儒学本身而论，孔子、孟子原创儒学为主体，与被改造了的儒学并存

董仲舒为儒学争得了国家统治思想的地位，这是具有重大历史意义的。但是，在这个过程中，他又为适应统治者的需要，改变了孔子、孟子关于天、君、民三者关系的理念，将“君意听从

天意，天意听从民意”改为“民意听从君意，君意听从天意”，即把“民贵君轻”改成了“君贵民轻”。这完全符合统治者的胃口，立即被统治者所接纳，并且大力宣扬推行，其后果是极其严重的。孔子、孟子时，批评君主是很平常的事，而董仲舒之后，指点皇上的过错，那是需要勇气的，有的因此而掉了脑袋。这种极不正常的君臣关系和君民关系，极大地束缚了人们的思想，也使得帝王变成不能被监督的法外之人。

除董仲舒外，另外一些违背原创儒学本意而以“儒学”面貌行于世的论述，也时有出现。

但是，“独尊儒术”方针推行后，儒学经典成为读书人的必读教材。在太学，设立的科目是《诗经》、《尚书》、《礼记》、《易经》和《春秋》“五经”。这保证了读书人所读为“原著”，董仲舒的著述并没有被列入“必读”范围，其影响受到限制。这样，便出现了儒学流传中原创儒学为主，而被董仲舒改造后的“儒学”思想和著作同时存在这样一种并存的状态。

三、儒学的价值彰显于民众之中

孔子曾想说服这个和那个诸侯推行他的学说，最后放弃了这种努力。

诸侯为什么不愿意接受孔子的学说？孔子晚年，鲁哀公向孔子提出了这个问题。哀公问孔子，对于礼，“今之君子胡莫行之也”？孔子回答说：“今之君子，好实无厌，淫德不倦，荒怠傲慢，固民是尽……”

这里所说的“君子”，实际上是指诸侯。哀公问孔子，为什么当今的诸侯不照“礼”来行事?

孔子的回答，要害是一个“好”字——诸侯们“好实无厌”。“实”就是“得”。“好实无厌”就是“贪得无厌”。“贪得无厌”，便肆意践踏道德，懒于朝政，蔑视百姓。他们不把民众的家底儿折腾光，是不肯罢休的。

到汉武帝时，孔子、孟子要君王推行儒家学说的理想似乎是最终实现了。那么，在这样的情况下，君王们的状态是怎样的呢?

“独尊儒术”的“尊”字应该有两种含义，一是对君王个人来说的，即要自己“尊”，按照儒学的要求改造自己，“克己复礼”；二是对国家来说的，即要按照儒学的要求进行治理，其中包括按照儒学的规定“教化”民众。对于帝王们来说，这第一条，即按照儒学的要求改造自己，“克己复礼”，是很难做到的。首先，地位决定他们难以做到。因为权力的诱惑力太大。绝对的君权是他们最需要的，是对他们的最大诱惑。宫廷斗争尖锐，他们要掌握生杀大权，不能分权，不能接受监督。一人独尊，臣下一呼百应是帝王们的美好感觉，这样，他们便不能照儒学说的做，不能“视臣如手足”，更不要说“泛爱众”了。其次，所处的环境决定，他们容易学坏，不容易学好。专制制度的逐渐发展，使权力高度集中于皇帝之手。在这样的情况之下，其他觊觎权力的人，便力图借皇权谋私。在有条件的时候，他们就会下手。外戚易于接近皇帝，遇到皇帝幼弱的情况，他们就很容易掌握朝政，他们甚至可以依靠某种便利，故意立一个年幼的皇帝，便于他们操纵；宦官更接近皇帝，他们也可如法炮制。在这样的情况之下，皇帝往往成为傀儡。

在这样的情况之下，不能指望帝王笃信儒学，全面推行儒学。但只要儒学主体地位没有被打破，儒学就可以发展下去。

民众不但是社会物质财富的提供者，而且是社会道德、社会进步的推动者。孔子和孟子一直认为，在社会生活中，由于少数权势者占有社会越来越多的财富，而创造财富的广大民众，却生活在水深火热之中。社会的这种严重不公，必然引起广大民众的不满。另外，权势者往往骄奢淫逸，无度地挥霍着由广大民众创造出来的财富，这就越发引起广大民众的不满。在此情况之下，作为受害者的广大民众，便产生对社会道德、社会公平的强烈呼唤和追求。孔子创建儒学，宣扬仁德，在很大程度上就是为回应这种呼唤和诉求的。也正因为如此，当儒学被宣传、被弘扬之时，民众对儒学践行的热情便高涨起来。他们的实践活动也是很有成效的。

民众呼唤儒学、亲近儒学。儒学则用自己的“道”去塑造社会精英和民众的灵魂。而这个过程的连续不间断，社会上便逐步形成一个儒者群体。他们在努力地改造自己的同时，带动着全社会的向前、向好。

两汉的儒者群体在各自的地位上为社会的向好尽了力。西汉灭亡了，接着东汉又灭亡了。儒者群体不能为两汉的灭亡负责。儒学不负有保某一王朝的使命，到东汉末，太学生们与宦官集团的斗争，已经超越了保汉朝这样的意义。他们是在儒学思想的指导下行动的，他们是为捍卫儒学原则以利于国家民族而行动的。两汉灭亡了，这个群体的局部被消灭了，但其整体却变得强大了起来。儒学价值的彰显主要不在帝王中，而是在民众及社会精英之中。此后，儒者群体代有新人，越来越强大，这对我们中华民族是非常重要的。

第七章 儒者群体和唐宋社会

从前一章中我们看到，自汉武帝“独尊儒术”以来，社会出现了新的气象。两汉的社会中，渐渐形成一个儒者群体。他们学习儒学，践行儒学，开始了儒者群体成为社会中坚的趋势。

到晋代，这一状况出现了一些反复——“玄学”曾兴盛一时。但儒学为主体的状况并没有发生根本性的改变。到唐代和宋代，儒学再次活跃。其主要标志，是儒者群体渐渐形成、壮大，成为社会的支撑力量，影响着社会的发展进程。

第一节 唐代社会和唐儒群像

一、唐代社会风貌

唐代的社会风貌很难用一个概念加以概括，这是由于唐代持续的时间很长（将近300年），社会状况前后迥异的缘故。一般说唐代的社会风貌，主要以盛唐社会展现出来的品貌为代表。

而代表盛唐品貌的“盛唐气象”，并非一日形成，也不会戛然而止。它有一个形成、发展、衰败的历史过程。

唐作为一代封建王朝，它的出现，本身是中国历史长期演变的一个结果。

自220年东汉灭亡，到隋于581年实现统一，361年间，我国只有西晋有52年的短暂时间维持一统外，其余时间都处于分裂状态。隋统一全国后，很快灭亡。唐是在隋统一的基础之上建国的。从长期的分裂到全国的统一，中华民族的上上下下，都有一种求治求稳的强烈意愿。唐代社会的建设，就是在这样的大背景之下起步的。

这表明，历史向那一朝代人提出了一个建设统一、稳定、兴旺的社会的总要求。应该说，我国唐代的先人们较好地完成了这一历史使命。唐初开始的“贞观之治”，不久又出现的“开元之治”是其标志。

遍查历史，春秋战国后，中国出现过若干次的“治世”。第一次“治世”出现在汉初，被称为“文景之治”。唐代出现的“治世”，是中国历史上的第二次，即“贞观之治”和“开元之治”。

汉朝的“治世”和唐朝的“治世”，是两种不同思想即道家的“无为而治”和儒家的“有为而治”实践的结果。

随着唐代“治世”到来的，唐代社会出现了“一代新风”，其具体内容是：

第一，尚德之风

第二，尚才之风

第三，尚进之风

第四，尚文之风

第五，尚情之风

第六，尚山水、好游历之风

尚德之风就是崇尚道德之风，就是人们按照儒学的思想精神要求自己、改造社会的风气。这样的风气，是统治集团提倡儒学的结果，是儒者群体自觉践行儒学的结果。统治者的提倡和儒者群体的思想、品格和行动，带动着社会朝着尚德的方向前行，最后形成全社会的尚德之风。

尚才之风的形成同样如此。“贞观之治”、“开元之治”不但是尚德的体现，也是尚才的体现。太宗和玄宗本身就有才干，他们所用之人，大多也是干才。

尚才之风尤其体现在科举制度的推行方面。科举制开始于隋代，到唐代广泛推行，逐步完善。科举制的主要功能就是举才、用才。特别是它能够把平民百姓中的干才挑选出来加以任用，对社会尚才之风的形成起了巨大的推动作用。

尚进之风是唐代最显著也是最重要的社会风气。积极进取、建功立业之风大行其道，这是儒学积极入世、改造社会精神的发扬。读书人在这一方面表现得尤为突出。科举制向每一个读书人敞开了进入仕途的大门。“朝为田舍郎，暮登天子堂”，他们纷纷忙着攻读学业，随后整装上路，去参加各种考试。一茬接着一茬，一代接这一代，社会活力由此大增。要想考试成功，金榜题名，就要学习；进入仕途，做官的实际本领没有，又要学习……

科举制的推行带动了其他行业的积极上进，推动着全国尚进之风的形成。朝廷为什么要推行科举制？是国家需要治理，社会需要人才，要用科举制满足这种需求。这样，其他领域也就跟进，崇尚进取的精神，加上其他一些原因，促使唐代的尚进之风盛行不衰。

尚文之风，首先是对儒学学习、研究的风气极盛。在这方面，唐代某些统治者的倡导，推动了儒学学习、研究风气的形成。《新唐书·艺文志》记载了唐高祖提倡儒学的情况，同时记载了唐太宗李世民重视对儒学的学习和研究的情况，说他在王府开设了文学馆，召名儒18人为学士，“与议天下事”。他即位后，继续这方面的努力，贞观六年（632），下诏封孔子为先圣、颜渊为先师，“尽召天下名儒以为学官”，又扩建太学1200处，生员达3200人。这些措施的推行，使“文治熠然勃兴”，不但中国的儒学大兴，新罗、高昌、百济、吐蕃、高句丽等的酋长并遣子弟入学，留华学生达8000余人。太宗皇帝对儒学经典的整理、研究也很重视，他曾叫学者检点《五经》的缪阙，颁天下示学者。《新唐书·艺文志》说，“唐三百年之盛，称贞观，宁不其然”。

在帝王的提倡下，研究儒学蔚然成风。《新唐书·艺文志》记载，其中研究“经”者:《易经》有76家，著书88部，共665卷。研究《尚书》有25家，著书33部，共306卷。研究《礼记》有69家，著书96部，共1827卷。研究《春秋》有66家，著书100部，共1163卷。研究《论语》有30家，著书37部，共327卷。另外，还有研究“子”中“儒家类”的，共69家，著书92部，共791部。如此等等。

在唐代，尚文之风另有两方面突出的表现，一是“古文运动”带动下的唐代散文的发展，二是唐诗的昌盛。

“古文运动”由韩愈等人发起，他们顺应时代发展的需要，提出“文以载道”的主张，“文起八代之衰”，一扫六朝华而不实的歪风，大大地推动了散文的健康发展，把我国散文的写作推向了一个新的高潮。清代学者编辑的《全唐文》收唐散文20000余篇，作者3000余人，规模之巨，是空前的。

唐诗的成就尤其令人瞩目，成为唐代文化标志性特征。尚诗之风到了这样的程度：第一，社会的上上下下，从皇帝到普通老百姓都喜欢诗；第二，上上下下，从皇帝到普通老百姓，许多的人都会作诗；第三，因此，唐诗内容所反映的社会面貌非常之广；第四，其数量之大，超过了历朝历代。现存《全唐诗》收录唐诗近50000首，作者近3000人；第五，在其作者广泛性的基础之上，出现了一批伟大的诗人；第六，在其大量诗作中，出现了许许多多可以称为“不朽之作”的精品，作为国之瑰宝，充实着中华文化的宝库。

尚情之风从唐诗中可以看得非常清楚。孔子和孟子是十分注重“人情”的。仁者爱人之“爱”，不就是人间之情吗？唐代社会的尚情之风，表现的是：浓浓的乡情，深沉的亲情，纯洁的爱情，真挚的友情，如此等等。

尚山水、好游历风气之盛，唐代是空前的。仁者乐山，智者乐水。知山水内在的美，才可感受到外在的美。山水孕育着中华民族的成长。但人们对山水美的感悟，到了唐代才真正得到开发。黄河、长江、泰山是那么美，祖国的山河无处不美。

于黄河，人们道：

白日依山尽，黄河入海流。（王之涣）

黄河远上白云间，一片孤城万仞山。（王之涣）

白日地中出，黄河天外来。（张蠙）

九回纡白浪，一半在青天。（杨巨源）

于长江，人们道：

山随平野尽，江入大荒流。（李白）

两岸青山相对出，孤帆一片日边来。（李白）

星垂平野阔，月涌大江流。（杜甫）

巫山十二峰，皆在碧虚中。（李端）

于泰山，人们道：

岱宗夫如何，齐鲁青未了。（杜甫）

天门一长啸，万里清风来。（李白）

于华山，人们道：

渭水绿溶溶，华山青崇崇。（白居易）

秀色横千里，归云积几重。（钱起）

于终南山，人们道：

太乙近天都，连山接海隅。（王维）

终南阴岭秀，积雪浮云端。
林表明霁色，城中增暮寒。（祖咏）

南山塞天地，日月石上生。（孟郊）

于敬亭山，人们道：

相看两不厌，只有敬亭山。（李白）

于庐山，人们道：

万丈洪泉落，迢迢半紫氛。（张九龄）

日照香炉生紫烟，遥看瀑布挂前川。

飞流直下三千尺，疑是银河落九天。（李白）

庐山东南五老峰，青天削出金芙蓉。（李白）

千岩万壑不辞劳，远看方知出处高。
溪涧岂能留得住，终归大海作波涛。（黄檗禅师 李忱）

于洞庭湖，人们道：

八月湖水平，涵虚混太清。
气蒸云梦泽，波撼岳阳城。（孟浩然）

楼观岳阳尽，川迥洞庭开。（李白）

于鄱阳湖，人们道：

吴楚东南坼，乾坤日夜浮。（杜甫）

于西湖，人们道：

应是水仙梳洗处，一螺青黛镜中心。（雍陶）

余杭形胜四方无，州傍青山县枕湖。（白居易）

松排山面千重翠，月点波心一颗珠。（白居易）

于钱塘江，人们道：

惊涛来似雪，一坐凛生寒。（孟浩然）

浙江八月何如此，涛似连山喷雪来。（李白）

八月涛声吼地来，头高数丈触山回。（刘禹锡）

就是边陲的大漠，人们也发现了它的美，唱道：

野云万里无城郭，雨雪纷纷连大漠。（李颀）

大漠孤烟直，长河落日圆。（王维）

连荒僻的郊野，人们也捕捉到了它的美，唱道：

春潮带雨晚来急，野渡无人舟自横。（韦应物）

山河之美吸引着人们前去观赏；观赏带动了对山河美的新发现。加之“男儿志在四方”、“读万卷书，行万里路”观念的指导，读书人中勃然兴起了游历之风。游历，观赏大自然的美景，增长了见识，结交了朋友，陶冶了性情，一举多得。

乍看上去，唐代社会是纷杂的，人们首先关注的可能是它的“开放”、“包容”、“兼收并蓄”，等等。但我们应该从这些现象中看到它的实质特点。上面我们介绍的六点，实际可以概括为“重德、有为”这样的两点。这两点与儒学“仁德向善、讲信修睦、进取自强、求治创新”的价值观是一致的。而这种一致，是合乎逻辑的。

二、唐儒群体的精神风貌

由于儒学的学习、推广和践行，唐代形成了一个庞大的儒者群体。

那么，唐儒包括一些什么人呢？

《新唐书》对这个群体做了界定。《新唐书》的“传记”，分个人和群体两大部分。在群体传记中，设有“忠义”、“卓行”、“孝友”、“循吏”、“儒学”等部分。“忠义”写夏侯端等33人，“卓行”写元德秀等7人，“孝友”写李知本等26人，“循吏”写韦仁寿等26人，“儒学”写徐文远等69人。这几部分，构成唐儒群体。而在“忠义”传中，收了自唐开国到肃宗朝列入“凌烟阁”的功臣334人，像房玄龄、杜如晦、萧瑀、魏征、马周、褚遂良、狄仁杰、张九龄、苏颋、张说、虞世南等，以及我们下面将要介绍的李憕、卢弈、颜杲卿、张巡、许远、南霁云等，都列入了“忠义”名册。

就是说，肃宗之前，上了名册的功臣，是被列入儒者行列的。按照这一原则，肃宗之后，许许多多的功臣应该也是儒者。

这样看，唐代的儒学群体，数量和质量都远远超过了历代。从唐初到盛唐，再到晚唐，这个群体遍布政治、经济、军事、文化等各个领域。他们践行儒学的思想理念，推动社会进步，促成良好社会风尚。他们成为社会发展、进步的中坚力量。

我们在这一节中写的是这一群体的精神风貌。对此，我们从“立志高远，积极向上，建功立业，济世报国”、“贯彻民本思想，关注民众疾苦，鞭笞贪官酷吏”、“抵制统治者危害百姓、荒淫误国”、“为官刚直不阿、清正廉洁”四个方面来加以介绍。

（一）立志高远，积极进取，建功立业，济世报国

志向高远，积极进取，建功立业，济世报国，是儒学的思想精华之一。唐代儒者在这方面的实践最为突出。

唐诗所反映的社会生活面貌非常之广。我们大家都喜欢唐诗。下面我们就借用唐诗来介绍这方面的情况。

初唐“四杰”王勃、杨炯、卢照邻、骆宾王的诗作，集中代表了唐初读书人的积极进取、建功立业的可贵精神。杨炯在他的《从军行》开头就说：“烽火照西京，心中自不平 。”为什么心中不平？因为西京那边有了军情。它唤起诗人心中建功立业的情怀，使诗人发誓要投笔从戎，到前线去，杀敌立功，哪怕做一个小小的“百夫长”也心甘情愿。诗的全文是：

烽火照西京，心中自不平 。
牙璋辞凤阙，铁骑绕龙城。
雪暗凋旗画，风多杂鼓声。
宁为百夫长，胜作一书生。

骆宾王也有一首《从军行》，主旨同样是安边报国、不怕牺牲：

平生一顾重，意气溢三军。
野日分戈影，天星合剑文。
弓弦抱汉月，马足践胡尘。
不求生入塞，唯当死报君。

“四杰”之后，许多诗人相继表达了这样的志向。

张说是唐玄宗朝有名的大臣。他一向以“喜推藉后进，多引天下知名士，以佐佑王化”为自豪。开元间他任兵部尚书。开元十二年（722）他受命到北方巡边，这期间作《巡边在河北作》，表达了自己以身许国、报效朝廷的志向，诗曰：

去年六月西河西，今年六月北河北。
沙场碛路何为尔，重气轻生知许国。
人生在世能几时，壮年征战发如丝。
会待安边报明主，作颂封山也未迟。

李白25岁之前在蜀中读书。此间，他曾拜访当时任渝州（治所在今重庆）刺史的李邕，作《上李邕》，诗曰：

大鹏一日同风起，扶摇直上九万里。

假令风歇时下来，犹能簸却沧溟水。
世人见我恒殊调，闻余大言皆冷笑。
宣父犹能畏后生，丈夫未可轻年少。

这是向李邕昭示：我这个后生可是个胸怀大志的人。

此后，“知大丈夫必有四方之志，乃仗剑去国，辞亲远游”。25岁李白别乡出川。27岁，至安陆（今属湖北），作《代寿山答孟少府移文书》言志：“申管、晏之谈，谋帝王之术。奋其智能，愿为辅弼，使寰区大定，海县清一。”他还一再表示自己要“达则兼善天下，穷则独善其身”。当年，他与已故宰相许圉师的孙女结婚。30岁，李白第一次到长安寻机报国。在《留别王司马嵩》一诗中，李白说：“愿一佐明主，功成还旧林。西来何所为，孤剑托知音。”

这次到京城没有结果。次年离开长安，经洛阳返回安陆。后自安陆多次出游。32岁，李白作《行路难》，再次明志道：

金樽清酒斗十千，玉盘珍馐直万钱。
停杯投箸不能食，拔剑四顾心茫然。
欲渡黄河冰塞川，将登太行雪满山。
闲来垂钓碧溪上，忽复乘舟梦日边。
行路难，行路难，多歧路，今安在。
长风破浪会有时，直挂云帆济沧海。

最后两句展示了诗人的坚定自信和博大胸怀。

这期间，许氏夫人去世，李白携二子移家东鲁（今山东南部）寓居任城。42岁，李白移家南陵。当年，玄宗下诏，召李白入京。

李白认为，自己终于有了机会，将大志得伸、宏图得展了，于是有“仰天大笑出门去，我辈岂是蓬蒿人”的诗句，得意之情，溢于言表。

进京后，玄宗召见。李白得了一个“待诏翰林”的官职。玄宗召李白进京，看重的不是他的“管晏之志”，而只是他的诗才。李白原本要“愿一佐明主”。看来，这玄宗所要求的，与他自己的志向是难以合拍的。于是，便要求“还山”，玄宗同意。李白心目中的“伸志之旅”，便以“赐金放还”宣告结束。这是他的济世报国之志与现实的一次碰撞。

李白离开了京城。这次挫折并没有让李白舍弃了济世报国，使寰区大定、海县清一的志向。他在寻找机会。天宝十四载（755），安禄山反叛，玄宗逃亡四川，肃宗即位。次年，永王李璘受命任四道节度使，率军东征，再三邀李白入其幕府。换了皇帝，又是朝廷用人之时，李白认为新的机会到了，遂接受邀请。李白新娶的宗氏夫人曾极力劝阻，但李白认为国家利益不能不顾，济世报国心切，便舍家而去。他曾兴奋地表达自己的心情道：

三川北虏乱如麻，四海南奔似永嘉。

但用东山谢安石，为君谈笑静胡沙。

秦晋淝水之战中，谢安弈棋自若，打败秦军。李白以谢安自指，告诉李璘，如果他得到重用，就会像谢安那样，指挥自如，把安禄山叛军扫荡干净。

但不久，永王在同肃宗的争斗中兵败被杀，李白因加入其幕府受牵连，被流放。这样，李白伸展济世救民大志的行动，再一次受挫。

幸而李白途中遇赦。经过再一次的挫折，李白是不是放弃了自己的志向呢？依然不会。肃宗上元二年（761），安史之乱叛将史思明之子史朝义杀其父即皇帝位。朝廷派太尉李光弼充河南副元帅，都统八道行营节度，出镇临淮。李光弼率军赴徐州战史朝义。听到这个消息，李白报国立功的热情复炽，遂请缨入幕。

但是，已61岁的李白走到半途，生病而还。为此，他无限惆怅，有《闻李太尉大举秦兵百万出征东南，懦夫请缨，冀申一割之用，半道病还，留别金陵崔侍御十九韵》诗，诗中有“天夺壮士心，长吁别吴京”句。

病后，李白去当涂（今属安徽）投奔族叔李阳冰，宝应元年（762）十一月病逝。他的一生是立志高远、积极进取的一生。

杜甫也是自幼有远大抱负的人。他的事迹大家较为熟悉。杜甫从24岁应进士第，屡屡不中。天宝七载（748），他到长安应试，再次下第，心情落寞，想离开长安出游。行前他写了一首诗《奉赠韦左丞丈二十二韵》，向韦左丞告别。韦左丞名韦济，当时任尚书省左丞。韦济很赏识杜甫，并有过关怀的表示。杜甫在诗中讲了自己的远大抱负，道：

自谓颇挺出，立登要路津。
致君尧舜上，再使风俗淳。

杜甫一生做官没有几年。安史之乱中，他只身赴灵武（今属宁夏），投奔肃宗，欲为国家平叛出力，得右拾遗官职。他直言敢谏，得罪肃宗。见当朝无可为，他便弃官而去。但他“致君尧舜上，再使风俗淳”的志向，从来没有放弃。他一生穷困，又一生忧国忧民，以诗传递民众呼声。

岑参出身于官宦之家，自说“国家六叶，吾门三相”，即从太宗、高宗、武后、中宗、睿宗，到玄宗，岑参家中出了三个宰相。这样的家庭背景，助推了岑参强烈的报国济世、建功立业的人生追求。但是，岑参的仕途并不顺畅。到天宝五载（746），岑参才进士及第，得了一个右内率府兵曹参军的九品小官，当时他已经30岁。此后，朝政变得非常糟糕。玄宗渐渐荒淫，奸相李林甫掌握大权。有名的北海太守李邕被杖杀，贤相李适之遭贬后被迫自杀。岑参的好友杜甫等参加的一次科考，由于李林甫记恨文士，竟然让科考者悉数落榜，还向玄宗奏报“野无遗贤”。这样，岑参见在朝实现抱负无望，遂转向边塞，以便得到发展。天宝八载（749），岑参进入高仙芝幕府，被委任为右威录事参军（正八品）。当年，他去了西陲的安西（都护府在今新疆维吾尔自治区库车县）。此间，他作《初过陇山途中呈宇文判官》，其中道：

万里奉王事，一身无所求。

也知塞垣苦，岂为妻子谋。

这是借赞扬朋友而述己志。

到军中，岑参保持着高昂的斗志，对其他人也以立功报国进行鼓励，有《送李副使赴碛西官军》诗，道：

火山六月应更热，赤亭道口行人绝。
知君惯度祁连城，岂能愁见轮台月。
脱鞍暂入酒家垆，送君万里西击胡。
功名祗向马上取，真是英雄一丈夫。

岑参的第一次边塞生活到天宝十载（751）结束。

天宝十三载，岑参第二次去边塞。去之前，作《送人赴安西》，道：

上马带胡钩，翩翩度陇头。
小来思报国，不是爱封侯。
万里乡为梦，三边月作愁。
早须清黠虏，无事莫经秋。

诗中称赞友人从小就有报国之志，不是一个只考虑个人官运的人。同时诗中也透露出诗人自己赴边报国的志向和对驱马持戈的军旅生活的向往。

岑参第二次赴边去的是北庭（治所在今新疆维吾尔自治区吉

木萨尔北）。这期间，岑参授伊西北庭支度副使之职，于肃宗至德元年（756）回京。

回京后，岑参授右补阙（从七品）。这时，国家的形势发生了巨大的变化——安史之乱已经在他回来的前一年爆发。自此，岑参的抱负再也难伸了。他的《行军诗二首》其二道：

早知逢世乱，少小谩读书。
悔不学弯弓，向东射狂胡。
偶从谏官列，谬身丹墀趋。
未能匡吾君，虚作一丈夫。
抚创伤世路，哀歌泣良图。
功业今已迟，览镜悲白须。
平生抱忠义，不敢私微躯。

这首诗透露出，他对自己的处境很不满意，认为在肃宗这样的帝王眼里，谏官只不过是一种摆设。他开始失望了。在这组诗的第一首，岑参有这样的诗句："儒生有长策，无处豁怀抱"，并有"抚剑伤世路，哀歌泣良图"的哀叹。

有志之士志不能伸，这是唐帝国走向衰败的一种象征。

唐帝国走向衰败，但盛唐遗风尚在，人们希望重振大唐雄风，其志依然高远。故而，有戴叔伦《塞上曲二首》中的豪迈诗句：

汉家旌帜满阴山，不遣胡儿匹马还。

愿将此身长报国，何须生入玉门关。

也有张籍《西州》中的述志：

良马不念秣，烈士不苟营。
所愿除国难，再逢天下平。

王涯和李贺高唱：

塞虏常为敌，边风已报秋。
平生多志气，箭底觅封侯。（王涯《塞上曲二首》其二）

男儿何不带吴钩，收取关山五十州？
请君暂上凌烟阁，若个书生万户侯。（李贺《南国十三首》其五）

在此，我们要特别介绍一下杜牧。杜牧出身于名门望族，其祖父杜佑曾三朝任相，又是著名学者，著有《通典》。这种出身令杜牧感到自豪。这对于他的人生理想有极大影响，他曾说自己本着“治乱兴亡之迹，财赋兵甲之事，地形之险易远近，古人之长短得失”行事，志在“平生五色线，愿补舜衣裳”。

只是，由于种种原因，杜牧的这种雄心壮志一直未能实现。他中进士后的十年里，大部分时间都在他人幕府沉沦下僚，40岁才当上州官。后来的仕途一直不能顺达，他没有条件去“兼善天下”。

然而，杜牧一直将国家的安危挂在心头，民众的疾苦，社会的乱和治，他都一直关注，表现了强烈的责任感。可以说，他济世救民、希望国家兴旺发达的志向和意愿，一生都没有泯灭。

一直到唐末，积极上进、报效国家的意愿和精神，依然鼓舞着读书人。李中作《言志寄刘钧秀才》，道：

童稚亲儒墨，时平喜道存。
酬身指书剑，赋命委乾坤。
秋爽鼓琴兴，月清搜句魂。
与君同此志，终待至公论。

就连女性都有“青云之志”。女诗人张文姬作《沙上鹭》，道：

沙头一水禽，鼓翼扬清音。
只待高风便，非无云汉心。

（二）贯彻民本思想，关注民众疾苦，鞭笞贪官酷吏

民本思想是儒学的思想精华之一。唐代儒者对这一思想内化于心，外化于行，特点异常明显。

陈子昂有《感遇诗三十八首》，其中的第十九首写道：

圣人不利己，忧济在元元。

黄屋非尧意，瑶台安可论。
吾闻西方化，清净道弥敦。
奈何穷金玉，雕刻以为尊？
云构山林尽，瑶图珠翠烦。
鬼工尚未可，人力安能存。
夸愚适增累，矜智道逾昏。

这首诗是针对武则天大规模建造寺庙而发。诗的首句中“元元”即指百姓、民众。诗人认为，武则天的这一行为大量消耗国家钱财、役使民众，不合人民利益。即使从佛学的角度，这种行为也是不当的，因为它不符合佛家崇尚清净慈悲的精神。

杜甫有“人民诗人”之称，他得到这样的称呼，突显了他热爱人民的品格。“三吏”、“三别”是表现他这种品格的代表作。除此之外，他的爱民诗作还有《兵车行》、《自京赴奉先县咏怀五百字》、《羌村三首》等，其中《自京赴奉先县咏怀五百字》中“朱门酒肉臭，路有冻死骨”是家喻户晓的名句。

继杜甫之后，由元稹和白居易发起的“新乐府”运动，同样有许多体现民本思想的脍炙人口的诗作。白居易的《秦中吟十首》、《杜陵叟》、《卖炭翁》等都是有名的爱民诗篇。其中“一丛深色花，十户中人赋”、“剥我身上帛，夺我口中粟”、“长吏明知不申破，急敛暴征求考课”、“卖炭得钱何所营，身上衣裳口中食。可怜身上衣正单，心忧炭贱愿天寒”等句，是对官府官员不良行径的辛辣抨击。

元白之后，又有其他诗人大量的诗作表达这一观念，如李绅的《古风二首》，其一道：

春种一粒粟，秋成万颗子。
四海无闲田，农夫犹饿死。

于濆的《苦辛吟》，道：

垄上扶犁儿，手种腹长饥。
窗下抛梭女，手织身无衣。
我愿燕赵姝，化为嫫母姿。
一笑不值钱，自然家国肥。

聂夷中的《咏田家》，道：

二月卖新丝，五月粜新谷。
医得眼前疮，剜却心头肉。
我愿君王心，化作光明烛。
不照绮罗筵，只照逃亡屋。

杜荀鹤的《山中寡妇》，道：

夫因兵死守蓬茅，麻苎衣衫鬓发焦。
桑柘废来犹纳税，田园荒后尚征苗。
时挑野菜和根煮，旋斫生柴带叶烧。

任是深山更深处，也应无计避征徭。

杜荀鹤的《再经胡城县》则对贪官酷吏进行了无情的鞭笞：

去岁曾经此县城，县民无口不冤声。
今来县宰加朱绂，便是生灵血染成。

朱绂是古代系官印的红色丝绳。胡城县故址在今安徽阜阳西北。诗人在诗中说，他去年到胡城，百姓已是怨声载道，可见那县宰是恶待百姓的；今年再到这里，那县宰却加级受奖了。看来，那大红的绂是百姓的血染成的——喻县宰对百姓的压榨变本加厉。这首诗深刻揭露了唐末吏情的败坏，已令百姓无法忍受。

（三）抵制统治者危害百姓、荒淫误国

儒学对帝王有两项基本要求，一是不要伤害民众，二是不要荒淫误国。唐代的儒者正是按照儒学的这种尺度来看待君王的。

从唐代的现实看，君王伤害民众，大体在三个方面：第一，搜刮民众，横征暴敛；第二，穷兵黩武，抓兵拉夫；第三，腐化堕落，耗费民财。

统治者的这些表现，唐初并不明显。从玄宗后期开始，三个方面都有突出表现，故而，为社会所不容。

在这方面，唐代的诗人发挥了自己独特的作用，创作了大量反对统治者危害百姓、荒淫误国的诗作。

请看反对搜刮民众、横征暴敛的：

渤澥声中涨小堤，官家知后海鸥知。
蓬莱有路教人到，应亦年年税紫芝。（陆龟蒙）

父耕原上田，子劚山下荒。
六月禾未秀，官家已修仓。（聂夷中）

请看反对穷兵黩武、征兵拉夫的：

暮投石壕村，有吏夜捉人。
老翁逾墙走，老妇出门看。
吏呼一何怒，妇啼一何苦。
听妇前致词，三男邺城戍。
一男附书至，二男新战死。
存者且偷生，死者长已矣。
室中更无人，惟有乳下孙。
有孙母未去，出入无完裙。
老妪力虽衰，请从吏夜归。
急应河阳役，犹得备晨炊。（杜甫）

车辚辚，马萧萧，行人弓箭各在腰。
耶娘妻子走相送，尘埃不见咸阳桥。
牵衣顿足拦道哭，哭声直上干云霄。（杜甫）

请看反对腐化堕落、耗费民财的：

昭阳舞人恩正深，春衣一对值千金。（白居易）

海人无家海里住，采珠役象为岁赋。
恶波横天山塞路，未央宫中常满库。（王建）

这类诗作，代表的是民众的利益，表达的是民众的心声，对社会正义舆论的形成，起到了积极作用。

有的诗人把矛头直接对准了最高统治者。请看白居易的《宿紫阁山北村》：

晨游紫阁峰，暮宿山下村。
村老见余喜，为余开一尊。
举杯未及饮，暴卒来入门。
紫衣挟刀斧，草草十余人。
夺我席上酒，掣我盘中飧。
主人退后立，敛手反如宾。
中庭有奇树，种来三十春。
主人惜不得，持斧断其根。
口称采造家，身属神策军。
主人慎勿语，中尉正承恩！

这首诗约写于元和五年（810）。当时诗人在朝任左拾遗。紫阁指紫阁山，在长安西南百余里。闲暇之日，诗人前去郊游，晚上住在了山下的村庄里。诗写诗人在村中之所见，揭露了官府神策军的暴虐行径。神策军是保护皇帝的卫队，其首领中尉权倾天下，无所不为。这首诗最后的两句“主人慎勿语，中尉正承恩”，实际上直指当时的皇上——德宗。诗人是站在百姓一边的。

横征暴敛、穷兵黩武、腐化堕落，为社会所不容，皇上本人的荒淫无道，更是为社会所谴责的。

玄宗早期奋发有为，开创了“开元盛世”。随后他腐化起来，最后发展到荒淫的地步，不顾道德约束，霸占儿媳杨玉环，成为乱伦的兽类。他又重用杨家兄妹，任用杨玉环的无德无才的哥哥杨国忠当了宰相。这一切，弄得天下大乱。安史之乱起，在危急时刻，他溜之大吉。到蜀地马嵬坡，军士强烈要求除掉杨国忠和杨玉环。玄宗无奈，只好答应下来。

由于玄宗的荒淫，唐帝国的局面急转直下，一蹶不振。

对玄宗的倒行逆施，民众看在眼里，恨在心里。军士们在逃难的路上诛杀杨国忠、处死杨玉环的举动，代表了民众的愿望。

过后，对玄宗的荒淫无耻，诗人们一直不予放过。杜牧揭露说：

长安回望绣成堆，山顶千门次第开。
一骑红尘妃子笑，无人知是荔枝来。

杜牧还要追究玄宗荒淫误国的责任，道：

新丰绿树起黄埃，数骑渔阳探使回。

霓裳一曲千峰上，舞破中原始下来。

唐玄宗和杨贵妃在骊山歌舞不断，一直把中原大地舞得被敌所破，这才停下歌舞，下了山。

李商隐则正面揭露了玄宗霸占儿媳的丑恶行径：

龙池赐酒敞云屏，羯鼓声高众乐停。
夜半宴归宫漏永，薛王沉醉寿王醒。

诗说的是玄宗在兴庆宫（今西安兴庆公园）龙池畔举行“家宴”。座中的“薛王”——玄宗的侄子，喝得烂醉，而“寿王”，却因自己的王妃杨玉环被父亲霸占表现出另一种状态。诗人用一个“醒”字道出了寿王内心的痛苦不平，也表现了玄宗的荒淫无耻。

唐昭宗喜欢一名姓孙的驯的一只猴子，他到外地巡视时，让这位姓孙的带着猴子随驾。由于那只猴子很是乖巧，能够“随班起居”，昭宗便赐驯猴者以绯袍（唐制六品以上著绯袍），称他为“孙供奉”。诗人罗隐知道这事后，作《感弄猴人赐朱绂》一首。“赐朱绂”即“著绯”意。诗中诗人对唐昭宗的昏庸进行了揭露嘲讽，说自己十几年参加科考，放弃了归隐享山水之乐的机会，还不如那“孙供奉”，只要逗君王一笑便可官服加身。其诗曰：

十二三年就试期，五湖烟月奈相违。

何如买取胡孙弄，一笑君王便著绯。

（四）为官刚直不阿、清正廉洁

官风在很大程度上决定着社风。这是因为，为官这样的身份决定，他必须处理好几方面的关系：与君的关系，与同事中上下级的关系，与民众的关系，等等。我们看到，在这方面，唐代不少官员做得是较好的。几百名高官被列入“忠孝”的行列，表明功臣们的精神境界之高。如果翻阅他们的传记，我们会发现，他们确有值得称赞的美好品德，他们作为“功臣”的“功”，是他们内心的“德”结出来的果实。

下面我们就从“济世救民，不谋一己之私”、“为官一任，造福一方”、“直言敢谏，匡正君王，力除时弊”、“不畏艰险，不怕牺牲”等几个方面来介绍他们的精神风貌。

（1）济世救民，不谋一己之私

做官是为公还是为私，这是为官者“清”还是“赃”的决定因素。为官要知民意、谋民利，这是儒学对为官者的基本要求。唐代的官风总体上是好的，官员们多数能本着儒学思想行事，努力做到济世救民、不计私利。

前面我们讲到，唐代的儒者，有高远的志向，有积极进取、建功立业的精神。他们的志向彰显出来的价值，正是为公、为国、为民。

“循吏传”所列33人，都是“奉公守法”的。他们“循”的是公，他们守的是德。就是说，他们是用“德”来指导自己的施政行为的，当别人的行动违背国家和民众利益的时候，他们便运用自己手中的权力加以阻止，事关自己和自己的亲朋好友之时，他们依然不失儒道、不为一己之利而放弃原则。下面我们举贾敦颐、何易于的事迹，以窥全豹。

贾敦颐，曹州冤句（今属山东）人。贞观时，他几次任州刺史。他任瀛州（今属河北）刺史时，鉴于滹沱河、滱河每年都泛滥，其时数百里内皆成汪洋，浸毁房屋良田，贾敦颐便组织民众修筑堤坝，有效地治理了水患。永徽中，贾敦颐迁洛州（今属河南）刺史。洛州许多豪强侵占百姓良田，许多乡民流离失所。贾敦颐不畏强暴，没收豪强侵占的良田3000余顷，分给穷苦民众，得到了民众的普遍称赞。

贾敦颐为民谋利，自己的生活颇为简朴。《新唐书》说他调任入朝，乘一辆瘦马拉的破车，载上他的全部家当走在街上，人们看不出他竟是任刺史的高官。

何易于是为民谋利、不计私利的另一个典型。他曾为益昌县令。益昌山水秀美，某年春天，州刺史崔朴与宾客和下属到益昌来泛舟，让何易于招百姓拉纤。结果，何易于自己抓起了纤绳，拉了起来。刺史大为惊奇，何易于解释说："如今正值春天，百姓忙着春耕、养蚕，此刻唯独我这个县令没事可做，拉纤的事我就代劳了。"这一番话，弄得刺史无地自容，遂与宾客匆匆离去。另一件事也反映了何易于不顾个人前途安危而为百姓着想的高尚品行。益昌出好茶，皇上下诏征收，县里盐铁官不敢抗拒。何易于看罢诏书说："益昌人靠茶为生，征了去，还让百姓活不活？"他表示拒不执行。盐铁官说："天子诏何敢拒？"何易于说一切都由他来承担，即将诏书烧掉。赶上上司观察使也是一个好样的，对何易于的抗旨行动，也就睁一只眼闭一只眼，不予过问。由于何易于治理得法，益昌“狱三年无囚”。

做了官，便容易看出某某是不是谋私。那么，没有做官，这一品格是不是就看不出呢？那也不是。让我们再看看李白。

前面我们介绍了李白的志向。而他的志向一生也未能实现。从李白的经历中我们看到了什么呢？第一，李白怀有远大抱负，从年轻时起，就要为国为民干一番事业，且终生矢志不渝。第二，李白的这一志向是高尚的，纯洁的。他有想富贵的心思吗？或许是有的。但是，他绝对不会在无法实现自己的政治抱负的情况下，去违心地追逐富贵。他被玄宗召到京城，发现无法实现自己的抱负，便毅然离去，不想再留下来。在别人眼里，做一名皇上的近臣可能是极为幸运的。但他却认为自己是被关在了一个笼子里，尽管这个笼子是极其金贵的。这样的生活他不想过下去——“乍向草中耿介死，不求黄金笼下生”。这正反映了儒者的义利观念，要见利思义。

李白的这种行为方式，当时便直接影响到他个人及全家的生活。他的晚年过得是非常艰辛的——他全家自然也跟着他一起艰辛。

2011年3月23日《人民日报》刊登了车延高的一篇文章，题为《不该遗忘的遗产》，写的是李白身后之事。下边我们转录全文，与大家共赏：

“如逢渭水猎，犹可帝王师”，李白一直在等机遇，渴望一举成名天下知，实现自己“申管晏之谈，谋帝王之术，使寰区大定，海县清一”的宏图大愿。但直到客死当涂，他在功名上一无所有。

但他留下一笔巨大的精神遗产，即诗人传世的文章和他的1050首诗。

当我面对这笔遗产时，在无意间有了一个新发现：诗人有一笔情感投入几乎为零的人格遗产，恰到好处地被显现出来了。但这笔对家人和亲情的亏欠中站立着一种牺牲品格。它不光荣，但很崇高。

大约在李白死后50余年，一位钦佩李白人格和风骨的官员范传正到当涂任职。他揣着一张旧地图，由当地人带路，到了李白的坟地。当时已近日暮，天色渐暗，有一阵阵风路过，把一座孤坟上的草摇得六神无主。他想起了“树犹如此，人何以堪”，心中油然生悲，眼角有泪溢出。自己抹了一把，亲自动手把墓地周边打扫干净。返回衙门后，下了一道令，从此不让人去山上掘采。之后他又四处寻访李白的后人。耗时三年终于找到了李白的两个孙女，这时她们都已出阁，一个嫁给刘劝，一个嫁给陈云，都是当地老实巴交的农民。

范传正问及她们的生活景况，她们说：“父伯禽以贞元八年不禄而卒，有兄一人，出游一十二年，不知所在，父存无官，父殁为民，有兄不相保，为天下穷人。”说罢便哭了。

范传正听到这里，也两眼潮红，泪水潸然而下，他未想到一代诗仙，又与当朝皇上有亲缘关系，后人竟落到如此悲凉下场。

范传正看她们如此委屈地生活，于心不忍，便劝她们离婚，然后想法帮她们改嫁到有些名望的士族。她们很有礼貌地言谢，说出一番十分感人的话："夫妻之道，命也，亦分也。在孤穷，既失身于下俚；仗威力，乃求援于他门。生纵偷安，死何面目见大父于地下。"范传正无言以对。

写到这里我忽然开悟：从李白及其后人身上看到的这种精神，是被遗忘的重要遗产，我们应该叫它——品格。

其实，李白并非没有儿女情长，其所存诗稿中就有两首诗是写给自己子女的，写得非常感人。如，"娇女字平阳，折花倚桃边。折花不见我，泪下如流泉。小儿名伯禽，与姊亦齐肩。双行桃树下，抚背复谁怜。念此失次第，肝肠日忧煎。"（《寄东鲁二稚子》）再如，"我家寄在沙丘傍，三年不归空断肠。君行既识伯禽子，应驾小车骑白羊。"（《送萧二十一之鲁中兼问稚子伯禽》）字里行间皆是真情，可见诗人也有一副侠骨柔肠。

李白是一个为事业功名谋，从不为一己私利谋的人。为实现"攻略盖天地，名飞青云上"的政治幻想，他不惜屈尊求人举荐。但为自己的妻子儿女，李白从未向任何人开过口。其实当时以李白的社会地位和影响，只要张个口或者伯禽自己像时下人一样打着父辈的旗号去一招摇，那么金钱、利益、名誉就可能接踵而至，意想不到的好处和方便也定会"大珠小珠落玉盘"。但他们挺拔得骨骼铮铮，让人闻听之后击节赞叹。

由此，我想起那句诗：东边日出西边雨，道是无情却有情。做父母的有时要狠狠心，自己的儿女同是社会的一分子，要让他们在社会的分子群里，自生、自励、自立、自强，这样才能根深本壮，生生不息。否则，活得再好，也只是躲在另一种形式的襁褓里的生存。这样的生命懦弱可悲。

读了这篇文章我们怎能不深深被感动着呢。从这篇文章中我们看到了，李白，唐代这位伟大诗人的高尚人格魅力。这种人格就是我们常说的“唐人品格”。我们前面介绍过的“万里奉王事”，“岂为妻子谋”；“小来思报国，不是爱封侯”等诗句所表达的诗人们的报国精神，在读罢这篇文章后，我们可能体会得更深了。

正像这篇文章里讲的那样，凭李白的社会关系，凭他在玄宗身边时的荣誉机会，凭他诗名满天下的巨大优势，要像如今某些人所做的那样，稍稍“动动脑筋”，那么，荣华富贵，对李白来说，还是什么难以得到的吗？

引文中的“大父”即祖父，指的就是李白。李白做得好。李白的后人也明白李白的好。这是唐代儒者奉行孔子、孟子之道的执著。这也是唐代社会中人们主流精神面貌的真实写照。

（2）为官一任，造福一方

唐代社会的尚德、尚进之风，反映在官风上，突出的表现是为民谋利，为官一任，造福一方。

下面我们举几个典型例子。

武则天神龙年间，韦景骏任肥乡（今属河北）县令。县北部的漳河连年泛溢，百姓叫苦不迭。韦景骏决心整治，解除民忧，便亲自察看了地势。他发现旧的防堤设计不合理，便组织民众在南岸千步以外筑新堤，水流到那里被挡回，堤坝不再被冲毁。此后，漳河以北的万顷良田便安然得以耕种了。

赶上饥荒，韦景骏“身巡闾里，劝人通有无，教导抚循，县民独免流散”。

后韦景骏为贵乡（今属河北）县令，他很注意“教化”。一个典型例子是：有一次有母子二人打官司，他进行劝解，说得母子“呜咽流涕”。韦景骏又送一本《孝经》给他们。母子感悟，从此自新，儿子成为有名的孝子。

后数年，韦景骏升为赵州（今属河北，肥乡县即在境内）长史，路过肥乡，老百姓争捧酒食迎犒。其中有一个小孩子引起韦景骏的注意。他问那小孩子，我任县令时你尚小，等你大些，我调任离开，你没有见到过我在这里任职的情况，你来干什么呢？小孩子回答说：“我听老人们说，这里的学庐、馆舍、漳水上的大桥，都是大人领乡亲们修的，他们说大人是一位‘古人’，今天大人到了，我便来亲眼看看。”

后来韦景骏又迁房州（今属湖北）刺史，依然政绩卓著。

另一名“循吏”韦丹的事迹尤为突出。他是颜真卿的外甥，早年成为孤儿，便跟着颜真卿学习，后高中“五经”科。他为江南西道观察使时，罢八州冗食者，计口受俸，首先在吏治上下工夫。到任时他发现，当地百姓不会建造瓦房，用竹草架设，容易着火。韦丹便想出多种办法，组织百姓修建砖瓦的房子，解决民众安居的问题。另外，他组织百姓修建陂塘598处，灌溉良田1.2万顷。他特别关注官仓的储粮问题，以备灾年动用。为此，他组织有关人员清仓，发现一名官员管理的一座粮库账物不符，缺粮3000斛。韦丹对主管进行了严厉处分，并召诸吏说，你们倚仗管理仓库的便利吃私贪污，是有罪的。我给你们一个月的限期，你们要把所贪悉数交回。结果，一个月内，所有贪污的，全部退回了所贪粮食。

宣宗皇帝时，宣宗读“元和实录”，发现韦丹政事卓然，问宰相:“元和时治民孰第一？”宰相回答说:“臣尝守江西，韦丹有大功，德被八州，殁四十年，老幼思之不忘。”宣宗遂下诏观察使收集韦丹功状，命刻功于碑。

白居易在这方面也有突出表现。元和十五年（820），49岁的白居易由外任召至京城，任尚书司门员外郎。次年升尚书主客郎中、知制诰，加朝散大夫，始著绯，又转上柱国，十月转中书舍人。而在仕途一帆风顺、节节上升之时，白居易却作出了一个惊人的决定：自请外任。这是因为他曾上疏论河北用兵和省行营粮料事，不被采纳，认为在京城做不了什么事。另外，当时两河再乱，民生益困；朝中朋党倾轧，国是日荒。白居易不想再在京城待下去，他不想在京城谋求自家的飞黄腾达。

他的请求被批准，长庆二年（822），白居易由中书舍人改任杭州刺史。到任后，他为官清廉，深得民心。杭州刺史任满离开时，告别城内百姓，他写下了感人肺腑的诗句：

耆老遮归路，壶浆满别筵。
甘棠无一树，那得泪潸然。
税重多贫户，农饥足旱田。
唯留一湖水，与汝救凶年。

他把自己的一大笔俸银留于官库中，带走的是采自天竺山的两片山石。为带走这两片山石，他写了一首诗，自问是否有伤清白：

三年为刺史，饮冰复食檗，
唯向天竺山，取得两片石。
此抵有千斤，无乃伤清白。

后白居易又任苏州刺史。离开苏州时，再一次出现郡中民众涕泣相送的场面，这让白居易久久不能忘怀，记下“一时临水拜，十里随舟行。饯筵犹未收，征棹不可停。稍隔烟树色，尚闻丝竹声”的动人场景，自己则依依难舍，“怅望武丘路，沉吟浒水亭。还乡信有兴，去郡能无情”。为纪念他，苏州民众曾建白公祠，祠中有思白堂，并刻有碑记。

（3）直言敢谏，匡正君王，力除时弊

在君臣关系问题上，作为臣的一方如何对待君主，孔子的要求是多方面的，其中特别强调“勿欺也，而犯之”，即主张对君真诚相待，君有了过错，要直言敢谏，不怕冒犯。在这方面，唐代不少官员做得是较好的。

唐初太宗时，谏官在进谏方面为唐代开了一个好头，贞观一朝，就有魏征、虞世南、王珪、褚遂良、马周等著名谏臣，其中以魏征最为杰出。魏征在太宗朝任官16年，前后向太宗进谏达200余次。他不计个人得失，敢于直言，不断地对朝廷的重大方针和唐太宗的过失提出建议和批评。即使在唐太宗发怒，其他大臣敛气低头不敢说话的时候，他仍然敢于坚持进谏。

帝王追求享受，是关乎社稷存亡的大问题，魏征抓住这一点不放，一见太宗这方面出现苗头就立即指出，防患于未然。有一次，唐太宗外出巡游，住在洛阳显仁宫，因供奉稍差，就对有关官员大加斥责。魏征见后谏道：陛下因为供奉不好就处罚官员，开了这个风气，以后恐怕要民不聊生了。以前隋炀帝出巡时，各地攀比进献贡品，并据此进行赏罚，闹得天下大乱，众叛亲离，这是您亲眼看到的，为什么还要学他呢？魏征特别向太宗讲了儒学经典中“水能载舟，亦能覆舟”的道理。唐太宗听后表示自责，马上改过。

贞观六年（632），文武官员认为天下太平，再三请太宗到泰山封禅，太宗也早有此意，但遭到魏征的反对。魏征进谏说，现在虽然连年丰收，但仓库仍然空虚，天下只是刚刚安定，如果远行千里去泰山，劳师动众，必然闹得财竭民贫，要是再遇到什么自然灾害，事情就闹大了。到那时就悔之莫及。魏征讲后，太宗打消了封禅的念头。

后期，太宗对自己的约束日渐放松。对此，魏征看在眼里，急在心里，一有机会就规劝太宗居安思危，善始善终。贞观十一年（637），魏征上了著名的《论时政疏》《陈十思疏》等。

魏征对太宗是一个巨大的约束力量。有一次，太宗得到了一只鹞子，非常喜欢。一天，正当太宗让鹞子停在肩膀上赏玩时，得知魏征到了，便赶快把鹞子藏入怀中。魏征早已看到了太宗藏鹞子的举动，就故意唠唠叨叨，启奏没完。太宗始终不敢把鹞子放出来。结果，鹞子被闷死。

魏征无所畏惧，直言敢谏，有时让太宗很没面子，下不了台。有一次太宗由此起了杀魏征的之念，多亏长孙皇后知道后进行规劝，他才醒悟过来。

综合魏征所谏内容，主要有：居安思危，施行仁义；去奢省费，轻徭薄赋；举贤任能，斥佞退邪；坚持法制，力避任刑；虚怀纳谏，不责过激；偃武修文，少动干戈；善始令终，力防蜕变。魏征所谏全是为了国家的长治久安。“贞观之治”的出现，和魏征这方面的努力是分不开的。

贞观十七年（643），魏征去世。太宗对朝臣说：“以铜为镜，可以正衣冠；以古为镜，可以知兴替；以人为镜，可以明得失。朕常保此三镜，以防己过，今魏征殂逝，遂亡一镜矣。”

魏征等人开了为官的一代新风，给此后的谏官作出了榜样。查唐代著名诗人的经历，许多人做过谏官，并且均能直言敢谏，有不少的人因此受到不公平待遇，依然无怨无悔。

在这些人当中，我们要特别介绍一下韩愈。

关中凤翔府扶风县法门寺中存有释迦牟尼指骨一节，元和十三年（818）十一月，功德使上书宪宗皇帝，说凤翔法门寺塔30年一开，开则岁丰人安。功德使进而说，次年就是塔开之日，建议迎释迦牟尼佛骨。宪宗准奏。元和十四年正月，使者率众多的僧人把佛骨迎至长安，并引入大内，计划在宫中留三日，尔后送京城各佛寺供奉。事情闹得很大。

宪宗不但信佛，还信道，祈求长生不老。此前，他曾派人去天台山求不死之药。功德使说佛骨可令“岁丰人安”，实际也是看准了宪宗求长生的意愿，吊他的胃口。

韩愈一向主张儒学道统，自己不信佛、道。他反对大张旗鼓迎佛骨入皇宫这样的国家行为。当时他任刑部侍郎，是宪宗的近臣，就在京城。可以想见，面对甚嚣尘上的佛事活动，韩愈这样一个人，岂能闭口不言？

他上了《论佛骨表》。

韩愈一眼便看出宪宗追求长生不死的意图，所以《表》一开头便历数古代帝王长寿的情况，得出结论说，那时“佛法亦未入中国，非因事佛而致然也。”

随后，韩愈讲了几层意思：

第一，佛不足信。

第二，信佛有害。

第三，主张将佛骨付之一炬。

韩愈说，佛“身死已久，枯朽之骨，凶秽之余，岂宜以入宫禁！孔子曰：‘敬鬼神而远之’……今无故取朽秽之物，亲临观之”，是不妥的。他要求将此骨“付之有司，投诸水火，永绝根本，断天下之疑，绝后代之惑”。

第四，对宪宗迎佛骨的举动表现了难容之情。韩愈说：佛如有灵，能作祸祟，凡有殃咎，宜加臣身，上天鉴临，臣不怨悔！

韩愈情绪激动。明眼人一看便知，这《论佛骨表》必会惹恼宪宗。果不其然，宪宗一看，“龙颜大怒”，毫不犹豫地定了韩愈一个死罪。

幸好，经裴度等苦苦求情，宪宗饶了韩愈一死，改贬潮州刺史。

诏令韩愈立刻上路，不容停留。这样，韩愈全家上下百余口，仓皇离京。

有关此事，韩愈留下了一首诗《左迁至蓝关示侄孙湘》。这首诗是韩愈上路后，他的侄孙韩湘赶来陪伴韩愈去潮州，诗人有感而写下的：

一封朝奏九重天，夕贬潮州路八千。
欲为圣明除弊事，敢将衰朽惜残年？
云横秦岭家何在？雪拥蓝关马不前。
知汝远来应有意，好收吾骨瘴江边。

韩愈绝不认错。诗中充满了悲愤和怨恨之情。这可见韩愈刚直不阿、坚持正义的性格和立场。

作为朝廷命官的韩愈，认为自己的责任是维护国家的利益，而绝不是皇上的奴仆，不应顺应皇上的好恶，看皇上的脸色行事。这正是儒学创始者们关于君臣之间关系理念的一种坚持。谏迎佛骨是出于臣子的责任感。韩愈认为，以国家的名义，花费大量的库银，热捧宗教迷信，有损国家利益，伤害民间风俗。特别要指出的是，韩愈明知自己会由此行动付出惨重代价，但仍不顾身家性命，挺身而出。事后他也不懊悔、退避，而是敢于承担一切，宁死不屈。诗作充满了为官者一身正气和不辱朝命的极可宝贵的精神。

韩愈上《论佛骨表》后18年，宪宗之后，历穆宗、敬宗，到文宗，文宗皇帝开始关注佛教泛滥的危害，对宰相说，古时候一个农夫养活三个人。现在，加上兵士和僧尼，一个农夫要养五个人。他得出结论：我的子民尤困于佛。他开始思考废佛的问题。文宗的弟弟武宗即位后，把哥哥的意愿变成了行动。会昌五年（845），武宗下达了废佛令。结果，全国官建寺庙有4600所被拆除，私建寺庙被拆除者达4万余处，没收寺院占据的良田数千万顷，令僧尼还俗26万余人，释放寺院奴婢和被奴役之人各15万。

从以上状况我们可看到韩愈上《论佛骨表》的合理性。

（4）不畏艰险，勇于牺牲

安史之乱是唐建国后最严重的战乱。它考验着众多的大唐官员。最初，当安禄山叛军节节胜利、很快向西推进的时候，玄宗发出惊叹没有人出来抵抗，道：难道我大唐没有忠臣吗？

其实，大唐的众多官员经受住了考验，许多人为迎战叛军而多方努力，不少人为此献出了自己宝贵的生命。在这些人中，我们简要介绍一下李憕、颜杲卿、卢弈、张巡、许远、南霁云等人的事迹。

李憕安史之乱时任光禄卿、东京留守。安禄山造反后，李憕即与留台御史中丞卢弈等加固洛阳城池，训练士卒，以备叛军西进。叛军进军神速，陷陈留、荥阳，不数日，抵达洛阳城下。被派来剿灭叛军的封常清与叛军激战，战不胜，撤向北方。李憕遂收拢残士数百，坚守城池。叛军围城后，李憕对卢弈说："吾曹荷国重寄，虽力不敌，当死官。"他们把部下军士夜缒出城，李憕留守府衙，卢弈守台。城陷，"禄山鼓而入，杀数千人，矢著阙门"，李憕、卢奕被叛军杀害。

在洛阳城破之前，卢弈让妻子带着官印出城去了长安。他知自己必死，便穿上朝服，端坐在府台上等待叛军的到来。他被抓住后，历数安禄山之罪，并对着安禄山的将领们说："为人臣者当识逆顺，我不蹈失节，死何恨？”临刑，向西拜，“骂贼不空口，逆贼为变色”。

安禄山起兵前，颜杲卿曾为范阳户曹参军。安禄山闻其名，曾对颜杲卿进行拉拢，假以常山（今河北正定）太守。之后，颜杲卿暗地派他的儿子与各地官员联系，商议灭贼之计。

天宝十四载（755）安禄山谋反，颜杲卿镇常山，其从弟太原（治所在今山东陵县）太守颜真卿联络各地联合抗击叛军。颜杲卿响应，随后相继响应的有河北17郡。这使安禄山不敢急攻潼关。次年，常山被史思明攻破，颜杲卿被俘。史思明胁迫颜杲卿归降，颜杲卿不应。史思明遂把刀架在颜杲卿少子的脖子上，道：“降我，当活尔子。”杲卿不答，史思明便将颜杲卿少子杀死。颜杲卿被送到洛阳安禄山那里，安禄山大怒，见到颜杲卿道：“吾擢尔太守，何所负而反？”颜杲卿瞋目骂道：“我世唐臣，守忠义，恨不斩汝以谢上，乃从尔反耶？”安禄山怒不可遏，将颜杲卿绑在天津桥桥柱上，割颜杲卿之肉啖之。颜杲卿骂不绝，安禄山割掉颜杲卿的舌头，道：“复能骂否？”杲卿含恨而死，时65岁。

和颜杲卿一起守城被俘的原长史袁履谦被砍断手足，叛将何千年的弟弟当时正在袁履谦的身旁，袁履谦一口鲜血喷在何千年弟弟的脸上。袁履谦被叛军剁成了肉酱。

张巡的事迹尤其可歌可泣。张巡邓州南阳（今属河南）人，安禄山叛时，守雍丘（今属河南）。原雍丘令令狐潮投降叛军，率叛军攻雍丘，张巡与战数十次。后郡太守投降叛军，张巡不能支，遂率余部转守睢阳（今属河南），与太守许远、城父令姚訚等合兵。至德二载（757），叛军10万人攻睢阳，大小数百战。战斗间歇，张巡赋诗一首，题为《闻笛》，曰：

岧峣试一临，虏骑附城阴。
不辨风尘色，安知天地心。
营开边月近，战苦阵云深。
旦夕更楼上，遥闻横笛音。

诗题“闻笛”二字实为听到敌人进攻的号角声之意。

当初，睢阳城中粮草可支一年，而河南节度使李巨强行将睢阳的粮食拨给邻县，致使睢阳城中粮尽，睢阳官军饥饿，体力难支。张巡派南霁云杀出重围，去搬救兵，刚刚接替李巨为河南节度使的贺兰进明一卒不发。睢阳城内无粮草，外无救兵，情势异常危急。当时，士兵们每日只得一勺米，靠吃树皮维持。叛军知道官军粮尽，援兵不至，加紧攻城。张巡见士病不能战，对许远说，我们长期坚守睢阳，使叛军不能进兵江淮，如今我们再无力坚持下去了。说罢，西向而拜，道：“孤城备竭，弗能全。臣生不报陛下，死为鬼以疠贼。”

后城池被攻破，张巡与许远俱都被俘。率军攻城得胜的尹子琦是投降叛军的叛臣。此刻，他得意洋洋，对张巡道：“闻公督战，大呼辄眦裂血面，嚼齿皆碎，何至是？”张巡大骂，尹子琦大怒，用军刀戳张巡的嘴，几乎翘光了张巡的牙齿。张巡仍大骂，骂尹子琦叛国投敌，猪狗不如。最后，张巡壮烈牺牲。

与张巡同时被杀，同样表现坚贞不屈的有36 人。其中南霁云表现最为英勇。最后时刻，尹子琦威逼张巡等投降。轮到威逼南霁云时，张巡叫着南霁云的小名，道：“南八！男儿死尔，不可为不义屈！”霁云听后笑着说：“欲将有为也，公知我者，敢不死！”最后英勇就义。

南霁云一直忠心耿耿。战斗中间，他被张巡派出，去河南节度使贺兰进明那里求救兵。贺兰进明在一个寺院里见南霁云。进明不肯出兵，但喜欢南霁云的英勇，便要把南霁云留下，为南霁云置酒作乐。南霁云哭着说：“昨出睢阳时，将士不粒食已弥月。今大夫兵不出，而广设声乐，义不忍独享，虽食，弗下咽。今主将之命不达，霁云请置一指以示信，归报中丞也。”说着，拔出剑来，断一指，一座大惊，为出涕。南霁云不食而去。出寺后，抽出一支箭，回射佛寺浮图，发誓道：“吾破贼还，必灭贺兰，此矢所以志也！”

和张巡一起死难的，还有雷万春。他是张巡的偏将。在坚守雍丘时，令狐潮围城，雷万春在城上跟令狐潮搭话，令狐潮军发箭，雷万春脸上中了四箭，却一动不动。令狐潮以为是张巡弄的一个假人。当他知道真情后，大惊失色。张巡趁机出兵，大破令狐军。

睢阳城被围之前，是30000人。最后被攻破时，只剩下了不足400人。每个人都知道必死，但没有一个有二志。

许远后被解往洛阳，亦被杀害。

张巡守城数月，大小四百战，斩敌将300、敌卒10余万。张巡死后3日，德宗派的救兵赶到，后10日，东都洛阳光复。

安史之乱后，藩镇割据成为唐王朝生存的巨大威胁。唐代中后期儒者群体的重大历史使命，就是解决这一问题，消除藩镇势力。许多人为此作出了努力，有的甚至付出了生命的代价。下面我们介绍一下这方面的情况。

安史之乱后，中央力量大大削弱，唐王朝被迫以魏博、成德、幽州三镇分授安禄山、史思明的旧将为节度使。他们在各自的辖区内扩充军队，委派官吏，征收赋税，最早形成割据势力。在这些地方，节度使的职位，往往父子相继，或为部将承袭，称为“留后”，事后逼朝廷承认，朝廷的任命成为一种形式。其后，淄青、淮西也效其所为。到宪宗、穆宗时，藩镇已经发展到40余个。藩镇间或互相攻战，或联合反唐。这种局面一直延续到唐末。唐帝国就亡在了藩镇割据上。

大历十四年（779），原为淮西节度使的李忠臣被偏将李希烈所杀，李希烈自称留后，代宗被迫承认。德宗即位后，山南东道梁崇义反叛，德宗借李希烈的势力平息了梁崇义的叛乱。淄青反叛，德宗如法炮制，又要让李希烈出兵平息淄青叛乱。这次，李希烈则与叛军勾结，反叛了朝廷。

最初，李希烈叛乱的面目尚未完全暴露，他的人马攻下汝州，朝廷乱了手脚。

在这样的情势下，颜真卿被派往李希烈老巢，诏谕、安抚李希烈。

事情是这样的：当时颜真卿任太子太师。他一向忠贞耿直，曾得罪代宗近臣卢杞。卢杞遂借机加害颜真卿，便对代宗说颜真卿“四方所信，若往谕之，可不劳师而定”。昏庸的代宗竟接受了卢杞的建议，下诏让颜真卿前往“游说”李希烈。

诏下后，“公卿皆失色”。有人以“失一元老，贻朝廷羞”，曾密表固留，代宗不从。

颜真卿到达河南，河南尹郑叔说，李希烈的反意甚明，让颜真卿不可轻入虎穴。颜真卿回答说：“君命可避乎？”

见到李希烈，宣读诏书，李希烈让他的千名喽啰拔出刀来，威吓颜真卿，颜真卿“色不变”。李希烈一看镇不住，便把颜真卿招到堂上，让颜真卿上书为他讲好话。颜真卿不从。让颜真卿住下来后，李希烈来软的。一次，李希烈大会其党，召颜真卿，使乐人演唱，侮辱朝廷。颜真卿怒道：“公，人臣，奈何如是？”拂衣而去。李希烈让其部下劝降，颜真卿斥道：你们知道常山颜杲卿吗？那是我的哥哥。安禄山造反，他首举义师，后虽被执，诟贼不绝于口。我快80岁的人了，官位当朝太师，吾守吾节，死而后已，岂受你们的胁迫！

软的不成，李希烈又来硬的。他把颜真卿绑起来，在院子里挖了一个大坑，声言要活埋颜真卿。颜真卿不为所动。后来，李希烈的一些党羽要谋杀李希烈，“奉真卿为帅”。事泄，乃拘送颜真卿到蔡州。颜真卿知道自己必死无疑，便写下遗表、墓志、祭文，指寝室西壁下道：“此吾殡所也。”

李希烈妄称帝，派人向颜真卿问仪式事，颜真卿道：“老夫耄矣，曾掌国礼，所记诸侯朝觐耳！”

德宗兴元后，王师复振，李希烈怕生变，加紧劝降，派人到拘颜真卿的地方，积满干柴，点燃，逼颜真卿道：“不能屈节，当焚死。”颜真卿遂往烈火冲去，李希烈的人赶快一把抓住。李希烈见颜真卿软硬不吃，便决定处死他。一天，看守颜真卿的人大声喊:“有诏!”颜真卿以为朝廷诏书到，起身下拜。宣旨人道:“宜赐卿死。”颜真卿道:“老臣无状，罪当死，然使人何日长安来?”宣旨人这才道:“从大梁来。”颜真卿知道李希烈已经称帝，骂道:“乃逆贼耳，何诏云!”

这样，颜真卿被缢身死，时76岁。

《新唐书》赞曰：颜真卿“英烈言言，如严霜烈日，可畏而仰哉”！

颜真卿为国献身事发37年后，一项平息藩镇叛乱的任务落在了韩愈身上。

穆宗长庆元年（821）七月，镇州（今属河北）成德军都知兵马使王廷凑杀节度使田弘正，自称留后，又派人杀冀州刺史，将冀州扩为己有，同时引兵围深州（今属河北）。这一消息传到长安，朝廷震骇。穆宗遂以同平章事裴度为镇州四面行营都招讨使，讨伐王廷凑。然而，到次年二月，裴度无功，深州之围不得解。不得已，穆宗承认王廷凑为成德军节度使，军中参与反叛的将士皆复其旧官爵。这样，作为宣慰使，前往镇州“安抚”王廷凑的重担，就落在了兵部侍郎韩愈的肩上。

韩愈受命后，朋友们为他捏一把汗。王廷凑杀冀州刺史，又派兵四处侵扰，自感罪大，认为朝廷不会宽恕他，对大军征讨不克之后而“抚”，并不相信。另外，成德军中秩序大乱，主帅失去对下层的控制，宣慰大臣贸然入其中，随时都有险遭不测之可能。当时身为工部侍郎的元稹，认为韩愈此去必死。他为朝廷失一大员、文界失一豪家而感可惜，便面奏穆宗，说出自己的见解。穆宗后悔，遂令韩愈至成德军境先行观望，不必进入镇州。

但韩愈意识到此行任务重大，在效忠国家观念的支配下，置个人安危于不顾，决心进入王承凑老巢。

长庆二年二月中，韩愈抵达承天军。奉天军即裴度大本营所在地（今山西与河北交界处之娘子关）。自元和末被贬潮州以后，韩愈与裴度已有三年没有见面，故人重逢，感慨万千。韩愈作《奉使镇州行次承天行营奉酬裴司空相公》：

窜逐三年海上归，逢公复此著征衣。
旋吟佳句还鞭马，恨不身先去鸟飞。

诗中"海上归"指诗人从潮州回京。三年前的淮西一役，裴度率军征讨淮西叛军，让韩愈为行军司马，使韩愈得一伸平生抱负。裴度此次奉旨征讨镇州叛军，久战无功，进退失据。此刻朝廷遣使宣慰镇州，对主战的裴度来说，自是愧疚难当，而担任宣慰使者，竟是他昔年的行军司马韩愈，也真让人感慨于世事的变迁。后两句意为，刚刚读罢裴度的赠诗，便又重新上路，恨不得变作飞鸟，早日到达王承凑驻地。裴度的赠诗今不存，从这首诗看，裴度出于对韩愈的爱护，曾劝韩愈不要前往镇州。而韩愈出于为国为民的公心，婉拒朋友的劝谏，去意愈坚。

离开承天军营，韩愈翻越太行山，到了河北道的镇州地界，韩愈又作《镇州路上谨酬裴司空相公重见寄》诗：

衔命山东抚乱师，日驰三百自嫌迟。
风霜满面无人识，何处如今更有诗？

这首诗与前一首诗同意，前说“恨不身先去鸟飞”，现说“日驰三百自嫌迟”。这都表现了诗人义无反顾的大无畏精神。

韩愈到达镇州，见了王承凑。见时，韩愈一身凛然正气，落落大方，出色地完成了宣慰使命。这次深入虎穴的情景，韩愈的学生李翱有详细记载。韩愈此去，深州围解，裴度大军的解围任务亦告完成，也多少向王廷凑示以警戒。

只是，忠贞之士的牺牲，并没有能够挽救大唐帝国的灭亡。病根早已种下，拔除病根，并非这些忠贞之士所能为。

孔子、孟子认为，“杀身成仁”、“舍生取义”是志士仁人践行道德的最高精神境界。颜真卿、张巡、许远等人的人生便达到了这样的境界。人的生命是至为宝贵的。当志士仁人面临历史的某种关键时刻，认识到捍卫国家利益比保住自己的生命更为重要之时，他们毅然选择了“慷慨赴死”。他们的生命价值得到了最完美地实现，以至于今天，那价值依然闪射着耀眼的光芒。

第二节　两宋社会和宋代儒者群体

一、两宋社会概貌

唐亡后，中国经历了一段五代十国的历史：在北方是后梁、后唐、后晋、后周，称五代；在南方是吴、南唐、吴越等十国。五代十国共持续53年。半个多世纪的分裂动荡，最后归于统一，宋朝建立。

宋朝建立于960年，先北宋后南宋。北宋自创建到1126年灭亡，历经9个皇帝，历时166年。南宋从1127年开始到1279年灭亡，历经9个皇帝，历时152年。两宋共历时319年。

与历代开国皇帝一样，宋朝的开国皇帝宋太祖赵匡胤采取了一系列措施，以保王朝的长治久安。赵匡胤本人很喜欢读儒学的书，目的是从书本上寻求治国之道。有一个故事说，周世宗时，赵匡胤随世宗攻打淮南，有人告发他私载货物达数车之多，怀疑他掠有不义之财。周世宗一查，发现赵匡胤车里装的都是书。赵匡胤登基后，很重视推行儒道，不要说文臣，就是武臣，他也要求他们“尽读书以通治道”。

他总结唐帝国亡于藩镇割据的教训，按照光武帝“功臣不任职，爵禄长相保”的经验，采用“杯酒释兵权”的办法，解决了这一历史难题。

他知道官吏对王朝安危的极端重要性，便非常注意对官吏的选派工作。他曾对亲近大臣说，他要选干练的儒臣百余人分治大藩。凡州郡一级的官吏的任命，他都亲自过问，并在他们上任前召他们谈话，一是做最后一次的审定，二是对他们的工作和作风有所交代。

他也注意对官员们的保护，立下“家规”：不得杀士大夫及上疏言事的人。

他还注重节俭，宫里的帷帐，全部都是布做的，他自己也常穿洗了又洗的旧衣服。攻破后蜀时，他看到后蜀的统治者的便盆都由珠宝装饰，一把把它打碎，愤愤道：“便盆都这样，也不晓得你该用什么样的饭碗了。这个样子，国如何不亡？”一位公主衣饰翠羽，赵匡胤制止说：你做公主的一穿上这个，宫人和亲戚就会争相仿效。这样，京城翠羽的价钱就会上涨了。小民见是这样，必定去捕捉翠鸟谋利。如此，翠鸟就遭了殃——祸由你起，这事如何干得？

赵匡胤创业垂统，为赵氏江山打下了较好的基础。

宋代的儒者群体的起点比唐代开国时更高。这是由于这个群体了解了唐代近300年的兴衰风雨和五代十国半个世纪动荡不定的磨难，思想更为成熟，队伍更为稳定了。

宋代一开国，便有了“宋初三先生”的出现。

“宋初三先生”指胡瑗、孙复和石介。他们的共同特点是不参加科举考试，发誓要为复兴“孔孟真学”而献身。为此，他们创建书院，广收学员，教学生读书做人。后来他们做了国子监直讲，依然不改初衷。

“三先生”的活动，有三方面的意义：第一，研讨孔孟之道本意，传播儒学；第二，培养儒学人才；第三，对社会好学之风的形成起到了引领、推动作用。后来的许多名臣，多是他们的学生，其中不少成为名儒、名师、名家。

由于最高统治者的重视，儒者们自觉教书育人、办学风气之盛，为历代所未有。除京城的太学外，各地还设有大量官办书院，另有300余所民办书院。各类官办书院，最多时有学生17万人，民办的书院学生就更多了。我国历史上的四大书院岳麓书院、白鹿洞书院、睢阳书院（又称应天府书院）和嵩阳书院，都是宋代建起来的。

继“三先生”之后，李觏、邵雍、周敦颐、张载、程颢、程颐、朱熹、吕祖谦、陆九龄、陆九渊、陈亮、叶适这些名儒，都坚持不懈地弘扬儒道，最后朱熹和陆九渊集大成，分别创建了“理学”和“心学”。

朱熹提倡读书人读《论语》、《大学》、《中庸》和《孟子》等“四书”，被统治者采纳。自那之后，学校里的教材，从浩瀚的诸“经”，简缩为“四书”，好读、易记，大大有利于儒学的推广和传播。同时，读书人读到的是孔子、孟子原著，也有益于孔孟原创思想的接受、推广和传播。特别是，自此之后，朝廷规定，凡科举考试，题目必出自“四书”。这样，就更有益于孔孟原创思想的接受、推广和传播了。

宋朝的赵普、寇准、文彦博、范仲淹、富弼、韩琦、包拯、司马光、王安石、苏轼等名臣，大多是这些书院培养出来的。杨业、宗泽、李纲、岳飞、韩世忠、张浚、辛弃疾、文天祥、张世杰、陆秀夫这些名将，也是清一色的儒者。“名家”中，像苏洵、曾巩、黄庭坚、柳永、陆游、李清照、杨万里、张孝祥、党怀英、元好问等，同样也是儒者。这些人是儒者群体的优秀代表，是这个群体支撑着宋代社会向前、向好。

宋代经济空前繁荣。其农业、手工业、国内商业、对外贸易均有长足发展。尤其是城市手工业，其规模日渐扩大，促成10万户以上的城市由唐时的10多个发展到了宋时的40多个，京城汴京（今河南开封）的人口超过了100万。

我国学者朱相远谈到，当代英国经济史学家麦迪森利用一种“购买力平价法”，可以勾画出一个国家历史上经济发展史的大致轮廓。麦迪森的办法是，以1991年1美元的购买力为基数，将历史上某一时期的人均GDP，一律折合成1991年的美元，这样，有了一个标准尺度，就可以勾勒出那一时期经济发展的大致状况。按此办法，朱相远得出结论说，我国宋朝超过了唐代，“是中华民族经济文化的鼎盛时期”。朱相远说，麦迪森估计，宋代统治的近320年间，人均GDP增长了1/3，最高时达600美元。这期间，它的人口增长了一倍。因此，其经济总量增长了2.6倍。

宋代的文化也出现了空前昌盛的局面。儒学发展的大致情况我们前面已经简要介绍。除儒学外，它的史学也十分繁荣。为借鉴前代兴衰成败的历史教训，宋代很注意对前朝历史的修纂工作。开宝六年（973），太祖钦令薛居正监修五代历史。薛居正经过一年多的努力，编成《五代史》(《旧五代史》) 150卷。仁宗时，由于对后晋人编撰的《唐书》(《旧唐书》) 不满意，钦令欧阳修负责重修，最后欧阳修等编成《新唐书》220卷。此外，宋人编修的前代史，还有王溥的《唐会要》和《五代会要》，徐天麟的《西汉会要》和《东汉会要》以及路振的《九国志》，陆游的《南唐书》，等等。

宋代史学著作的最高成就是司马光主编完成的《资治通鉴》294卷。它是我国第一部编年体通史，开创了后世编年史的通用体裁。

南宋时袁枢撰成《通鉴记事本末》，将《资治通鉴》中重要事件分门别类，每件事始末详备，列出标题，又开创了记事本末体。

宋廷也很重视对本朝史的编写，开设了国史院、实录院等机构，由宰相兼任“提举”或“兼修”，编写起居注、时政记、日历、实录、国史、会要等。

宋代私人修撰前代和当代史的风气也很盛。欧阳修不满薛居正的《五代史》，又编著了《五代史记》(《新五代史》) 74卷，成为唐代之后唯一一部由私人编纂的“正史”。南宋的李焘，用了40年的时间编撰了《续资治通鉴长编》(980卷)。它是一部出色的北宋编年史。此外，徐梦莘编著了《三朝北盟会编》，李心传编著了《建炎以来系年要录》，王禹偁编著了《东都事略》，郑樵编著了《通志》，马端临编著了《文献通考》等。

宋代文化是光彩夺目的。我们中国人哪个不晓得宋词呢？但宋文化的发光处绝不仅仅是宋词。宋代的散文也是很昌盛的。现代编录的《全宋文》，共选宋代作者10000余人，文章近10万篇，集360册。宋诗也是很出彩的，只是由于有唐诗、宋词在，相比之下，它略显逊色而已。其实，宋诗在内容风格上，与唐诗是各具特色的。而在数量上，则远远超过了唐诗。现代编录的《全宋诗》，近25万首，是《全唐诗》数量的五倍。

所有这些，都与宋代这个儒者群体的努力分不开，是他们带领着广大民众努力奋斗，赢得了这样的好局面。

介绍宋代的情况，绝对不能不介绍“靖康之变”和其后的情况。

我们说宋代经济是繁荣的，文化是昌盛的。但它的军事力量不强。在它最强盛的时期，也没有达到过盛唐时的版图。它的北部、西北部原来属于唐的很大一片地域被外族占据着。它的边患一直很是严重。从开国之日起，它就面临着契丹（辽）、西夏、金的不断骚扰。宋廷把军权收于中央的同时，未能加强边地的军力及其防务，致使边关对抗接壤的外族侵扰的能力薄弱。面对边患，宋廷采取的是妥协之策。从真宗时的“檀渊之盟”，到仁宗时对西夏和契丹入侵的处理，方针都是以妥协为上。在外患不是特别严重之时，在较有作为的皇帝当政之时，这一政策的消极后果并不明显，但它毕竟埋着危险的种子。

到北宋末期，情况发生了变化。徽宗是一位“玩皇帝”，他书法、绘画一流，又通音律，终日纵情享乐，懒理朝政。神宗搞变法，遗留下众多社会问题，徽宗对此一律不管不顾。他重用童贯、蔡京等奸佞，排斥忠良，把国事弄得一团糟。他迷信道教，借以神化其统治。当金人攻到汴京城下时，他竟相信方士能够“撒豆成兵”，解都城之围。局势紧急之际，他被迫把皇位传给儿子赵桓，自己见事不妙，溜之大吉。金人被击退，他回来又想复位。他实在是一个“佞道昏君”。

继位的赵桓即钦宗同样是一个昏君。即位后，他定年号为“靖康”。大敌当前，他战守毫无章法，一有风吹草动就想逃走。而金军一旦被击退，他就排斥主战将领，重用主和派。即位的当年（1126），他和父亲均成金军俘虏，二人一起被金人掳去。这就是有名的“靖康之变”。经此一变，北宋遂告灭亡。

北宋灭亡后，高宗南渡，便是南宋。

宋室南渡后，先是金人、后是蒙古人相继南侵。高宗赵构，是徽宗的第九子，在“靖康之变”后即位。“苟安”是高宗的基本指导思想。对入侵的金人，他能和则和，不惜屈膝受辱，只要保住剩余的地盘，不管其大小，能供自己享乐就成。他的这一做法，与广大军民收复失地、解救被占领土之同胞、迎回被掳二帝的要求是尖锐对立的。尤其是“迎回二帝”的主张，威胁他的帝位，他绝对不会接受，嘴上不讲，骨子里憎恶。相反，苟安偷生屈膝投降的主张，却“甚合朕意”，无怪乎他重用奸相秦桧竟然长达20年之久。

也就是说，民众要求收复中原，统一国家，迎回二帝，洗雪国耻，高宗则享乐、乞和、投降，双方形成尖锐矛盾冲突。在矛盾冲突中，高宗一方面对主张抗战的官员和民众采取利用、排斥以至杀害的手段，另一方面则扶植、重用主张乞和的奸佞。当敌军大兵压境、形势危难之时，他就被迫启用主战的一派，救一时之急；而危机一旦解除，哪怕是临时的，他就弃用主战派，与主和派一起打击、迫害他们。

权柄在高宗手里，主动权就在高宗手上。他在位一天，这一状况就存在一天。可悲的是，他活得时间很长，在位35年。尔后，他又以太上皇的身份继续影响着继位者孝宗达20年以上。40多年间，在他的统治和影响下，主战一派得不到支持，他们呼号、呐喊、请命、抗争、拼搏，他们被压、被贬，甚至被杀……

高宗“禅让”后，即位的孝宗原想有所作为，也做了不少有益的事，如给岳飞昭雪、追贬秦桧、组织北伐等。但上面有一个太上皇，他不可能放手做事。

高宗、孝宗后的七位皇帝情况各异，但都不见清明之象。宁宗时，宰相韩侂胄主张北伐。后北伐失败，宁宗与金人议和，金人提出条件，要取韩侂胄首级。时韩侂胄已死，宁宗竟答应下来，挖韩侂胄之墓，开韩侂胄之棺，然后削首送金人，国人为之大凄。南宋末期，奸相贾似道秉政又达20年以上，其祸国殃民的罪恶行径，较秦桧有过之而无不及。这样，中原地区不但始终没能收回，江南的半壁江山又渐渐被金人和随后的蒙古人蚕食，不但地盘越来越小，而且内部越来越空虚，以至当时一位词人愤怒地责问：“今日事，何人弄得如此？”

贾似道死去两年，南宋的都城临安（今浙江杭州）就被蒙古人攻破，当时的娃娃皇帝恭帝赵㬎和垂帘听政的太皇太后一起出宫请降。他们连同宫内人等3000多，作为蒙古人的俘虏，被押送元大都。之后，文天祥、张世杰、陆秀夫等几名大臣，先后辅佐瑞宗赵昰和帝昺支撑局面，祥兴三年（1279）南宋灭亡。

先是国家的半壁江山被入侵者占领，百姓涂炭。随后，入侵者步步进逼，剩余的半壁江山又要落入敌手，大宋的社稷处于生死存亡之机。收复失地，救被占领地民众出水火；击退入侵者，保家卫国。这是时代的要求。我们看到，已经成熟了的宋代儒者群体，意识到了自己的历史使命，在顽强努力、拼搏。

二、危机时期儒者群体的精神风貌

在这样的情况下，如果最高统治者与这个群体及民众行动一致，那事情就会完全不一样了。问题是，最高统治者与这个群体及民众的意愿根本相左。他们自己不但不抗战，反而反对别人抗战，依靠自己掌握的权力，去限制、影响人们的思想和行动，甚至打击、迫害抗战人士和将领。而入侵者倚仗其强大的武装力量，步步紧逼，国家形势日益严峻。儒者群体，面临着极其艰难、复杂的局面。

正是在这样的局面中，彰显了这个群体的品格，令他们的优秀品格表现得淋漓尽致。最终，这个群体未能阻止统治者的妥协误国甚至卖国求荣行为，未能如愿抵御入侵者的攻势，未能挽救国家的败亡。但是，在这样一个历史进程中，却极其鲜明精彩地彰显出中华民族在儒学的武装之下所产生的无比强大的物质力量和精神力量。

概括这段历史，我们可以看到它的基本特点：

第一个基本特点是儒者群体阵容极为强大，且领军人物身份高，多是将相级官员或社会名流，像李纲、赵鼎、向子諲、胡铨、洪皓、陈与义、张元干、岳飞、韩世忠、韩元吉、陆游、朱熹、张孝祥、辛弃疾、陈亮、刘过、史达祖、崔与之、高观国、魏了翁、王埜 、岳珂、吴潜、刘克庄、家铉翁、文及翁、刘良翁、文天祥、邓剡、汪元量、王清惠、王沂孙、蒋捷、张炎、党怀英、元好问、段克己、段成己等等，都是著名文臣武将或社会志士仁人，他们影响巨大。

第二个基本特点是儒者群体旗帜鲜明，思想性强，感召力大，引领了一个时代的正气良风。

他们所代表的时代风貌，可以归纳为以下六个方面：

（一）浓烈的爱国情怀

按照儒道精神，宋儒并不认为国是皇帝的一家之国，而认为那是有着美丽山河、居住着父母兄弟、父老乡亲的美好家园。那是给予每个人归属感和人生追求的故土家邦。正因为如此，当皇帝向敌人屈服投降，要把中原大片领土让给入侵者时，他们坚定地说：“不！”对他们来说，国和家、国和个人密不可分，且后者属于前者。捍卫国家的安全，天经地义。

正因为如此，在入侵者已占领北方领土、野蛮掠夺杀戮中原百姓，又大举南侵之时，苟安投降的统治者不得不利用岳飞抗战。但当岳飞等连获胜利，已经逼近故都汴京（今河南开封），收复失地胜利在望之时，统治者却害怕抗战势头过大，惹恼金人，自己苟安享乐的生活不保，便以十二道金牌强令岳飞撤兵。在此境况下，岳飞作词表达了自己极大的愤怒，表明自己抗战的意志绝不改变，不达收复失地、重整乾坤的目的，决不罢休。这既是对入侵者的愤恨，也是对统治者的抗议，对自己和其他爱国抗战志士的激励。请看他的《满江红》：

怒发冲冠，凭栏处，潇潇雨歇。抬望眼，仰天长啸，壮怀激烈。三十功名尘与土，八千里路云和月。莫等闲，白了少年头，空悲切！ 靖康耻，犹未雪。臣子恨，何时灭？驾长车，踏破贺兰山缺！壮志饥餐胡虏肉，笑谈渴饮匈奴血。待从头，收拾旧山河，朝天阙！

辛弃疾出生在被女真人占领的北方地区，但他受民族大义的激励，不安于过亡国奴的日子，21岁时便组织了一支2000人的人马，投身于反金的武装斗争。后他的队伍归入耿京领导的反金义军。绍兴三十二年（1162），辛弃疾说服耿京南下，与南宋的抗金主力会合。耿京同意，派辛弃疾率领一部分武装南下联络。辛弃疾在建康府（今江苏南京）晋见高宗，朝廷承认了耿京义军的合法地位，让辛弃疾回去通报。辛弃疾没有料到在他离开队伍时，耿京之部发生了事变：叛徒张安国杀害了耿京，投降了金人，并将义军全部解散。辛弃疾回途中闻讯后，立即组织了50人的人马，长驱数百里，突入金军在济州（今山东济宁）的营垒，硬是从拥有5万雄兵的金营中将叛徒张安国抓获。他将叛徒张安国缚于马上，解至临安正法。辛弃疾的壮举震撼了朝野。朝廷也曾一度委任他担任官职。辛弃疾不忘“了却君王天下事”的使命，每到一处，都勤于政事，壮大地方财力，教化民众，不忘国耻，为收复失地做准备。另外，他还不停地上书，痛陈收复之计。朝廷只顾享受，一心想与金人媾和，害怕惹怒金人，因此把辛弃疾当成一种威胁，欲早除之而后快。淳熙八年（1181），辛弃疾被解除职务，“放归田里”。此后，辛弃疾便赋闲20年。可是，辛弃疾并没有放弃其“了却君王天下事”的抱负，没有消磨掉自己的爱国热情。孝宗淳熙十一年（1184），其时宋南渡立国已经50多年，值原吏部尚书韩元吉67寿诞之际，辛弃疾写《水龙吟》祝寿。韩元吉是一位爱国政治家，主张抗战，后见朝政长期为投降派把持，恢复无望，归隐信州上饶。他是辛弃疾的好友。辛弃疾给韩元吉的词谴责南宋主和派权臣无能误国，赞扬韩元吉人品才干，表达平戎恢复的爱国豪情。“待他年，整顿乾坤事了，为先生寿”句表达的是多么深沉和博大的担当精神！

渡江天马南来，几人真是经纶手？长安父老，新亭风景，可怜依旧！夷甫诸人，神州沉陆，几曾回首！算平戎万里，功名本是，真儒事，公知否？　况有文章山斗，对桐阴、满庭清昼。当年堕地，而今试看，风云奔走。绿野风烟，平泉草木，东山歌酒。待他年，整顿乾坤事了，为先生寿。

天下兴亡，匹夫有责。一名读书人平时只顾读书、从不晓得战争是何物，“靖康之变”后，面对国家的危难，他便欲挺身而出，投入收复失地的民族战争。他写了一首《水调歌头》，表明国难当头，自己的人生要按照国家利益的要求重新安排。他激动的泪水洒入江河的清波之中。他没有留下姓名，被称为“无名氏”。那首词道：

平生太湖上，短棹几经过。如今重到，何事愁比水云多？拟把匣中长剑，换取扁舟一叶，归去老渔蓑。银艾非吾事，丘壑已蹉跎。　脍新鲈，斟美酒，起悲歌。太平生长，岂谓今日识兵戈？欲泻三江雪浪，净洗胡尘千里，不用挽天河！回首望霄汉，双泪堕清波。

当时的儒者立志为收复失地、解救中原百姓而奋斗，此志不酬，死不瞑目。陆游临终时，就写下著名的绝笔诗《示儿》，表达了深沉的爱国情怀：

死去元知万事空，但悲不见九州同。
王师北定中原日，家祭无忘告乃翁。

社稷尚在，人们为恢复失地而战；社稷亡了，人们为它的消亡而悲。

恭帝德祐元年（1275）二月，元军进逼临安，南宋朝廷降元，帝后三宫3000余人被元军掳往金国。当时任宫廷乐师的汪元量，同时被掳，与三千宫人一起被押往北国。他在北国被扣10年后，自请为道士，才得以回江南家乡去。临行，原宫女们送他，几十位宫女赋诗。其中金德淑作《望江南》一首，道：

春睡起，积雪满燕山。万里长城横缟带，六街灯火已阑珊。人立玉楼间。

词人早起倚楼而立，瞭望北国大地，哀思故国之丧，见燕山绵绵，其上之长城蜿蜒万里，感到它满身覆盖着的皑皑白雪，简直就是为吊亡而系着的白色丧带。这首词以朴素无华的语言，表达了对国家败亡的悲哀之情。

（二）深厚的民本思想

民本思想是儒道的思想精华。宋儒认为，民为国之本，民众的愿望是国家决策的出发点，自己的百姓同胞被异族屠杀欺凌是不可容忍的，当权派只顾个人享乐不保护民众安全，更是不能容忍的。一个不保百姓的统治集团终会令国家厄运临头。

岳飞在《满江红》中诉道："兵安在，膏锋锷。民安在，填沟壑。叹江山如故，千村寥落。何日请缨提锐旅，一鞭直渡清河洛。"解救民众出水火，是岳飞舍生忘死抗敌救国的根本内动力。

孝宗隆兴元年（1163），张浚奉命督师北伐。由于投降派的反对和掣肘，北伐失败，朝廷与金议和。当时任建康留守的张孝祥作《六州歌头》，其中有这样的语句：

干羽方怀远，静烽燧，且休兵。冠盖使，纷驰骛，若为情。闻道中原遗老，常南望、羽葆霓旌。使行人到此，忠愤气填膺，有泪如倾。

词人写道，借着“怀远”的美名与敌方休兵了，求和的使者纷驰不断，让人情何以堪？那中原的父老正翘首南望，盼着王师的到来啊！见此情景，怎能不让人“有泪如倾”？

崔与之是南宋名臣，宁宗嘉定十二年（1219）至十五年间，出任成都府（治所在今四川成都）知府兼成都府路安抚使。剑阁在其属地。他在视察剑门关时，触景生情，写了一首《水调歌头》：

万里云间戍，立马剑门关。乱山极目无际，直北是长安。人苦百年涂炭，鬼哭三边锋镝，天道久应还。手写留屯奏，炯炯寸心丹。 对青灯，搔白首，漏声残。老来勋业未就，妨却一身闲。蒲涧清泉白石，梅岭绿阴青子，怪我旧盟寒。烽火平安夜，归梦绕家山。

当时，淮河秦岭以北的大片国土被入侵者占领。崔与之立马剑门关上，向北张望，面对的就是被金人占据的国土。崔与之想象到，那里的人民正遭受金人的蹂躏，处于水深火热之中，感到难忍于此。他接下来表示，“天道久应还”，誓将收复失地，拯救被蹂躏的民众于水火。下阕进一步写自己的感触：年纪大了，原本有回乡颐养天年之意，但国家正是用人之时，回乡之念只好放下，为解救民众、挽救国家而效力吧。其爱国、爱民情怀溢于言表。

（三）反对苟安投降，谴责奸佞误国

儒道主张为臣为官，要对君“勿欺也，而犯之”。要敢于抵制、抗拒为君的无道。南宋时国土沦丧，百姓涂炭，朝廷却苟安投降，囿于一隅，恣意享乐，这是儒者所不能接受的。但统治者大权在握，大家的不满，大多用隐晦的方式进行表达。辛弃疾写《破阵子》就是这样一种情景。这首词道：

醉里挑灯看剑，梦回吹角连营。八百里分麾下炙，五十弦翻塞外声。沙场秋点兵。　马作的卢飞快，弓如霹雳弦惊。了却君王天下事，赢得生前身后名。可怜白发生。

这首词是写给陈亮的。陈亮力主抗金，曾多次上书反对议和，因此触怒当政者，三次被诬入狱。陈亮是辛弃疾的好友，曾向辛弃疾索词，辛弃疾遂写这首词给他。全词从开头到“赢得生前身后名”各句，写出了一系列连贯性动态行为，构成辛弃疾自己平生内心难以泯灭的一种理想境界。最后那句“了却君王天下事”，点明了其意图：收复失地、完成国家统一。这是辛弃疾理想信念的一种追求和寄托，是创建不朽功名心愿的一种表述。而最后一句的陡转，便把矛头指向了当朝统治者。这一点，陈亮自然是清楚的。是当朝皇帝的苟安投降政策，使英雄壮志难酬。

到了南宋后期，统治者荒淫无道越演越烈，大家已经难以忍耐了，遂大胆地对他们的苟安投降行为进行了公开的揭露。请看文及翁的《贺新郎》：

一勺西湖水。渡江来，百年歌舞，百年酣醉。回首洛阳花石尽，烟渺黍离之地。更不复、新亭堕泪。簇乐红妆摇画舫，问中流、击楫谁人是？千古恨，几时洗？　余生自负澄清志。更有谁、磻溪未遇，傅岩未起。国事如今谁倚仗，衣带一江而已！便都道、江神堪恃。借问孤山林处士，但掉头、笑指梅花蕊。天下事，可知矣！

文及翁是南宋理宗时人，宝祐元年（1253）进士及第。及第后，他与同年一起游西湖有感，写下这首词。词的开首“一勺西湖水。渡江来，百年歌舞，百年酣醉”，便点明了题旨，把词人最为不满的意思做了概括性描述。接下来借洛阳“花石尽”、汴京成“黍离地”说明国家的危难。词中“新亭堕泪”是用典：《世说新语》记载，西晋时，中原战乱频仍，许多人过江躲避。元帝时，丞相王导与宾客会于新亭，座中有人叹息“风景不殊，举目有江河之异”，众人听罢皆相视流涕。王导变色曰：“当共戳力王室，克复神州，何至作楚囚对泣耶！”用此典，词人意在抨击那些顺应皇帝喜好，不敢有所作为的朝臣。词人说，只见湖面之上笙簧频奏，仕女倩影，大家一起寻欢作乐，却不见江上像祖狄那样击楫的人物。所有这一切，让词人无限感慨：千古恨，几时洗！

词人是决心消除这千古恨的。所以，下阕词人明志，希望自己能够得到任用，成为姜子牙、傅说那样的人，为国家的复兴干一番事业。但词人立即意识到，现实决定这是一种幻想。因为朝廷的思路是不同的。他们所倚仗的不是人才，而是一条长江水！

词人看透，朝廷掌权者的思路是：一线长江水为他们保天下，一注西湖水供他们享安乐，这就足够了。

最后，词人得出结论：天下事，可知矣！

这首词，与林升的《题临安邸》诗所表达的，是同一个意思：

山外青山楼外楼，西湖歌舞几时休。
暖风熏得游人醉，直把杭州作汴州。

苟安投降是南宋统治者的本性，但他们这样做，与身边奸佞对他们的挑唆也有很大的关系。高宗一心要苟且投降，秦桧从金人那边“逃”回来之后，就对他说：“要使天下无事，南自南，北自北。”高宗听后觉得“甚合朕意”。他用秦桧20年为相，其“机缘”，就是在这一点上高度的一致。

大家不满皇帝的苟且投降，痛恨秦桧一类奸佞的误国，对他们进行了无情的鞭笞。

高宗绍兴八年（1138）时，奸相秦桧策划再次与金议和，从而在朝中引发了一场战与和、也即保国和误国的激烈斗争。时任枢密院编修官的胡铨是主战派中态度最激烈的一位。他上书高宗，斥责秦桧误国，要求杀秦桧以振国人。秦桧非常害怕，以“狂妄凶悖，鼓众劫持”的罪名，将胡铨贬谪福州（治所在今福建福州）任签判（州署的幕僚）。绍兴十二年，秦桧又将胡铨押配新州（治所在今广东新兴）。胡铨在逆境中不改操守，上书后

10年，在新州写了《好事近》一词：

富贵本无心，何事故乡轻别？空使猿惊鹤怨，误薜萝风月。囊锥刚要出头来，不道甚时节。欲驾巾车归去，有豺狼当辙。

词的上阕写“悔恨”别故乡，下阕说“囊锥刚要出头来，不道甚时节”，实说自己别乡离家是要报国救民，可刚一出头，便被打了回来。这是回忆10年前自己出头怒斥秦桧事，“讥讪”自己“不识时务”。其实，词人所表达的是对自己反权奸之举无怨无悔，如今仍对国事深切忧愤。故词人在结尾一句说，既有豺狼当道，岂能不顾民族之危难，安于归隐，去自享其乐？这表达的是一种不除奸佞、誓不罢休的拼命精神。我们读后不能不被这位斗士的大无畏精神所感动。

曾三次为相的名臣赵鼎，与奸相秦桧进行了坚决的斗争，他因此受到秦桧的迫害，最后被罢谪岭南，秦桧依然不放过他。他不想受辱，遂决定自杀。他给自己预制了放于棺前的铭旌，上写：“身骑箕尾归天上，气作山河壮本朝。”表达了他对奸佞的蔑视之情。

前有秦桧为相，乱国20余年，后又有贾似道为相，再乱国20余年。贾似道的倒行逆施不亚于秦桧，人们对他恨之入骨。

贾似道为相，对外一味苟且乞和，对内残酷压榨人民。为加紧对民众的盘剥，他订出“尺寸皆有税”的“章程”，在全国推行“经界推排法”，重新丈量土地。这引起了百姓的强烈不满。醴陵士人的《一剪梅》，表达了人们对奸佞误国的愤怒之情：

宰相巍巍坐庙堂，说着经量，便要经量。那个臣僚上一章，头说经量，尾说经量。 轻狂太守在吾邦，闻说经量，星夜经量。山东河北久抛荒，好去经量，胡不经量？

词的上阕前三句痛斥的是宰相贾似道，随后三句痛斥的是朝廷趋炎附势的无耻之徒。下阕开始三句则是痛斥紧跟贾似道的地方官。他们沆瀣一气，一不顾民众的死活，残酷地进行盘剥；二不顾大片沦丧国土的收复，终日醉生梦死，是历史的罪人。词人怀着满腔的怒火质问，那沦丧的山东河北有大片的“荒地”，你们为什么不去那里丈量？词人不顾个人安危，把矛头直指残暴的最高掌权者——宰相，是正义的伸张。

度宗咸淳三年（1267），元军进攻襄阳，继而又围樊城。城中军民顽强抗敌，坚守了五年。粮食断绝，情形极为惨烈。可此时此刻，作为宰相的贾似道之流又在干什么呢？《宋史》记载：“时襄阳围急，似道日坐葛岭（在西湖畔），起楼阁亭榭”，霸占有姿色的女性，终日“淫乐其中”，“人无敢窥其第”。

有关这段史实，杨佥判有一首《一剪梅》道：

襄樊四载弄干戈，不见渔歌，不见樵歌。试问如今事若何？金也消磨，谷也消磨。 柘枝不用舞婆娑，丑也能多，恶也能多！朱门日日买朱娥。军事如何？民事如何？

词中“柘枝不用舞婆娑，丑也能多，恶也能多”、“朱门日日买朱娥。军事如何？民事如何”便是《宋史》上述记载的形象注脚。

这首词不但把矛头直指贾似道，而且点出问题的实质：国家的前途，民族的命运，人民的生死，统统不是这帮人所关心的。他们所关心的，就是个人的享受，国难当头，他们依然如此。这是些民族的罪人。他们不除，国必亡，民必惨。志士仁人、广大百姓同统治者是势不两立的。

（四）积极进取，促进国家强盛，塑造精彩人生

南宋儒者认为，国家理想是第一位的，是统辖个人理想的。人生不应是随意的，应是有正确方向的，遵循崇德向善原则的。每个人都应积极进取，促进国家强盛，塑造精彩人生。

岳飞在《满江红》词中告诫自己道：“莫等闲，白了少年头，空悲切！”他知道，人生不能虚度，要过得有意义，无愧悔。因为人生只有一次，不能重来！

南宋末年的文天祥是一位心怀大志、富有进取精神的英雄。一次，他路过潮州张巡、许远庙，写了一首《沁园春·题潮阳张许二公庙》：

为子死孝，为臣死忠，死又何妨。自光岳气分，士无全节；君臣义缺，谁负刚肠。骂贼睢阳，爱君许远，留取声名万古香。后来者，无二公之操，百炼之钢。　人生翕歘云亡，好烈烈轰轰做一场。使当时卖国，甘心降虏，受人唾骂，安得流芳。古庙幽沉，仪容俨雅，枯木寒鸦几夕阳。邮亭下，有奸雄过此，仔细思量。

题中的张许，指的是张巡、许远。在韩愈做潮州刺史时，当地民众知道韩愈钦佩二人的不屈精神，便给他们修了庙，称为“双忠庙”，以示纪念。500年过去了，南宋末年“双忠庙”尚存。祥兴元年（1278），文天祥路过潮阳，特意到“双忠庙”拜谒，写了这首词。词中“人生翕欻云亡”句中，“翕欻”是转瞬即逝的意思。“人生翕欻云亡，好烈烈轰轰做一场”两句，即概括了文天祥的积极进取、奋发有为的人生。

南宋时，在历史的紧要关头，激流勇进，奋发有为，创造了精彩人生的英雄豪杰、志士仁人，数不胜数。

（五）强烈的民族尊严意识，刚直不阿的凛然正气

民族尊严感来源于一个民族对自己优秀文化和价值观念的自信和自尊，是一个民族优越感的源泉。没有这种自信和自尊，民族可以富有，也可以张狂，但它不会有尊严。民族尊严感是不能丢弃的，是不能被任意践踏的。

南宋建立之初，高宗曾于建炎三年（1129）派洪皓作为“通问使”使金。金人将洪皓扣留10余年，对他使尽各种手段，砍头威逼、富贵诱引、流放折磨，洪皓坚贞不屈。被扣押期间，高宗与金人议和，宋廷对金国称臣，割淮河以北广大地区给金国。金人则答应将宋徽宗的棺木和高宗的母亲韦氏送还。当迎接徽宗棺木和韦氏的使臣将要到达时，洪皓感慨万分，作词一组，其中《江梅引》道：

天涯除馆忆江梅。几枝开？使南来，还带余杭春信到燕台？

准拟寒英聊慰远，隔山水，应销落，赴愬谁！ 空恁遐想笑摘蕊，断回肠，思故里。漫弹绿绮，引三弄，不觉魂飞。更听胡笳，哀怨泪沾衣。乱插繁花须异日，待孤讽，怕东风，一夜吹。

一方面凛然正气，一方面卑躬屈膝，彼此心迹是何等不能相容。

孝宗隆兴二年（1164），南宋与金人签订屈辱性协议“隆兴和议”，“议和”规定，金与宋的关系为叔侄关系，每逢金最高统治者寿诞（万春节）之时，宋便派遣高规格的贺万春节使团，前往金朝都城祝贺。这对宋朝来说，带有极端的屈辱性。淳熙十二（1185），宋廷派遣章森以大理少卿试户部尚书衔为正使，前往金人都城。词人陈亮就此写了一首《水调歌头》，道：

不见南师久，谩说北群空。当场只手，毕竟还我万夫雄。自笑堂堂汉使，得似洋洋河水，依旧只流东。且复穹庐拜，会向藁街逢。 尧之都，舜之壤，禹之封。于中应有，一个半个耻臣戎。万里腥膻如许，千古英灵安在，磅礴几时通。胡运何须问，赫日自当中。

这是陈亮为送朋友章森出使金国而写的词。他勉励朋友不辱使命。屈尊为使，只是一时之事。我们这个有着先进文明的中原民族，不可能长期在文化落后的民族统治之下生存，耻为戎臣的人一定会有。我们中华民族的命运必将再现辉煌。

陈亮一向主张武力收复中原，认为堂堂中原帝国，屈辱于一

“蛮族”，是民族的耻辱。他在《上孝宗皇帝第一书》中说：“南师之不出。于今几年矣！河洛腥擅，而天地之正气抑郁而不得泄，岂以堂堂中国，而五十年之间无一豪杰之能自奋哉？”

上面这首《水调歌头》，正是陈亮这些主张的艺术概括。

“富贵不能淫，威武不能屈”是中华民族的志士仁人应有的气节。章森没有辜负他的朋友的期望，在极端艰难的情况下，不卑不亢，落落大方地完成了使命。

恭宗德佑二年（1276）正月，元军逼近南宋都城临安，南宋朝廷请降，派祈请使捧玉玺去元大都见忽必烈。使团官员300余人，加上搬运礼物和其他器物的军士，共3000余人。家铉翁当时为祈请使之一。使团到达后，家铉翁被扣留，直至元世祖至元三十一年（1294）他82岁时才被放归。在北国羁留期间，使团官员有些被陆续放还。陈正言就是其中的一位。在陈正言临行前，家铉翁作《念奴娇》一首：

南来数骑，问征尘、正是江头风恶。耿耿孤忠磨不尽，唯有老天知得。短棹浮淮，轻毡渡汉，回首觚棱泣。缄书欲上，惊传天外清跸。　路人指示荒台，昔汉家使者，曾留行迹。我节君袍雪样明，俯仰都无愧色。送子先归，慈颜未老，三径有馀乐。逢人问我，为说肝肠如昨。

家铉翁率使团北上时，南宋朝廷尚未出降。当年三月，元军掳恭宗及三宫发大都。之后，南宋流亡小朝廷又有陆续的反元行动，但最后归于失败。所以，这首词一开始便有“南来数骑，问征尘、正是江头风恶”这样的话。原本，家铉翁对南方的反元力量抱有希望，但“恶风”不断传来，家铉翁的期望最终破灭。在这样的情况下，家铉翁明志：耿耿孤忠磨不尽。这之后，是词人的回忆，“短棹浮淮，轻毡渡汉”，回忆元军南进；“回首觚棱泣”回忆这次北来途中回望京城而痛苦的情景。词人说，他作为祈请使，原本到达大都见忽必烈后，会把祈请的情况上奏朝廷，可这事还没来得及做，就听到了“天外清跸”，即恭宗及三宫被掳的消息。下阕开始讲自己到达北国后的事，即他看到了当年苏武在北国留下的遗迹。由此，引出自己再次明志：“我节君袍雪样明，俯仰都无愧色。”并表示他这个羁北者不屈的心志：肝肠如昨！

这是另一首正气歌。只是，词人的堂堂正气，不是用豪言壮语来表达，而是通过叙事、赠言来表达的。表达形式不同，但它一样感天地、泣鬼神，显示出一种坚如磐石、不可摧毁的民族气节。

为民众民族抗争，不为富贵淫威折腰，是南宋儒者群体在国家危难中的极其可贵的人格坚守。

下面我们介绍一下“宋末三杰”可歌可泣的动人事迹。

文天祥德祐元年（1275）任右丞相，奉命与元人议和被扣留，后寻机逃回，与张世杰、陆秀夫等继续抗元。到潮州时，他特意拜谒唐代“双忠庙”，表示人生在世，当“烈烈轰轰做一场”（这在前面已提到）。他用行动践行了自己的誓言。后他被元军俘获，元军将领让他招降张世杰，他坚决不从，作《过零丁洋》明志，其中的“人生自古谁无死，留取丹心照汗青”，成为不朽名句。元军将他押往北国。在被押运的途中，他看到了被押往北国的原宫中昭仪王清惠的《满江红》。王清惠的词是这样的：

太液芙蓉，浑不似、旧时颜色。曾记得、春风雨露，玉楼金阙。名播兰簪妃后里，晕潮莲脸君王侧。忽一声、鞞鼓揭天来，繁华歇。　龙虎散，风云灭。千古恨，凭谁说。对山河百二，泪盈襟血。驿馆夜惊尘土梦，宫车晓碾关山月。问姮娥、于我肯从容，同圆缺。

词的结尾两句，引起了文天祥的关注，大概是认为这两句有侥幸偷生的念头，文天祥遂仿王清惠口吻，重作了一首《满江红》，末两句改为："算妾身、不愿似天家，金瓯缺"。"天家"指皇帝。"金瓯"即金盆，古人常用来比喻牢固而完整的国家。文天祥这两句意思是说，国家虽然灭亡了，但自己的节操决不改变。

我们不晓得王清惠是否见到了文天祥的《满江红》。但她用自己的行动保持了民族节操——她到达北国后，做了一名女道士，不屑侍奉亡我之敌。我们前面介绍的原宫廷乐师汪元量回南方时，原宫女们给他赋诗送行的事，那活动就是王清惠组织的。

且说文天祥被解往元都城后，元统治者多次劝降，均被他严词拒绝。后元世祖忽必烈亲自出面劝降，许以宰相高位。文天祥回答说："愿一死报国。"最后，他英勇就义，时年47岁。

文天祥留下绝命诗一首，道：

孔曰成仁，孟曰取义。

唯其义尽，所以仁至。

读圣贤书，所学何事？

而今而后，庶几无愧。

他用自己的人生诠释了儒道的最高境界。

此处还应该介绍一下文天祥的好友张毅夫的故事。文天祥任右丞相时，多次请他出来任职，他都没有同意。文天祥被捕后，他对文天祥说："今日丞相赴北，我当同行。"到达大都后，他每天都到禁所陪伴文天祥。文天祥就义后，他收了文天祥的首级，找到文天祥夫人的遗骸，送到文天祥的家乡埋葬了。

另外两位将领张世杰和陆秀夫的事迹同样感人。恭帝德祐元年（1275），张世杰经江西等地，入卫都城临安，受命总都督府诸军。次年，元军围临安，他和文天祥请背城决战，被宰相陈宜中所阻，乃提兵入海。临安陷落后，恭帝向元军投降，张世杰在福建与陆秀夫、陈宜中立益王赵昰为帝，这就是瑞宗，改元景炎。此后转战闽、粤沿海。景炎二年（1277），瑞宗死，张世杰又与陆秀夫等立卫王赵昺，改元祥兴，迁居崖山（今广东新会南海中）。祥兴二年（1279）与元军在海上决战，大败，张世杰遂率10余舰突围，退至螺岛（今广东阳江县以南海中）。值台风来袭，船毁，张世杰被大浪卷入海中。时任左丞相的陆秀夫也在海中。元军追来，情势危急，陆秀夫便对赵昺说："德祐皇帝辱已甚，陛下不可再辱。"遂毅然背着赵昺跳入大海。

大海在呜咽，在悼念为国为民而壮烈牺牲的英雄。

孔子说:“三军可夺帅也，匹夫不可夺志也。”又说:“岁寒，然后知松柏之后彫也。”1000多年前孔子及其弟子们临危不惧、视死如归的卫道精神，在宋代的志士仁人那里得到了生动的再现。

点评　儒者群体的历史功绩

西方学者从自己的历史发展中得到一条极为重要的经验，即一个国家如果能在社会中培育起一个强大的中产阶级，那么，这个社会的运行发展将是稳定而正常的。这是有道理的，值得借鉴的。当然，我们的理念还不止于此，而是“走共同富裕之路”。

这本不是本书讨论的范围，提到这一点仅仅为了引出我们如下的话题:

我们中国从自己的历史发展中也得出一条经验，这就是，一个民族，如果能够用一种符合历史发展需要的价值体系和观念武装起一代又一代强大的社会精英群体，对于我们民族的成长、发展，是至关重要的。这个社会精英群体，不等同于知识界，更不等同于统治集团。在我国封建时代，它就是儒者群体。它的成分包括各阶层的“志士仁人”。它存在于清正官员和知识界中，更存在于广阔的民间各行各业中，其成员包括每个家庭主导良好家风的忠厚家长和族长、孝敬父母公婆、相夫教子、贤惠持家的家庭主妇，乡村那些德高望重能主导乡里正风良俗的仁德长辈们，还有工商各业有影响讲道德能率先垂范树立良好行风的商家店主们，以及那些传道授业的教书先生们，如此等等。这个群体的主要功能，是弘扬儒学的价值观，使之成就全社会良好的道德风尚，促成全社会的道德自律功能。它对统治集团的行政，有某种正向推动力，对其腐败，有一定的威慑力。

但它终究无法担当左右一个王朝兴衰的任务。它是另有担当的。

一个王朝的衰败，是统治集团“自找”的，是它紧握权柄，违背民意、引发众怒的结果。我们从唐宋的历史中看到了这一现象。

我们同时也看到了另一种现象：即使统治集团腐败奢靡，而民风依然可以淳朴有道。

可见，儒学价值观之功能，是作用于更长远、更广泛的范围之内的。它通过儒者群体的传播、践行，深入于每个人的心灵深处。在中华大地上形成各具特色而又统归于儒道的家教家风、乡约乡风、行规行风。那无处不在的“道德法庭”，使每个人心有敬畏而不敢违逆。这就是虽然统治集团奢靡而民风依然淳朴的道理。因此，从某种意义上说，儒者群体所担当的是将古籍上的儒学经典广泛活化于社会生活的人心世风当中，是儒学经典与广大民众之间的桥梁，通过这个桥梁，中华民族的每一个个体都成为传播践行儒道的主体。这就使我们中华民族的精神命脉持续不断，经久不息。这便成就了一个伟大奇迹，世界上最古老的文明，只有中华文明延续至今。我们这个古老的民族，虽历经磨难，但总能于挫败中重新站起，其凝聚力、生命力、创造力，历久弥坚。

这就是一代儒者精英与民众紧密结合，形成一体，传承践行我们民族优秀文化和价值观的合乎逻辑的结果。

第八章

民族大融合中的儒学

第一节　民族大融合初期社会状况和儒学的地位

“罢黜百家，独尊儒术”，只是汉武帝的一项国策。因而，出现三方面的情况后它是可以改变的：首先，武帝确立了这样的国策，他的子孙也是可以改变的。但这种情况没有发生。其次，这样的一项国策，即使武帝的子孙不做改变，但改朝换代了，到了三国，到了两晋，到了隋朝、唐朝、宋朝、明朝，等等，还是可以改变的。但这种情况也没有出现。

那么，到了非汉人的王朝，情况又是怎样的呢？

实际是情况依然没有发生根本性改变。

北魏是鲜卑族建立的政权，是我国历史上第一个由少数民族建立起的王朝。

拓跋珪建国后，特别是其领土扩大到中原地区后，北魏建立了较为完备的封建政权。在这个过程中，他加速了拓跋部汉化的进程。拓跋珪接受了儒家思想，对于前来投靠的汉族士大夫，无论老少，都亲自接见，量才录用。于是，它身边很快聚集了大批汉族谋士能臣。在北魏早期的社会中，汉族士人的地位和作用是相当明显的。

此后，由于他的继任者拓跋嗣（明元帝）、拓跋焘（太武帝）都继续拓跋珪的这些政策，造成了三代的强盛。后来秉政的冯太后，以及孝文帝拓跋宏，依然推行这些政策。

冯太后是北魏文成帝拓跋濬的皇后。465年，文成帝病死时，即位的拓跋弘（即魏文帝，非冯氏所生）年方12岁，24岁的冯太后临朝称制。冯太后接受大臣的建议，在全国各地设立乡学，分配博士、助教于各郡，推行汉化。与此同时，冯太后还注意革除拓跋族的落后风习，在日常生活中推进汉化。

在此期间，冯太后主持颁行了著名的均田制。孝文帝亲政后，继承太皇太后遗志，重用汉族士人，在各方面进一步推行改革，全面实施汉化。他模仿制定汉人礼仪，实行汉族官制。孝文帝汉化措施最重要的一项，是将都城由偏远的平城（山西大同东北）迁至洛阳。之后，孝文帝继续改革鲜卑旧俗，在服装、语言、籍贯、姓氏、官制等方面广泛推行汉化。

自魏晋时期，北方已经出现过多次民族大迁移、大融合。北魏时，民族融合的步伐大大加快。作为统治北方的鲜卑族拓跋氏，为这一融合作出了贡献。后经过东魏、西魏、北齐、北周几个朝代的历史演变，原来北方的匈奴、羯、氐、羌、鲜卑、乌桓等各少数民族融入了以汉族为主体的中华民族大家庭之中。而在这个过程中，这些民族的名称逐渐消失，成为历史名词。

第二节　元朝社会状况和儒学的地位

元朝建立前，蒙古贵族是十分轻视儒学的，当时蒙古人有“一官、二吏、三僧、四道、五医、六工、七猎、八民、九儒、十丐”之说。而随着蒙古人渐渐进入中原汉地，尤其是元世祖忽必烈即位后，他们对儒学的态度发生了重大变化。

忽必烈曾率军在中原和江南征战，对汉地的文化接触较多。他凭借在中原汉地征战积累的实力，击败了与他争位的阿里不哥，登上皇位。他逐渐加深了对中原文化的了解、重视。即位后，他便广招天下名儒，开设国子学，命贵族子弟入学，学习儒家经典；又征召许多儒士入朝做官，参赞军国事务。

由于儒家教育的普及，到元朝中期，统治者对儒学已是十分推崇：武宗封孔子为“大成至圣文宣王”；仁宗则有“修身治国，儒道为切”的名言。仁宗皇庆二年（1313），中断了80余年的科举考试得以恢复，并规定以程、朱所注儒家经典为考试内容。这标志着，儒学在元代取得了思想上的统治地位。

但是，元朝对儒学主体地位的承认是极不彻底的。

第一，元朝自始至终实施民族压迫政策

元朝将国内的民族划分为四等，第一等是蒙古人，第二等是色目人，第三等是汉人，第四等是南人。蒙古人包括早期组成大蒙古国的各蒙古部落成员，色目人指除蒙族和汉族以外其他各民族的成员，汉人指原来在金朝统治下的中原汉族及云南、四川等地较早降附蒙古的汉族，南人是指原在南宋统治下的汉人。四种人中蒙古人地位最高，色目人次之，汉人和南人地位低下，尤其是南人，地位是最卑微的。

第二，严格限制汉族的参政机会

元朝中央机构有三大部门：中书省、枢密院、御史台。这三个部门的正职，除极个别的例外，绝不让汉人担任。至于各行省，情况也是如此。甚至到了基层的路、府、州、县这些统治机构，元廷均安排蒙古人执掌实权。汉人和南人最多只能担任路的总管和府、州、县的守令。

第三，对汉人科举设定种种限制

1234年，蒙古灭金，北方的科举取士制度彻底停顿，经过80年，元仁宗皇庆二年（1313），朝廷恢复了科举考试。

但元代的科举考试规模非常之小。全国乡试通过而成为举人的，最多不过300人，而会试所取最多时也只有100人。元代一共举行过16次科举考试，一共录用了进士1200人左右。

尤其是，元代的科举考试体现了元政府鲜明的民族压迫政策。元廷将应试的举子分为“蒙古”、“色目”、“汉人”、“南人”四类，四类有两种标准：在考题的设置上，“蒙古”和“色目”试题比“汉人”和“南人”试题容易许多；前两类考生只考两场，后两类要考三场；在录取名额上，各类考生却是相等的，即从每类考生中录取25人。由于“汉人”和“南人”考生的数量要远远高于“蒙古”和“色目”考生，再加上考题更难，汉族考生考取进士的机会微乎其微。看起来，对于元代来说，科举制度类似一种可有可无的点缀。

第四，赋税方面严重的民族歧视

元朝统治者在全国范围内征收田亩税和盐课、茶课、酒醋课、商税、市舶税等“诸色课程”。税负主要落在“汉人”和“南人”身上。除此之外，“汉人”和“南人”还承担沉重的徭役负担，包括建造工程、运输货物、开挖河渠等。“汉人”和“南人”的极沉重的负担，往往使得百姓倾家荡产、妻离子散。

第五，法律上的不平等

元朝的法律规定，蒙古人打死汉人，付烧埋银、杖五十七完事；而汉人打死蒙古人，就要正犯处死，籍其家产。另外还规定，蒙古人打了汉人，汉人不得还手，只能控诉于官府。总之，犯同样的罪，由于民族不同，惩罚是不一样的。

有的学者认为，元朝之所以只维持了短短的90几年，实际上是他们实施民族压迫、违背儒学民族平等和和谐共存理念的结果。

第三节　清代社会和儒学的地位

清朝是我国最后一个由少数民族建立的王朝。和元朝不同的是，清朝的统治者在入主中原之前很早就已经开始了汉化的过程——历经了努尔哈赤、皇太极、福临（实际掌权的是多尔衮）三代。在皇太极时，这个过程在加快。早在皇太极称帝之前的天聪三年（1629），皇太极就设立了“文馆”。天聪五年，皇太极定官制，设立六部。就连朝代名称和年号也有浓浓的中原色彩：从努尔哈赤开始，爱新觉罗氏定下的目标就是灭明、取中原天下。因此，皇太极处处与明朝作对：朱氏天下为“明”，从“火德”；爱新觉罗氏的天下为“清”，从“水德”。朱由检的年号为“崇祯”，皇太极的年号为“崇德”，等等。到多尔衮时期，爱新觉罗氏所有有作为的子弟都会讲汉语，懂汉情。多尔衮是他们之中的佼佼者。他率领八旗入关，其战略之高明、策略之得当，是他的对手李自成（当时明朝已被李自成推翻）所难以相敌的。

爱新觉罗氏入主中原之后，进行了近300年的统治。纵观有清一代的历史，可以这样说，它达到了中国封建统治的最高峰。

从我国封建统治的历史看到，有五个方面是朝代更替的主因：一、帝王荒淫，二、分封造成的内乱，三、藩镇割据，四、外戚专权，五、宦官乱政。

第一方面：两次鸦片战争之前，清代的帝王，总体上是较好的，没有出现一个“无道昏君”，他们对儒学的尊重，学习儒学的造诣，跟历代帝王相比，毫不逊色。就拿身历第一次鸦片战争的道光皇帝来说，他就是一位不错的皇帝。至少，帝王最不容易做到的生活简朴方面，道光皇帝做得较好，在中国历代帝王中是数一数二的。他登基的当年，下了一道圣谕，停止各省的进贡。而且他的这项决定是认真的。此后，他吃饭不过四菜，除了上朝穿的龙袍，他平日穿的衣服常常是打补丁的。他还规定，除太后、皇帝、皇后三人外，皇室其他人不赶上节日不得吃肉，嫔妃们平日不得涂脂抹粉，不得穿锦绣之服，如此等等。

第二方面：清代没有分封造成的内乱。

第三方面：由于历史的原因，清初曾封吴三桂等为异姓王，后吴三桂等“三藩”反清。三藩平定后，清代再也没有出现藩镇割据的问题。

第四方面和第五方面：近代史开始之前，清代既没有外戚专权，也没有宦官乱政。

就是说，清代汲取历史教训，在执政能力方面较前朝有所提高。

清代的经济状况总体上也是好的。有名的“康乾盛世”，是中国有史以来“盛世”持续时间最长的。

前面我们讲宋代情况时，曾提到英国经济史学家麦迪森用“购买力评价法”测定宋代的人均GDP曾达到600美元。麦迪森据此推算中国清代康熙年间的人均GDP是600美元。据查，康熙四十九年（1710）中国人口是0.22亿，乾隆五十七年（1792）时是3.1亿,80年多一点的时间里，人口增长了15倍。如果照3.1亿计算，人均600美元，乾隆末期中国的经济总量应该近2000亿美元。这个数字在当时的世界上应该列第一位，尽管那时欧洲的人均GDP是924美元。

清朝在文化方面也有显著“集大成”的特色。其文化繁荣的标志性成果，一是《红楼梦》的问世，二是《四库全书》的编成。

《红楼梦》的成就在此无须多讲。《四库全书》编成的情况我们要在这里介绍一下。这套书是清代中期乾隆年间编撰的汇集历代著述的大型丛书，也是迄今为止我国最大的一部丛书。它的编撰，是当时乃至现在都难以企及的浩大的文化工程，是中国古代一切人文、学术、思想和文化成果的一次空前的总结。

乾隆三十七年（1772），乾隆皇帝下令各省搜集历代及当代著述，编成后设立四库全书馆。参加编纂工作的，前后共有500

余人，设有正总裁官16名，包括三位皇子，副总裁官25人，正副总裁官下又设总纂官、总校官、总阅官、提调官、协勘官、编纂、校勘、分校官、督催官、收掌官，等等。四库馆臣中，汇集了当时许多著名学者，如纪昀、陆费墀、戴震、邵晋涵、翁方纲、王念孙、周永年等。

《四库全书》的编纂工作从乾隆三十八（1773）年二月开始，至四十六年十二月初稿修成，到五十二年六月全部编成，历时15年。以后校对错误缺漏，补入一批书籍，至乾隆五十八年（1793）编纂工作全部告竣。

《四库全书》共收书3503种、79337卷、36304册。《四库全书》共誊写了7部，分藏于皇宫文渊阁、圆明园文渊阁、奉天（沈阳）文溯阁、承德文津阁、扬州文汇阁、镇江文宗阁、杭州文澜阁。另有一部副本藏于皇宫翰林院。

由于《四库全书》规模过大，难以检索阅读，编修《四库全书》的同时，四库馆臣做了编纂目录提要的工作。在每部书籍校订完成后，在书前做提要。提要的内容是记录作者籍贯，考订版本源流，辨正书籍篇帙分合，评订内容得失等。最后，编写为《四库全书总目》。光《四库全书总目》就有200余卷。

乾隆六十年，浙江地方官府翻刻武英殿刻本，在社会上广为流传，成为后人研究中国文化的入门书籍。

在此还要特别提到的是，除《四库全书》外，清代还编撰了其他数量众多，品类繁盛的多种图籍，如：

经学类：《周易述义》、《诗义折中》、《周官义疏》、《仪礼义疏》、《礼记义疏》、《春秋直解》、《律吕正义后编》、《大清通礼》、

《皇朝礼器图式》、《诗经乐谱全书》、《乐律正俗》、《日讲礼记解义》、《钦定三礼义疏》、《钦定翻译五经》、《钦定翻译四书》、《十三经注疏》，等等。

史学类：《明史》、《二十一史》等，还有“方略”系列、典章制度系列、志书系列、史传表志系列、实录系列等。

文字学、小学书籍，有《西域同文志》、《清文鉴》等。

文学类：有《唐宋文醇》、《四书文》等。

目录学类：有《天禄琳琅书目》等。

艺术鉴赏类：有《石渠宝笈》、《钱录》、《三希堂法帖》等。

清代在政治方面，其制度、人事、社会等各方面的腐败，也有“集大成”的特色，有的达到了极端。这方面的情况我们将在下一章介绍。

第四节 “汉化”的重大历史意义

少数民族在中原建立王朝，实行汉化，对中华民族的成长壮大有着重大的意义。

“汉化”，其实质，是对中原以儒学为主体的传统文化的认同、吸纳和内化。

这一方面昭示了以儒学为主体的中原文化的强大魅力。儒学“仁”的理念，其“己所不欲，勿施于人”、“己欲立而立人，己欲达而达人”等理念，对于维护良好的统治秩序和社会风尚有着积极的意义，统治者愿意推行儒学的理念。另一方面，中原地区有亿万民众，他们是中原文化的主体。任何统治者要想长期在这里建立统治，这些民众的思想、情绪是他们必须考虑的。以上两方面的因素，促使少数民族的统治者乐于进行汉化，愿意继续推行以儒学为主体的中原文化建设。而这，自然是对中原民族有利的，也是对中华民族的成长有利的。

“汉化”的意义在于：

第一，加速了边远地区和落后地区的政治、经济、文化的开发。

第二，使少数民族的文化得到提升、充实。各少数民族的游牧、半游牧文化，逐渐在转化为农耕文化。

第三，使汉族吸收了新鲜的血液，增强了以汉族为主干的中华民族的活力，使中华民族在汉族和少数民族的双向融合中得到不断的更新、成长和发展。如从隋朝开始的“科举制”，实际萌芽于南朝的梁，唐朝成功实行的“三省制”，开始于北魏。如此等等。

第四，魏晋至南北朝的民族融合，使中原王朝在处理民族关系问题上有了开创一代新风的机遇。隋唐的前期，民族关系是我国古代历史上较好的时期，这无疑是受到魏晋南北朝良好的民族融合之风的影响的。

第九章

应对“千年未有之变局”

第一节　近代“中国落后”析

一、几种不实印象

许多人有这样一些印象：一、似乎中国封建社会历史的延续时间比西方长得多；二、似乎历史上西方一直比中国先进，比中国强大；三、中国近代史开始之前，封建社会似乎已经腐朽透顶。

关于第一种印象，实际情况是，中国延续封建社会历史的时间，只比西方多200余年。

关于第二种印象，实际情况是，在西方进入资本主义社会之前1000多年中，总体上来说，中国在世界上是最先进、最强大的。

关于第三种印象，实际情况是，中国近代史开始之前，中国的封建社会并非“腐朽透顶”。

关于第三种印象，我们略加分析：

西方近代史始于1640年，中国近代史始于1840年。中国整整晚了200年。

在中国，1644年八旗入关。也就是说，清朝入主中原建立全国性的政权，大体是西方近代化的开始。

前面我们介绍了清代的社会状况。它说明，清王朝是我国封建史的高峰，而不是“腐朽透顶”了。

当然，说它不是“腐朽透顶”并不是说它不腐朽。事实上，清代的几项腐败是超过了历朝历代的：第一，帝王的享受超过了历朝历代。在清代，帝王的“享受”有了“制度保证”——各项有关制度“推动”着他们推行“天下奉一人”的理念。一个皇帝，有“三宫六院”供他享受。其“内务府”是专门侍奉皇帝和皇后等极少数人的机构，它的规模达几千人。因此，就连最朴素的皇帝，也得在这样的机构中生活下去；赶上一个会享受的皇帝（如乾隆帝），那么，这些机构就会让他如鱼得水了。第二，清朝的民族压迫不亚于元朝。只有几十万人的一个民族，统治几亿的汉人，他们的一个重要手段就是倚仗武力。第三，由于种种历史原因，清代的官吏，在历朝历代中是最不清廉的。某些贪腐甚至变成了“法律规定”。第四，清代对于“一存一灭”、“三纲五常”、“三从四德”的推行是最起劲的。统治者自己不“存天理，灭人欲”，无度地享受，男盗女娼，却要百姓照办不误；他们不照儒学的要求办，不能做众星拥簇的“北辰”，却让臣下和民众无条件地忠于他们。如此等等。

但是，我们必须说明的是，近代中国的落后，绝不仅仅是、而且主要不是因为清朝的腐败。

近代中国的落后，有种种的历史原因。

二、中国近代落后的原因

（一）内部因素

（1）在治国理念上，后期儒学在某些重大问题上改变了孔子孟子的理念，从而造成恶劣后果。

这种改变主要有两次。第一次是董仲舒的改变。董仲舒为儒学争得了国家统治思想的地位，具有重大历史意义。但是，他又为适应统治者的需要，对原创儒学做了许多重大改动。其中特别是孔子、孟子关于天、君、民三者关系的理念的改动，产生了极其严重的恶果。原创儒学主张“君意听从天意，天意听从民意”，董仲舒改为“民意听从君意，君意听从天意”，即把“民贵君轻”改成了“君贵民轻”。这完全符合统治者的胃口，立即被统治者所接纳，并且大力宣扬，大力推行，其后果是极其严重的。孔子孟子时，批评君主是很平常的事，而到了后来，指点皇上的过错，那是需要勇气的，有的因此而掉了脑袋。这种极不正常的君臣关系和君民关系，极大地束缚了人们的思想，也使得帝王变成不能被监督的法外之人。

我们看到，到了清朝，“君权”空前提高，人们对皇帝不能再说一个“不”字。皇帝成了一个完全的“法外之人”。

第二次是朱熹的改变。朱熹把传统儒学提升为“理学”，提升为哲学；把“四书”提高到空前的高度加以推广。这一切，使儒学发展到一个新的阶段，对儒学的普及和提高都作出了贡献。但他提出“存天理，灭人欲”的命题，又片面强调“三纲五常”，则结出了恶果。

到了清代，“一存一灭”、“三纲五常”再加上一个“三从四德”，被封建统治者强调到了极点，甚至成了“理教”。

封建统治者对儒学各取所需，有时把儒学中某些观念加以改造，愚弄民众。如针对妇女的“三从四德”；有时是只要求臣下和民众践行，他们自己则不照办。这使儒学不能全面得到推行，或被歪曲推行。

（2）在经济上，中国国土面积广大，有大量肥田沃土，农业经济能够自给自足，这使中国统治者没有向外发展的思维。

封建统治者奉行“天下奉一人”的理念，把工商业纳入了皇家“供奉”体系，轻视民间工商业，轻视科学技术，大大限制了国家工商业和科技的发展。

（3）在对外关系方面，“天朝上国”的理念束缚着人们的思维。长期以来，主要由于对“君权”的过分宣扬，无形中在人们的头脑里渐渐生成一种理念，把周边的民族一律看做“蛮夷”。推而广之，则把一切境外的民族看成野蛮民族，形成了一种盲目的自尊自满情结，自认为自己是“天朝上国”。这是违背儒学关于“协和万邦”的理念的。这一思维严重地妨碍了人们观察外部世界的客观性。

（4）明末开始施行闭关锁国政策，与世隔绝、不了解世情。这是前几条，即政治和经济诸因素的一种综合恶果。这也是造成中国落后局面的直接原因。

（二）外部因素

中国的落后，实际上是相对于西方而言的。

首先，西方几个首先崛起的资本主义国家，当初其经济条件，尤其是其自然条件，没有中国优越。英、葡、荷等，国土狭小，耕地稀缺，不容易以农业为立国之本。这使它们上下即统治者和民众都不得不另辟生路。工商业是他们的首选。工商业需要原料和市场，他们的视线便投向了海洋，投向了他国。工商业急切需要科技和武装，航海业、制造业、军工业等便应运而生。

其次，以赢利为目的的西方工商业所呼唤起来的价值观念显著不同于中国。它强调个人利益、个人自由，以及保障这种利益和自由的民主法治等。经商航海，就要首先考虑个人谋利，个人行动自由。合作也是要的。为保证我的利益和自由，彼此可以订立契约。契约并不要求首先为他人、为群体、为国家谋利，而是相反。它首先考虑的是个人——对我不利，我就可以不签约，也可以解除契约。这是以个人为中心的价值观。

工商业的发展，促成了资产阶级的诞生。资产阶级的诞生，又促成了资本主义制度的建立。生产力在盈利的驱动下和科技的支持下大大向前发展。这是西方工业革命和资本主义早期发展的根本动因。

西方的这一发展，彻底改变了世界的格局。由于世界局势发生了根本性变化，尽管清帝国发展到封建社会的顶峰，但它与西方相比，还是落后了。时局的这种变化是中国落后局面形成的外在原因。

问题是，如果继续各干各的，中国也会在工商业逐步发展、资本主义因素渐渐增多的基础上，最后渐渐赶上时代潮流。另外，如果先走了一步的西方实行的是与孔子、孟子相同的理念，已欲达而达人，已欲立而立人，那么，情况也会是另外一种样子。而实际情况是，西方实行的不是这种哲学。美国一位总统向我们诠释了西方的想法："自从贸易打破国界和制造商坚持以全世界作为商品市场以来，星条旗须飘扬全球，对它关门的国家的门户必须予以摧毁。金融界获得的特权必须得到国家部长们的保护，即使蹂躏不顺从的国家的主权也在所不惜。殖民地必须加以掠夺，使它驯服。这是因为世界上那些地区有用而没有得到利用。"这样，后走了一步的中国，便没有机会再赶上了，它只能沦为在西方看来"有用而没有得到利用"的那种地区。而那样的地区，就注定要被蹂躏、被掠夺了。

从以上介绍我们看得出：（1）近代中国落后于西方，发端于经济。由于经济发展的模式不同最后导致经济实力的不同。就是说，根源在经济基础。同样于"封建"起步，西方在经济上首先崛起，而中国未能起飞。（2）如果要从文化上找原因，那么，中国传统上以"利他"为理念的"内向"文化，对西方以"利己"为理念的"外向"文化，不知情、不设防、无对策。于是，西方"利己夺他"的文化靠着其背后的"硬实力"的支撑，以强势文化的姿态，助推并伴随炮舰商船一同入侵中国。这只能说明中华传统优秀文化对西方文化的无备、不适应，但它并不能说明中华文化劣等，西方文化优秀——尽管中华文化也有值得反思、而西方文化也有可借鉴之处。归根结底，中国近代落后的原因不在于文化方面。如果不了解这一点，我们就必然弄错方向。（3）中国的落后，是由以上所介绍的内外两种因素造成的。最后造成的结果是，西方的入侵和掠夺，遏制了中国自己向资本主义发展的进程。

为了对这一问题的认识有一个明晰的线索，我们不妨把西方近代史和中国近代史的大事进行一番梳理。

1640年西方近代史开始，当时中国是明崇祯十三年。

1644年，当年，英国正值第一次内战期间，资产阶级尚未掌权。在中国八旗入关，清廷入主中原。

1688年，英国发生“光荣革命”，建立君主立宪制，资产阶级政权才得以确立。当年中国是康熙二十七年。

1765年，英国产业革命开始，当时中国是乾隆三十五年。

1776年，英国北美13个殖民地发表独立宣言，美国建国。当时中国是乾隆四十一年。

1789年，法国爆发资产阶级大革命。当时中国是乾隆五十四年。

1840年，也就是中国道光二十年，在中国的土地上爆发了第一次鸦片战争。

从以上的梳理中我们看到，中国正当“康乾盛世”之时，统治者没有开眼向外看的思维，而实际上外部世界已经发生了巨变。

第二节 中华民族的觉醒和“自强”振兴

一、觉醒

第一次鸦片战争初期，人们对西方世界是异常无知的。战争结束后，人们开始“开眼看世界”，林则徐写了《四洲志》，魏源写了《海国图志》，徐继畲写了《瀛环志略》，等等。这都是这一时期观察另一世界所取得的突出成果。在书中，作者们集中强调时局在变，向朝廷发出警策。

第二次鸦片战争的发生，让我们中国人更加看清楚了自己在世界上所处的位置。

咸丰十年（1860）十二月初三日，奉命钦差便宜行事全权大臣、与英法联军签订屈辱的《北京条约》的恭亲王奕䜣，联名桂良、文祥等人上《通筹全局酌拟章程六条呈览请议遵行折》。这份奏折的内容表明，朝廷中的有识之士已经看明白中国的落后状态，看明白了大清国所面临的空前危机。

这种看法是当时中国上层有识之士的一种共识。李鸿章对时代作出的描述，是这种认识的代表：“历代备边，多在西北，其强弱之势、客主之形，皆适相埒，且犹有中外界限。今则东南海疆万余里，各国通商传教，来往自如，麇集京师及各省腹地，阳托和好之名，阴怀吞噬之计。一国生事，数国构煽，实为数千年来未有之变局。轮船电报之速，瞬息千里；军器机事之精，工力百倍；炮弹所到，无坚不摧，水陆关碍，不足限制，又为数千年来未有之强敌。”

这表明，老大中国，终于走出了“天朝上国”的虚幻阴影，看到了一个真实的世界。

二、“自图振兴”

上述奕䜣和桂良等人的《通筹全局酌拟章程六条呈览请议遵行折》，在中国近代史上占有重要地位。题目点出，此乃“统筹全局”之作。在奏折中，奕䜣分析了形势；对几方面敌对势力进行了剖析；指明了应对的顺序；特别是提出了未来奋斗的目标：“自图振兴”；并提出了“外敦信睦，隐示羁縻”的对外方略。

这一奏折很快被咸丰帝批准。自此，“自图振兴”成为清政府的基本国策；“外敦信睦，隐示羁縻”成为清政府对外工作的总方针。

上述奏折有一附件，讲统筹全局的六条章程，其中的第一条是：京师设立总理各国事务衙门，以专其责。这表明，奕䜣敏锐地看到，第一次鸦片战争之后，中国大门虽被打开，但人们依然是闭关锁国的思路，对外交涉，原只有广州一路，即由两广总督兼任通商事务大臣，一切对外交涉，都归那里。第二次鸦片战争结束后，大门进一步打开，中国实际上已经从闭关锁国，发展到对外开放。这样，设立相应机构，统揽全局，制定制度、培养人才，引进智力，适应新的形势，已成当务之急。

这六条章程也很快被咸丰帝批准，并付诸实施。其中总理各国事务衙门的设立，在中国近代史上具有重大意义——它成为中国推进近代化的首脑机关和指挥部。

当年十二月十四日，奕䜣等给咸丰帝上疏《请八旗禁军训练枪炮片》，提出：往日所奏酌议大局六条章程，“其要在于审敌防边，以弭后患”，是“治其标而未探其源也”。那么，“源”在何处呢？奕䜣说：“探源之策，在于自强，自强之策，在于练兵。现在抚议虽成，而国威未振，亟宜力图振兴，使该夷顺则可以相安，逆则可以有备。以期经久无患。”

这里的“练兵”，并非“军事训练”这样的狭窄意义，总的意思是“强军”。

第一次鸦片战争后，魏源等提出“师夷之长技以制夷”的思想。奕䜣强调要“自图振兴”。自此，“自强”成为时代的最强音，“自图振兴”成为时代的主旋律。

“自强”运动发起时日不久，咸丰帝去世，而他对未来政事的安排又引起了权力的争斗。最终，慈安皇太后和慈禧皇太后联合奕䜣等人，搞掉了咸丰帝临终前任命的以户部尚书肃顺为首的“赞襄政务八大臣”势力，掌握了权力。最后，慈禧皇太后与慈安皇太后垂帘听政，奕䜣被任命为议政王，并掌管军机处、总理各国事务衙门等要职。

这样，承担领导“自强”运动责任的奕䜣，有了相当的决策权。

三、“自强”运动的成就

中国开始了新的事业，踏上了新的征程。

领导这一事业、引领这一征程的，在朝中，是恭亲王奕䜣，以及桂良、文祥、宝鋆等。他们得到了两宫太后的支持。在地方，是曾国藩、李鸿章、左宗棠、沈葆桢等实力派。这又是一个儒者群体。

新的事业最初是从军事近代化开始的。

（一）为国防近代化奠定基础

（1）创立军工企业，满足国防近代化之需

为了满足国防近代化之需，一批军事生产企业相继涌现：咸丰十一年（1861），曾国藩创建安庆内军械所，这是近代军工的第一家。此后，到光绪二十年（1894）鹿传霖创建陕西机器局，全国共出现了21个类似的机构。

这些机构中，以江南制造局和福建船政局最为重要。江南制造局由曾国藩和李鸿章所建。到光绪十九年（1893），在该局旗下，共建成工厂15个，广方言馆、炮队营、工程处、翻译馆各一个以及各种附设机构10多个。光绪十六年（1890），制造局占地400余亩，工厂职工近3000人，加上管理机构，全局达3500余人，房舍近3000间。该局拥有大小车床、刨床、钻床等工作母机662台，大小蒸汽动力机361台，大小汽炉30座，总马力达6138匹。

江南制造局所做的，是军火生产、轮船修造、机器制造、科技书籍的翻译和外语人才的培养。从同治六年（1867）到光绪三十年（1904）37年内，江南制造局除制造旧式劈山炮未做统计外，共造新式炮742尊，各式后膛洋枪65300枝，火药667万磅，炮弹160万枚，枪子860万颗。炮弹壳2.1亿万粒，地雷水雷1500个。所造枪炮，量和质均属可观。所造军火，供应遍及全国。

同治七年（1868），江南制造局的造船厂造出第一艘轮船“恬吉”号。至光绪元年（1875），江南制造局的造船厂先后造成炮船6艘，小铁壳船5艘。

江南制造局建有炼铁厂，自行炼钢。自光绪十七年（1891）至光堵三十年（1904）共铸钢材8075吨。

江南制造局还自造机器。从同治六年（1867）至光绪三十年（1904）37年间，该局共生产车床、刨床、钻床、锯床等工作母机249台、起重机84台、抽水机77台，汽炉机32台，汽炉15座。

江南制造局共翻译出版科学技术译著160种，其中有少量政治、历史类的书籍，绝大部分是关于数学、电学、化学、光学、声学、农学、矿学等的科技类书籍。

江南制造局日后发展为江南造船厂。

福建船政局是专门造船的工厂。最初由左宗棠创建。左宗棠调任陕甘总督后，由沈葆桢接办。船政局分铁厂、船厂和学堂三部分。初期由法国人日意格和德克碑分任正副监督，雇用工人约1700—2000名。从同治八年（1869）铁厂开工到同治十三年（1874）的5年里，制造轮船15艘，其中于同治十一年造出的“杨武”号有1393吨。光绪元年（1875），船政局按约遣退洋人，进入华人自造轮船的新阶段。从光绪元年（1875）至光绪二十一年（1895），又新造轮船15艘，其中有巡洋舰三艘，总吨位达19000吨，“制造之精，不亚于外洋”。

辛亥革命后，福建船政局改为“海军造船所”。抗日战争期间遭破坏，后重建。

“自强”运动建起的军工企业，对我国近代化起了巨大的推动作用。同时也为工业化节省了大量资金。军用之需，不自造就要向外国购买。而洋人操纵军火市场，购买军品需要大量投入。军工企业兴建之初，购买英制12磅炮弹，要30两银子，购买一万发子弹，则需19两银子。不用说别的，光这两项的自产，就为中国节省了大量资金。仅按江南制造局制造的炮弹160万发、子弹860万发计算，如向洋人购买，便需支付白银20140万两。

（2）中国军队开始走向近代化

经过几十年的努力，中国的军队从武器装备上来说，完成了从大刀长矛向洋枪洋炮的转变，也即从冷兵器向热兵器的转变。从兵种上来说，有了近代化的陆军，还建成了近代化的、有相当规模的海军。

中国军队的变化，是与军工近代化同时进行的，是由自制的近代武器武装起来的。同治三年（1863）初，中国自制的第一艘火轮船“黄鹄”号在安庆下水，载重只有25吨，曾国藩上船观摩试航，感觉“不甚得法”。而到同治九年（1871），十年不到，江南制造局已经造出载重2800吨的舰船“海安”号。到光绪九年(1883),福建船政局造出了巡洋舰“开济”号。中国近代化军事工业的创建和发展直接促成了中国军队近代化的初步实现。

（二）农业型经济开始向工业型经济转化

中国是一个传统的农业国家，“自强”运动开始之前，只有一些小型手工作坊，谈不到采用机器生产。“自强”运动从创办军工企业、实施国防近代化开始，逐渐创办起了民用工业。我国的交通运输、矿业、冶炼、电报、邮政和一般工业这期间也得到了较大的发展。

如电报，从光绪五年（1879）至光绪二十年（1894），全国各地的线路共有44条，长23万公里。

一般工业也大量兴办起来。至光绪二十年（1894），中国近代工业企业发展到130家。这些工业企业的兴办，使中国人的生活，吃、穿、用、行，开始发生变化。许多中国人吃上了自己国家生产的“洋面”，穿上了自己国家生产的“洋布”，喝上了“自来水”，“洋火”渐渐代替了几千年用惯了的“火石”，电灯开始代替油灯……

（三）文化教育开始适应近代化的需求

“办天下事，非才不举”，这几乎是“自强派”的一致认识。因此，制器与育才，是“自强”事业中同时并举的两件大事。育才从四个方面进行：兴办学校、派留学生、工作中培养、传播科学技术知识。

从同治元年（1862）到光绪二十一年（1895），共兴办京师同文馆等各类学校22所。这些学校共培养学生2980名，其中外语类628人、军工类1596人、医学类218人、工程技术类538人。

当时，中国还派了留学生，培养出一批军政、科技人才。流美留学生中有名的如内阁总理唐绍仪，外交总长梁敦彦，舰队司令吴庠科，海军部次长徐振鹏，铁路、工矿工程师詹天佑，还有罗国瑞、陆锡贵等。北洋大学校长蔡绍基、主持清华学堂的唐国安，金融事业中上海华商银行行长钟文耀，江海关监督吴仲贤等，也都是留美归国人员。

留法学生中，影响较大的有严复、马建忠、刘步蟾、萨镇冰等。

在工作中培养人才是“自强派”育才的重要途径，也收到了极显著的成果。

传播科技知识，是由翻译科学技术著作开始的。有专家统计，从咸丰三年（1852）到宣统三年（1911）60年间，共有486部西方科技图书被译成了中文。这些出版物分为六大类：总论及杂著44部，天文气象12部，数学164部，理化98部，博物92部，地理58部。

（四）强国之路

“自强”运动有一个从“求强”到“求富”的发展过程。从我们掌握的统计数字可以看出，自强运动从其推行的初期到末期，国家的财政收入有了大幅度的增长。

在平定太平天国运动之后，中国的经济实际上已经破产。国家的积累几乎耗尽，维持局面已是入不敷出，举国一派衰败景象。连年的战乱，使百姓逃亡，土地荒芜，生产力遭到极大破坏，人口大幅度减少——太平天国起事后，江苏、安徽、浙江、湖北、福建五省，23年中，总人口从1.65亿降至0.95亿，减少了0.7亿，丧失了家底，又缺少了人丁。“自强派”当初面临的财政状况就是如此。

同时粮食严重短缺，财政入不敷出。到同治元年（1861），国家的存粮数只有397万石，财政收入在2000万两白银左右，入不敷出。

到了同治三年（1864），财政便开始有所好转，粮食存量虽增长不多，但有了一项新的收入。当年，全国出口达白银4865万两，进口4621万两，有了244万两的出超。同时，征得关税

784万两。次年，出口达5413万两，进口5571万两，虽有了160多万两的入超，但关税收入增加到820万两。

到光绪七年（1881），财政收入达8235万两，当年支出7817万两，有了400余万两的结余。进入90年代，到甲午战争爆发前，每年结余在200万两到1000万两之间。

财政状况的好转，是“自强”运动推行的结果。

四、儒学对“自强”运动的理论指导和精神支撑

“自强”运动不是少数几个人的帮派活动，或是别的什么思想运动。它是一项在全国范围内开展的，旨在力图振兴、持续了几十年的实业兴邦运动。发动和参与这个运动的，是儒者——可以说，从“自强”发起之时起，持续几十年，全国人才大量集合在了“自强”的大旗之下。而这些人才大多是儒者。

这个运动的指导思想是儒学。

（一）保国、护民、制敌、御侮是“自强”运动发起的主因

第一次鸦片战争后魏源等提出“以夷之长技而制夷”，其中“夷之长技”，着重强调的是“坚船利炮”。第二次鸦片战争后，奕䜣等进一步看到，“夷之长技”不止是“坚船利炮”，西方列强有众多的“长技”。他们正是倚仗这众多的“长技”，逼使中国“所求必应”，气焰嚣张。同时他们感到，一个超过1000万平方公里土地、拥有120万军队的大清国，敌不过小小的英吉利、法兰西。他们远离自己的国土，区区5000人的远征队，迫使中国割地赔款，这是中华儿女之奇耻大辱。中国要想抵御列强的侵略，保住美好家邦，就得“自强”；要避免受辱，堂堂正正立于

世，就得“自强”。于是，大家卯足了劲儿，一定要自图振兴！

制敌御侮的背后是爱国、保民，是责任担当。

奕䜣等是懂得临危不惧、顾全国事民情大局，不逞匹夫之勇，不计一己之尊的。

在第二次鸦片战争进行之中，奕䜣被咸丰帝任命为“钦差便宜行事全权大臣”，“督办和局”。所谓“督办和局”，实际上就是与英法签订城下之盟。而城下之盟的签署者，总是被唾骂千秋的。奕䜣不计较这种得与失；在与洋人的接触中，受尽了屈辱，但他顽强地挺住了。他曾向咸丰帝表示：“臣奕䜣义则君臣，情则骨肉，苟能一死而安大局，亦复何所顾惜？”但自己负有圣命，于是，“再四思维，是抚局已成不可必之数，而议抚仍有不容已之情，只好竭尽心力，以图补救于万一”。

又如，谈到英法联军进犯中国、打到北京之事时，奕䜣表示：“此次夷情猖獗，凡有血气者，无不同声忿恨，臣等粗知义理，岂忘国家之大计。”

又如，同治八年，奕䜣讲到对外交涉之事时，坦露心迹，道：“溯自庚申（咸丰十年），臣奕䜣等奉命留京，办理抚局，于换约后，即奏请兼筹战守。迨添总理各国事务衙门，专管中外一切交涉，本系从来未有之创格，并无成法可守，其中万分棘手之处，总因力量未足，不免左右支绌。第臣等既膺此任，不敢诿卸，惟有一心坚忍，权宜措置，以期驾驭得当，不至内忧与外患并作，藉以仰慰宸衷。是臣等所处之时，乃无如何之时，臣等所办之事，乃不得已之事，然终不敢因时之无如何，事之不得已，而苟且迁就，稍弛其平日雪耻之志……凡力所能及有益于战事者，无不随时筹划，以冀一日之自强。”又说：“羁縻之术，以及防备之事，臣等与督抚均当共任，本自并行不悖，果使内外交相协助，实事求是，不存成见，不尚空谈，何患不能上纾君父之忧，下慰臣民之望。然……羁縻之策，行之有年，臣等竭尽愚诚，未尝一毫省力，而敌情莫测，正无日不在危疑交迫之中。”

奕䜣等心灵深处是有“民本思想”支持的。他们发动“自强”运动的出发点，是国强有备，不至于让百姓到时被逼上战场。他说：“驱之效命疆场，民人愁痛，不知所庇，辛苦垫隘，无所底告。夫且荡析流离之不惶恤，将何以和众乎？”

曾国藩也说：“善全和局，为保民之道。备御不虞，为立国之基。”

他又说：“我所不可行者，宜与之始终坚持，百折不回……”又说，“今日中国多事，洋人方张，我不能因曲徇和议，而不顾内地生民之困”。他说，保护国家和民众，我们不惜与洋人一战。曾国藩特别指出，如果是那样，我们为民众而战，即使战败，也是值得的，应该的。

谈到御辱，奕䜣说：“夷人乘我虚弱，而为其所制，如不胜其忿而与之为仇，则有旦夕之变，若忘其为害而全不设备，则贻子孙之忧。古人有言，以和好为权宜，战守为实事，洵不易之论也。”

奕䜣等懂得“人无远虑，必有近忧”的道理，国家之远虑，惟有“自强”。“自强”，是“自强”运动发起者追求的根本目标。关于求强，奕䜣说：“探源之策，在于自强。”只有力图振兴，才能够与列强“顺则可以相安，逆则可以有备，以期经久无患”。

奕䜣总是强调要“以和好为权宜，战守为实事”，说：“使兵力日见其强，财力日见其盛，正气足则邪气自不能干。”又说：“外国之生事与否，总视中国之能否自强为定则。”他指出：“今值腹地未靖，兵财交困，纵极力讲求，思以自强，幸而收效，固在数十年以后；若仍前苟安，不思补苴，其大患亦或在数年、数十年以后。”

李鸿章也说：“自强之道，在乎师其所能，夺其所恃耳。况彼之有是枪炮轮船也，以不过创制于百数十年间，而侵被于中国，已如是之速；如我果深通其法，愈学愈精，愈推愈广，安见百数十年后，不能攘夷而自立耶！”

（二）求变、创新、尚学、务实是“自强”运动的理论依据

领导、参与“自强”运动的儒者们，是明了儒学的求变创新精神的。孔子正是看到国家和民族处于信仰危机、出现乱局，才要改变社会，才创建了儒学的。孔子主张“君子于天下也，无适也，无莫也，义之与比”。就是说，办天下的事并无一定之规，合乎道义就行。挽救国家危局，不是当时最大的道义吗？“自强”运动的领导者们看到，如今出现了“变局”。国家和民族再次面临生死存亡的危机。他们的选择也唯有变革、创新，像孔子、孟子那样，下决心做前人没有做过的事情了。

自己没有的东西，别人有，可以学，学以致用。空谈何用，务实为要。

关于求变，李鸿章称当前的时局乃“数千年来未有之变局”，当前之敌，乃“数千年来未有之强敌”，他随后指出：“外患之乘，变幻如此，而我犹欲以成法制之，譬如医者疗疾，概投之以

古方，诚未见其效也。”

他又说：“法待人而后行，事因时而变通，若徒墨守旧章，拘牵浮议，则为之而必不成，成之而必不久，坐让洋人专利于中土，后患将何所底止耶？”他说：“兵制关立国之根基，驭夷之枢纽，今昔情势不同，若仍循数百年积习，纽祖宗成法，可危孰甚。”

丁日昌则说：“天下事穷则变，变则通。方今强敌环立，攻之之法，与从前不同，则御之之术，亦当与从前有异。”然而，假若中国能够“毅然决然，为力改因循之计，则今日虽弱，他日可强；今日虽屈，他日可伸”。

关于尚学，同治元年（1862）七月，华衡芳、徐寿自制我国第一台火轮船蒸汽机，于安庆试演。曾国藩亲自观看。当日曾在日记中说：“约试演一时，窃喜洋人之智巧我中国人亦能为之，彼不能傲我以其所不知矣。”

李鸿章说：“各国兵制、军火、器械、精利奇巧，远过于中土，往来既熟，探赜索隐，若能深窥其曲折要领，从而学之，我增一长，彼失一恃，足为自强根基。”

（三）举贤任能的思想给“自强”运动提供了巨大的人才和智力支持

孔子、孟子关于举贤任能的思想，更多的是指上层，即统治阶层，是对执政者施政的一项要求，要他们把天下有用的人才提拔起来，为实行德政和仁政服务。孔子、孟子这一思想观念，很适宜于奕䜣诸人在“无如何之时”，办“从来未有之事”的需求。故而在这方面，“自强”运动的领导者们做得是很出色的。

这一点，从“自强”运动的庞大阵容我们就可以看得清楚：奕䜣的中枢机构，自然得到慈安和慈禧两宫太后的支持。在这个中枢机构中，有桂良、文祥、宝鋆、董恂、王文韶等。地方上，有曾国藩、李鸿章、左宗棠、郭嵩焘、沈葆桢、崇厚、刘坤一、丁宝桢、刘铭传、陈兰彬、张之洞、盛宣怀等为代表的一大批实力派；有以魏源、徐继畲、郭嵩焘、沈桂芬、薛福成、王韬、郑观应等为代表的一批学者文人；还有郑观应、徐润、胡松岩、唐廷枢、朱葆三、朱其昂、经元善等“买办”；有容闳、徐寿、华蘅芳、李善兰、徐建寅、吴嘉廉、龚云棠等一大批经营、技术人员；有留学后归国人员严复、马建忠、刘步蟾、萨镇冰等。还有一批在华外国人，如海关总税务司赫德、京师同文馆总教习丁韪良、帮助筹建福州船政局的法国人日意格和德克碑、江南制造局翻译英国人伟烈亚力和傅兰雅、北洋水师顾问英国人德璀琳、铁路顾问英国人格里芬、推动张之洞从清议派转向洋务派的美国传教士李提摩太，等等。有了人，才可能成势，才能成为“运动”，这是明摆着的道理。

五、“自强”运动的受挫

（一）奕䜣去职

光绪十年（1884）时，中国在中法战争中受挫。慈禧皇太后归罪奕䜣，说“边防不靖，疆臣因循，国用空虚，海防粉饰，不可以对祖宗”，下旨，撤销奕䜣一切职务，撤去亲王双薪，保留世袭罔替亲王待遇，令奕䜣“居家养疾”。

此后，许多人不断地请慈禧皇太后让奕䜣复出，但慈禧绝不吐口，直至10年之后，甲午战争失败，才把奕䜣请出来收拾残局。当时，局面已经无法挽回。

（二）除掉奕䜣，是慈禧不顾大局、享受欲恶性膨胀的表现

是什么原因让慈禧皇太后下如此大的决心，而且绝不回心转意，将奕䜣一压就是10年呢？

主要原因就是慈禧皇太后权欲、物欲膨胀，奕䜣从大清江山的长远利益出发，从民族大义出发，坚持原则，限制了慈禧的“双欲”。慈禧是一个怀着“谁让我不痛快一阵子，我就要他不痛快一辈子”心理生活的人。奕䜣曾多次让她“不痛快”。她想“痛快”，就必须把奕䜣这个严重障碍铲除掉。

在这之前，发生了三件事。

第一件事诛杀安德海：同治八年（1869）七月，总管太监安德海奉慈禧皇太后之命，率众赶着20余辆大车，下江南为慈禧采购用品。安德海在“辛酉政变”时有功，为慈禧皇太后所喜，很快被升为总管太监。安德海是慈禧享受欲的怂恿者，奕䜣早欲除之。奕䜣知道了安德海秘密出京的消息后，认为是除害的良机，遂避着慈禧皇太后，请示慈安皇太后同意，密令山东巡抚丁宝桢，以太监出宫、违反祖制之罪名，将安德海就地诛杀。

第二件事杖责李三顺：光绪六年（1880）八月十二日，慈禧皇太后命太监李三顺给她的胞妹、醇亲王福晋送去八盒食品。李三顺等经过午门时，守门护军坚持要查验出门证件，李三顺自恃由太后所命，拒绝出示，硬是出门，致使双方发生肢体冲突。李三顺撒泼，毁弃食盒，回宫向慈禧皇太后告恶状，诬陷护军。慈禧皇太后认为自己的权威受到挑战，向慈安皇太后施加压力，要

求诛杀守门护军。慈安皇太后无奈，以上谕之名，宣布处决参与打斗的护军，交内务府及刑部审讯、执行。上谕到刑部秋审处后，秋审处官员根据刑律，认为护军是执行任务，无罪。秋审处同时申明，如太后必欲杀之，则请太后自己执行。刑部尚书潘祖荫为官刚直，遂以此言入对。慈禧皇太后听罢大怒，对潘祖荫严加斥责，坚持处死护军原议。

人命关天，奕䜣不能坐视。奕䜣不赞成慈禧皇太后的做法，支持刑部按律办案。刑部审理护军案三定入奏，都因慈禧皇太后不满意而未获批准。直至十一月底，慈禧皇太后仍然坚持将护军置诸“重辟”。

在此情况之下，奕䜣遂带领全班枢臣上朝，表示“不能奉诏”，经反复劝谏，结果仅允许将死罪免除，仍坚持从重定罪。奕䜣坚持自己的主张，最后，终于在枢府、刑部及言官的共同抵制下，慈禧重新颁布懿旨，除守门护军官兵皆从轻改判外，另将太监李三顺交慎行司责打30板，将首领太监刘玉祥罚去月银6个月。

第三件事停修圆明园：第二次鸦片战争期间，慈禧皇太后和咸丰帝从圆明园逃往热河，返回时，那里成一片焦土。她怀念在圆明园享受的日子，不顾“自强”运动严重缺乏资金的困难，时时萌发重修圆明园的念头。同治帝亲政后，提出重修圆明园，正合慈禧的心意，表现十分兴奋。她曾不止一次地看了由样式雷设计的小样，并多次提出了自己的修改意见。

但这一安排与奕䜣的节用思想相冲突，工业化已经启动，重修圆明园耗资巨大，两事并举，当时的财政是难以承受的。故而，奕䜣力谏停止修园。他不能直接面对慈禧皇太后，便打算通过打消同治帝的重修之念来打掉慈禧不顾大局、满足一人享受的欲望。

但同治帝有自己的个性，奕䜣等做同治帝的工作并不容易。奕䜣上的停修圆明园奏折，同治帝三天没有启封。这样，奕䜣便会同奕譞、文祥等十重臣上新的奏折，面见同治帝。同治帝无奈，只好当面将奕䜣的原奏折拆启。他读了两句，便不耐烦，说："我停工如何，尔等尚有何绕舌？"

奕䜣遂道："臣等所奏尚多，不止一事，容臣宣诵。"然后将折中所述逐条读出，边读边讲。同治帝再也听不进去，遂大喝一声：

"我这个位子让给你怎么样？"

此言一出，十重臣惊愕不已，文祥伏地大恸，喘息不已，随后昏迷不醒，只好由人把他抬出殿外。

奕䜣受了如此抢白，不便再言。醇亲王奕譞又接过去"泣谏"。讲到"戒微行"一节，同治帝以为大家并无证据，便坚持要奕譞拿出实据来。醇王不得已而一一指出实事。这闹得同治帝难以下台，"怫然语塞"。最后，越闹越僵，同治十三年（1874）七月三十日，同治帝下旨，革除奕䜣一切职务，并由亲王降为郡王。

事情闹到这样的地步，两宫太后只好出面，于同治下旨的次日，即八月初一日，令同治帝收回成命，使奕䜣复职、复爵。

我们前面曾说，慈禧皇太后是一个怀着"谁让我不痛快一阵子，我就要他不痛快一辈子"心理生活的人，而这三件事已经不是让她不痛快一阵子的事，对她来说，简直是无法忍受的奇耻大辱，她岂能容得？

中法战争中，奕䜣在用人、战法等诸多方面与慈禧皇太后的意思相左。后来战局不利，一方面是要找人代罪，另一方面是慈禧皇太后认为找到了除掉奕䜣的时机。于是，她不但毅然解除了奕䜣的所有职务，而且把他一压10年，要不是甲午战争失败，需要把奕䜣弄出来收拾烂摊子，她是准备让奕䜣永世不得翻身的。

（三）除奕䜣，“自强”运动受到严重影响

奕䜣去职后的“自强”运动，可以用三句话加以概括：

第一句话：奕䜣去职之后，“自强”运动依然在推行之中。朝中主事的换成了醇亲王奕譞，宗室奕劻主持了总理衙门。所谓萧规曹随，总体上讲，奕譞和奕劻都执行了奕䜣制定的治国方针，“自强”事业仍在继续。

第二句话：奕䜣去职后的“自强”运动，势头大大减弱，成就打了折扣。

第三句话：奕䜣去职后的“自强”运动，实际上是耽搁了的10年。

慈禧皇太后刚刚上台掌权时，一切都仰仗奕䜣。到这次除掉奕䜣时，她已经执政30余年，自觉能够掌住大局了。慈禧是一个权欲、物欲极强的人。她政变上台，满足了个人的权欲。初上台时，她的物欲曾有所收敛，如下旨把宫中用膳的金器改为银器等。但随着其权力的稳固，随着她年纪的增大，其享受欲望也在渐渐增长。

就国事与个人享受两者关系而论，在这之前，慈禧虽有私欲，但考虑到"自强"运动与大清国命运密切相关，她对自己的私欲曾有所克制。但尔后，她的私欲膨胀起来，或者认为国事、享受可以兼得，这样，她就不再克制，而是在"纵欲"了。放安德海出京采购，重修圆明园，是她物欲放纵的表现；纵容李三顺，是她大施淫威的表现。奕䜣的上述做法，除依"法"办事外，意在限制慈禧的欲望的进一步滋生，希望她服从"自强"之大局，把自图振兴的事业进行下去。但慈禧则认为，这是对她的权威的挑战。这口恶气她是难以忍下的。"新仇旧恨"一起爆发，什么社稷需要呀，"自强"需要呀，不管哪里需要，她不需要！

奕䜣下台后，慈禧便"为所欲为"了。

奕䜣去职后统领运动的奕譞，既不是一位战略家，缺乏统筹全局的能力，又是一个惟慈禧皇太后之命是听的人。特别是，他的儿子光绪在慈禧手里，如果他不让慈禧"痛快一阵子"，那他和他的儿子就会一辈子不得安宁。就是说，他既没有能力像奕䜣那样给花费巨大的近代化提供源源不断的资金保证，又不得不听命于慈禧皇太后，把有限的资金中相当的数量，用于她的无度享用上。

没有了奕䜣的中枢，使李鸿章成了一个没有了娘的孩子。他说，"中兴之初，深宫忧劳于上，将帅效力于外，一二臣者主持其中，有请必行……"奕䜣去职后，"朝廷无人力能主持大计，于是兴革大政，犹豫不决，朝令夕改，终则多无所成"。

看看往日李鸿章是一种什么样的状态：同治十年（1871），内阁学士宋晋奏请停止自造轮船。看罢宋晋的折子，慈禧遂生停止造船之意。当时，奕䜣看到了问题的严重性，遂以“廷寄”的方式，通告直隶总督李鸿章、陕甘总督左宗棠、闽浙总督文煜、福建巡抚王凯泰和船政大臣沈葆桢，让他们发表见解。费用问题是宋晋提出废止论的根据。对此，李鸿章在奏疏中说：“臣愚以谓国家诸费皆可省，惟养兵设防、联系枪炮、制造兵轮船之费，万不可省。求省费则必屏除一切，国无与立，终不得强矣。”一切皆可省，唯独“自强”之所需不可省——省就是误国。旗帜何等鲜明，语言何等斩钉截铁。

奕䜣去职后，慈禧立即下令“裁汰”国防建设经费，同时又令搁置多年、耗资巨大的三海工程立刻上马，并加紧修建颐和园。对此，奕譞和李鸿章开初虽有不赞同的表示，但见慈禧皇太后执意不改，便都俯首帖耳，照办无误。为修颐和园，他们动用白银2000余万两。为保证工程之需，竟然多次大量挪用海军建设经费。光绪十二年（1886）十月，醇亲王奕譞修三海工程需100万两无从筹措，即令李鸿章以创建水师学堂之名，向外国借款支用，李鸿章照办。筹办慈禧60岁寿辰，拨内币1500万两，户部又追加156万两。各级官员又“捐献”129万两。这样，光慈禧“庆60大寿”一项，就用了1785万两。这种大肆挥霍，正值甲午战争的前夕加紧备战之时。

慈禧的私欲无人可止。费用不足就挪用，竟然还借用了“出使经费”。同时，户部商李鸿章借关东铁路建筑款200万两。李鸿章最初拒绝，说铁路建筑费不可挪用，请另行筹措。最后，李鸿章顶不住，只好任户部支走200万两，被逼铁路停建。

另外还有数项宫廷用的巨款：第一是光绪十三年（1887）光

绪帝大婚，费白银800万两。第二是大修太和殿等工程“需款甚巨”（现不掌握具体数字）。

这些项目合起来是4700余万两。

这样折腾，“自强”项目自然大受影响。现单看海军建设：甲午战前，中国已经建起了庞大舰队，先后拥有舰艇88艘，但其中64艘造于或购于奕䜣下台前，下台后的10年只添24艘。而光绪十四年（1888）到光绪二十年的6年，一舰未添。而且10年中，竟有两年连北洋水师舰艇的维修和水师的训练费用都没有到位。而当时的日本海军舰艇，却以每年两舰的速度壮大着。

这样，甲午战争失败，就是很自然的事了。

当时，翁同龢是掌管朝廷财政的。战争刚一结束，慈禧派翁同龢去天津见李鸿章，李鸿章气愤地质问翁同龢，钱去了哪里？翁同龢喜欢记日记，而且事无巨细都记，但这一场面他不敢记在日记里。

“自强”运动传统上以咸丰十年（1860）奕䜣提出“自图振兴”的口号为开端。到光绪十三年（1894）甲午战争中国战败的34年中，后10年占很大的比例。这10年的耽搁，其消极意义是不容低估的。因为这10年正是西方资本主义迈向帝国主义的前夕，对我们中国来说，时间极其宝贵。10年前，我们已经与日本拉开距离，但距离不是很大。日本正是在这10 年中加速发展，最后挤入列强行列的。而我们中国，却耽误了10年。一步赶不上，步步赶不上。紧赶都赶不上，何况还耽误呢？

第三节　我们应该怎样看“自强”运动

我们对“自强”运动的看法有以下几点：

一、它是一个在民族危亡的关键时刻出现的民族自救、自强运动

我们说，“自强”运动是由当时的儒者群体搞起来的。他们见洋人入侵，手握先进兵器扫射中国士兵，继而胁迫中国签订不平等条约，在儒学理念的支配下，他们认为应该创建工厂，制造枪炮，消除洋人的优势，挽国家于既倒，继而奋发图强、建设一个富强的中国，不受洋人欺辱。于是，他们脚踏实地，发展工业、商业，积累财富，使国家的面貌发生了巨大的变化。我们看到，国家危机出现了，他们不是屈膝投降，不是逃避自保，而是勇敢担当，积极进取，求变求强。这就是他们当时所可能做的了。从这种意义上看，这场运动，是民族觉醒的起点，是民族复兴的起点。

二、运动的局限性

“自强”运动也被称为“洋务运动”，它是在封建统治者操控框架之内进行的一场运动，其本身不可避免地带有明显的历史局限性。发动、引领这场运动的儒者有的是朝廷重臣，有着浓重的朝廷官方色彩，他们的行政，不可避免地受制于当朝最高统治者。一方面，他们如不按最高统治者旨意行事，便会被罢官，使运动受挫折，如奕䜣的被免职。另一方面，在最高统治者的高压

下，在民族利益和个人重大利益两者矛盾时，有的人便会顾及个人利益，出现曲意逢迎的思想行为，牺牲民族利益以自保。像醇亲王奕譞，以及后期的李鸿章，都是如此。他们并不能像孔子、孟子所要求的那样，将国家民族利益看得至高无上，从这种意义上说，他们算不上彻底的儒者。在这样的情况之下，封建统治者，尤其是最高统治者的意志、愿望和品性，就不可避免地影响着运动的进程，甚至决定运动的成败。慈禧正是最后用她的意志和愿望，把原本蒸蒸日上的运动，弄得冷冷清清，几近被扼杀的。

三、运动的功绩

但是，我们不必因此而看不到这场运动的功绩。

第一，它阻滞了中国迈向危亡的步伐，使中国变为半殖民地的时间大大推迟。

第二，为我们的民族走向未来打下了一定的经济基础。

第三，为我们的民族走向未来培养了大批人才，打下了智力基础。

第四，为中国造就了一个崭新的阶级——工人阶级。当时，江南制造局、福建船政局、大冶铁矿、开滦煤矿等已有相当的规模，其中有成千上万的工人。另外，近万公里的铁路，23万公里的电报线路，这些设施的铺设、管理，都需要大量的工人。我们的工人阶级就是这样从无到有、队伍从小到大，一年一年，一步一步发展壮大起来的。而这个阶级的产生和壮大意味着什么，是无须在这里多费笔墨的。

四、“自强”运动是近代中国走向未来迈出的第一步

中国近代史共走了三步。第一步，实践了技术、智力的引进，为第二步制度引进（实行议会制，搞君主立宪）、第三步思想引进（“请入”和学习“德”先生和“赛”先生）打下了基础。没有第一步就不会有第二步和第三步。没有近代史上的这三步，就没有中国现代史的起步。这是历史的逻辑。

清王朝的命运不是儒者所能左右的。儒者能做的，是传承儒学文化，按照儒学思想为国家尽责，为民众尽力，从而使中华民族的精神命脉不至于中断，中华民族得以生生不息。

另外还要在此特别指出，“自强”运动还向我们昭示了这样一个道理，那就是儒学并不仅仅是适应农耕时代的学说。我们在本书第三章中已经指出，儒学的核心价值观，不但具有真理性，而且具有超越性和稳定性。它的真理性绝不仅限于农耕社会。“自强”运动证明，它同样适用于工业社会。这就是它的超越性。这一点意义重大。因为这预示着，儒学的这一超越品质，必将在我们的当代社会中发挥其不可替代的作用。这一点，我们将在下一章讲述。

第十章 中国需要儒学，世界需要儒学

第一节　中国需要儒学

当今的中国是一个独特的国家，它是社会主义的，又是具有中国特色的，即中国特色的社会主义国家。我们的文化和意识形态自然是独特的。它是以马克思主义为指导的，它是生长于中华优秀文化这片沃土中的。它从马克思主义理论中吸收指导力量，从中国优秀传统文化中吸取精神滋养。在我们现代的历史实践中，两者融合为一体，产生了中国特色的社会主义价值体系和核心价值观念。这是我们中国人的精神指南和行动规范，是我们中国人的精神归宿和精神家园。

儒学之精华是中国优秀传统文化的主要体现。它今天仍然是我们新时代的价值体系和核心价值观坚固的根基和不尽的源泉。这样说是有理由的：

一、儒学的精华部分与马克思主义理论，尤其是其辩证唯物主义是有相通之处的。其一，儒学有朴素的唯物成分。儒学认为人是认识的主体，理论是人对客观事物认识的成果，即“人能弘道，非道弘人”。人的知识是从客观实践中学习而来的，即“致知在格物，物格而后知至”。这是儒学的唯物成分，它是与马克思主义唯物论相通的。其二，儒学认为客观事物是不断变化的，认识也是不断更新的。“《易》之书也不可远，为道也屡迁……不可为典要，惟变所适”。意思是，《易经》所阐释的道不脱离实际，常在变动中……不可视为定规，关键在于与变动相适应。“后生可畏，焉知来者不如今也”，“天下有道，丘不与易也”。这是辩证的观点，也有着历史唯物论的智慧。

二、原创儒学与我们中国特色社会主义价值观是相通的。其相通之处大致有以下几方面：

（1）对人的本质属性的看法上，它们都强调其社会性。（2）在对人与群、人与国的关系的看法上，均把个人置于群体之中，主张个人服从群体，个人服从国家。（3）在个人的修养方面，都要求要有远大理想，崇德向善，诚信无欺。尤其要求地位高的人应这样做。（4）在人生态度上，都认为人应该积极进取，奋发有为。（5）两者在认识和对待民众的观念和态度上有高度的一致。（6）关于美好的社会理想，两者的内涵接近，都是要造就一个充满爱意、和谐、全民幸福的世界。（7）在创新思维方面，两者都主张与时俱进。（8）在处理与大自然的关系方面，两者的理念也是接近的，主张与自然和谐相处，不要对它无度索取。

因为儒学之精华与我们新时代价值体系和核心价值观是相通

相融的，更因为儒学的承载主体——中华民族，在两千多年中演绎出数不尽的精彩故事，培养出无数英雄豪杰，给我们留下了丰富的精神财富和宝贵的历史经验。这些精神财富和历史经验，在我们民族学习、践行新时代核心价值观方面，成为极为丰富的精神滋养和行为借鉴，它对于我们民族的成长具有重大意义。

当然，这里所说的能够与新时代价值观相通相融的儒学，是应新时代要求经过重新审视筛选提炼的，与新时代相适应的儒学精华。这是毫无疑问的，我们不应该照搬古典，我们意在推陈出新，古为今用。儒学中一些糟粕，是不能为我们所取的。如孔子的“敬鬼神而远之”，他提倡“远鬼神”具有重大意义，但毕竟没从根本上否定神的存在。又如，对君臣父子等关系，孔子提出了处理这些关系的许多原则，蕴藏着“仁爱”的精神，但君臣这些行为主体现代社会已经不复存在。父子的关系也发生了根本性的变化，这我们如何可以照搬照做？儒学讲孝道是对的，但主张父母有了违反道德之事不可声张，所谓“为长者讳”，这就成了糟粕了。

我们中华民族在两千多年的历史实践中已将儒学为主体的优秀传统文化、传统价值观融入自己的血液之中，铸入自己的灵魂之内。我们有这份精神财富在手，并紧紧把握它，便于我们融通古今之道、知晓兴亡之鉴，更好地理解、践行我们新时代的中国特色社会主义核心价值观，把我们祖国建成繁荣、昌盛、和谐、幸福的家园，实现我们中华民族的伟大复兴。

当今世界，“硬实力”的竞争明显可见，而文化“软实力”的竞争却逐渐变得隐蔽。西方“利己夺他”的强势价值观在无形中侵蚀着我们的精神世界。它正威胁着我们中华文明的安全。当今世界没有一种“硬实力”能够阻挡中国的前进，但西方的文化“软实力”却有可能将我们征服。如果我们中华民族“利己利他”的文化被西方“利己夺他”文化所取代，那我们中华民族还是中华民族吗？民族优秀文化的丧失，民族精神追求的变异，是我们绝对不能接受的。珍视并弘扬中华民族优秀传统文化，珍视并弘扬中国特色社会主义价值观念，是我们唯一的选择。我们今天生活在信息爆炸的时代，生活在全球一体化的时代，在这样的时代，反映和宣扬西方价值观的信息无孔不入。我们要十分清醒，不要忘记什么是对我们最重要的——这最重要的东西，就是我们最古老而又最新鲜的中华优秀文化和中国特色社会主义核心价值观。

第二节　世界需要儒学

孔子临终前遗憾地说：“天下无道久矣，莫能宗予。”“莫能宗予”就是没能实行我的学说。孔子那个时候，中国的诸侯们忙于争霸扩疆，没有人认为儒学是需要的。孔子所说的“天下无道”，指的就是诸侯们“争霸扩疆”的行径和由此带来的种种乱象。那么，两千多年后，人类发展到今天，“天下”又是一种什么样的情景呢？

如今的“天下”，范围扩大到了整个世界。这个“天下”，与孔子在世时他所看到的“天下”有极其相似的“无道”现象——依然是“争霸扩疆”。只是，那时“争霸扩疆”的是各路诸侯，如今“争霸扩疆”的变成了各方强国——列强。

列强早就在推行、现在依然在推行“霸道”。他们的“霸道”，把世界推向了一个“弱肉强食”的可怕境地。

另外，还有非常重要的一条是孔子那个时代所没有的，就是对大自然的竞相掠取。

西方的强势价值观，在广泛地影响着当今人类社会：

在人与人的关系方面，是相互竞争；

在国与国的关系方面，是争斗——制裁、颠覆，以至战争；

在人与自然的关系方面，是对自然的征服、索取。

现今国际社会的“游戏规则”，就是西方强势价值观的产物。

这个价值观的推行，产生了极其严重的后果。

人与人之间的关系问题，涉及一个国家、一个社会内部情况的，在此我们略去不谈。所涉国际关系的人权问题，可以并入国际关系之内。

在国与国之间关系的问题上，这个价值观的推行，对世界，对人类社会所造成的恶果，是触目惊心的。

我们中华民族近代史的开端，是与这个强势价值观的推行联系在一起的。我们中华民族现代史的开端，也是与这个强势价值观的推行联系在一起的。一百多年来，我们中华民族所遭受的每一项苦难，同样是与这个强势价值观的推行联系在一起的。世界发生了重大变化。但是，这个强势价值观依然大行其道。为了推行这一价值观，在伊拉克，10万无辜平民丧失了生命。为了推行这个价值观，阿富汗成千上万的平民百姓离开了人世。为了推行这个价值观，近10年间，巴基斯坦被“无人机”空袭376次，

3000余人死于非命。为了推行这个价值观，又是搞“制裁”，又是发动“颜色革命”，被制裁、被“革命”之地百姓的死活，这个价值观是不放在心上的。

人与自然的关系也让这个价值观搞得乱了套。2012年6月，联合国“可持续发展大会”公布了一个专家报告。报告中提出一个尖锐的问题：就人类福祉而言，目前在全球占主导地位的发展模式是否是可持续的？报告公布了对众多国家财富估计的结果，大多数国家近10年来“自然资本总量”（人均也不例外）都出现了萎缩状态，而国民生产总值却都出现了增长。

这个报告在说什么呢？它在说，全世界的自然资源遭到过度蚕食，出现枯竭；人类的经济活动已经超过了自然界所能承受的限度。

这份报告提供的数据真实可靠，它据此向人类发出了警告。

大自然在被无度、贪婪地索取之后，已经对人类实施了无情的报复。这是我们每日每时都能够体验得到的。

这是那个强势价值观推行的一个恶果。

人类在探索解决之道。许多有识之士，包括西方的一些有识之士，已经看到了问题的症结所在。

英国学者查理德·莱亚德说：“我们必须停止对金钱的顶礼膜拜，创建一个更人道的社会——在这个社会中，人类体验的质量才是评判的标准。”

日本学者井上茂信说，“西方文明建立在物质至上和科学万能之上”，“向来重视精神价值和伦理价值的传统东方文明，将重新焕发活力”。

这是对新的价值观的呼唤，呼唤它能指导世界创建一种崭新的国际秩序。

我们认为，中国的儒学可以成为未来新的国际秩序创建的理论基础和思想源泉。

前面我们曾经分析过孔子主张的“和”的理念，也曾分析过孔子关于“和而不同”的思想。孔子“和”的理念是非常重要的。“和而不同”的思想同样是非常重要的。“和”，是“仁爱”，是“己所不欲，勿施于人”，是“己欲立而力人，己欲达而达人”。贯彻这些原则所形成的组合就是“和而不同”。这些原则就是“君子”的处世之道，也可以看成是“君子”之间组合的一种法则。情况各不相同的“君子”，以这些原则来进行组合，就到达了“和而不同”的境界。

推而广之，“和而不同”也可以引申到国际关系中，成为世界国与国之间的一种组合。我们不难认识到，以“仁爱”、“己所不欲，勿施于人”、“己欲立而力人，己欲达而达人”这些原则进行的组合，即“和而不同”的组合和以“利己主义”、“利益最大化”原则进行的组合，必将是两种不同的世界秩序。

在第一章我们介绍孔子的社会愿景“大顺”时说到，孔子把人类社会比作一个大花园，在这个花园中：

事大积焉而不苑，并行而不缪，细行而不失，深而通，茂而有间，连而不相及也，动而不相害也。

这样的人类社会，人与人、国与国的关系将是和谐的，人与大自然的关系也必将是和谐的，大自然将向人类有如下的馈赠："天降膏露，地出醴泉，山出器车，河出马图"，"鸟兽之卵胎，皆可俯而窥"。

我们所向往的，便是这样的一个和谐世界。而中国的儒学，可以成为创建这样一个和谐世界的理论基础和思想源泉。

对此，我们是坚信不疑的。